Jochen Oppermann

Die außergewöhnlichsten Todesfälle

Von der Antike bis heute

Jochen Oppermann

DIE AUSSERGEWÖHNLICHSTEN TODESFÄLLE

Von der Antike bis heute

marixwissen

»Das Leben ist ein Zusammenspiel von Funktionen,
die dem Tod widerstehen.«

Xavier Bichat, frz. Chirurg (1771–1802)

»Der Tod ist schön.
Er befreit uns davon, an den Tod zu denken.«

Jules Renard, Tagebucheintrag 1898

Inhalt

Mors certa, causa incerta

Quidre mali fuerat nobis non esse creatis?

»Oder wär' Unglück für uns,
nicht geschaffen zu sein, es gewesen?«
Lukrez, liber V, 174

Media vita in morte sumus – »Mitten im Leben sind wir im Tod«. Diese bekannte Sentenz aus einem frühmittelalterlichen gregorianischen Choral (White, S. 177) führt uns mehr als deutlich vor Augen: Der Tod geht uns alle an. Der Grund, warum sich niemand dieser scheinbaren Plattitüde entziehen kann, besteht darin, dass wir geboren wurden. Die Bewertung, ob dies nun ein Segen oder ein Unglück sei, überlassen wir den Philosophen oder denen, die sich dafür halten. Stattdessen betrachten wir hier, wie es mit dem Leben zu Ende gehen kann. Dass es dabei mitunter nicht so verläuft, wie wir es uns wünschen, dürfte klar sein. Wenn das Leben kein Wunschkonzert ist, dann ist es der Tod erst recht nicht. Dies gilt natürlich auch für historische Persönlichkeiten.

Oftmals wird in der einschlägigen Literatur das Schicksal des Hans Staininger (ca. 1508 – 1567) als besonders außergewöhnliches und belangloses Ende herangezogen. Der Stadthauptmann von Braunau am Inn besaß einen sehr langen Bart, der allseits gerühmt wurde. Dieser Bart, der rund zwei Meter lang war, wurde auch zu seinem Verhängnis. Er stolperte über diesen und brach sich das Genick. Dass ein späterer Diktator aus Braunau am Inn aus diesem Grund einen erheblich kürzeren Bart trug, ist höchst unwahrscheinlich, jedoch nicht ausgeschlossen. Jedenfalls ist das Ableben des Stadthauptmannes kurios. Sonst nichts. Es steckt weder ein höherer Sinn dahinter, der irgendwie in der Geschichte wirkmächtig geworden wäre, noch obliegt dem Tod eine tragische kulturelle Komponente, die es zu untersuchen lohnt. Auch dass sein Bart noch heute im Bezirksmuseum von Braunau zu besichtigen ist, macht den Tod Staningers für uns nicht interessanter. Und damit sind wir gewissermaßen bei dem angelangt, um was es in diesem Buch nicht gehen soll: sich über die Ungeschicktheit, mithin »Dummheit« der Verstorbenen lustig zu machen.

Stattdessen soll aufgezeigt werden, was hinter den teils sehr makabren und kuriosen Todesfällen steckt und auch welche geschichtlichen Folgen diese hatten. Wenn sie denn wahr sind. Ferner nehmen wir zunächst als Prämisse an, dass keine der in diesem Buch auftauchenden Persönlichkeiten freiwillig jenen Tod sterben wollte, der sie letztlich heimsuchte. Da Ausnahmen die Regel bestätigen, wurden auch solche Persönlichkeiten in das folgende Panoptikum aufgenommen – aber dazu später mehr. Dennoch nähern wir uns unvoreingenommen der Frage: Was führte zu jenen (scheinbaren) Todesfällen, die uns noch ein Schmunzeln, ein ungläubiges Kopfschütteln oder sogar ein, wenn auch verschämtes, Lachen abringen werden? So viel vorneweg: Wir werden sehen, dass es mit den absurden und kuriosen Fällen viel mehr auf sich hat, als es der erste Eindruck vermittelt. Oder denken Sie, ein preußischer General der Infanterie stirbt ohne triftigen Grund in einem rosa Tutu? Oder ein großer Philosoph legt sich nur spaßeshalber unter einen Misthaufen?

Dass in dieser Ansammlung von historischen Persönlichkeiten die Frauen deutlich zu kurz kommen, darf durchaus als Kompliment verstanden werden. Tatsächlich scheint es bis auf wenige Ausnahmen eine nahezu reine Männerdomäne zu sein, auf außergewöhnliche Art aus dem Leben zu scheiden. Wie genau man das interpretieren möchte, bleibt jedem selbst überlassen.

Kommen wir zu unserem Eingangszitat zurück, so gibt es uns nicht nur einen Hinweis darauf, dass der Tod uns jederzeit ereilen kann, sondern dass er sich dabei auch wenig um die Ästhetik der

Umstände schert. So musste der französische Schriftsteller Jules Renard (1864–1910) bei dem Gedanken an die vielen seltsamen Todesfälle in seiner Familie feststellen: »Der Tod ist kein Künstler«, – ob er das auch nach der Lektüre der folgenden Kapitel geschrieben hätte? Auf jeden Fall ist »der Tod gewiss, seine Ursache (aber) ungewiss.« (mors certa, causa incerta)

Blutrache, Gesetze und ein Theaterbesuch: Drakon und die Beliebtheit zum Tode

Nur wenige Menschen in der Geschichte haben es geschafft, dass ihr Name sprichwörtlich wurde. Und von diesen Wenigen kamen noch weniger zu der Ehre, dass sich ihr Name zu einem gebräuchlichen Adjektiv entwickelte. Meist bezeichnet man mit solchen nach bestimmten Herrschern benannte Epochen, die in der historischen Diskussion von gewissem Interesse sind, wie beispielsweise »viktorianisch« oder »wilhelminisch« usw. In die Alltagssprache auch der historisch Uninteressiertesten schafften es wiederum nur die wenigsten. Dieses Kunststück gelang dem griechischen Politiker und Gesetzesreformer Drakon (ca. 650 – ca. 600 v. Chr.). Bis heute bezeichnet man Strafen, die besonders unnachsichtig oder zu hart sind, als »drakonisch«. Drakon selbst war jedoch nicht so »schlimm«, wie man anhand seines Rufes vermuten könnte. Bei vielen seiner Mitbürger war er nämlich äußerst beliebt, ja so beliebt, dass es ihn das Leben kostete.

Wann Drakon geboren wurde, ist ungewiss. Da er 624 v. Chr. das erste Mal historisch greifbar in Erscheinung trat (Figueira, S. 298 f.), kann man von einem Geburtsjahr um 650 v. Chr. ausgehen. Im Erwachsenenalter finden wir ihn in der zweiten Hälfte des 7. vorchristlichen Jahrhunderts in Athen. Dies war eine Zeit, die das antike Griechenland langsam aus dem »Dunklen Zeitalter« herausführte, der Zeit also, die zwischen dem Untergang der ersten Hochkulturen der Minoer und Mykener um 1200 v. Chr. und der beginnenden klassischen Zeit ab 500 v. Chr. liegt (Vollkommer, S. 20 f.). Drakon lebte in der von Historikern als »archaischer Zeit« bezeichneten Epoche der griechischen Geschichte, in der auch die ersten griechischen Literaturwerke wie Homers *Ilias* und Hesiods Dichtungen entstanden. Es war die Periode, in der sich die staatlichen Strukturen erst herausbildeten, die wir heute aus der klassischen griechischen Antike kennen (ebd.). Und Drakon hatte daran maßgeblichen Anteil.

Kurz bevor unser Protagonist aus der Dunkelheit der Geschichte auf die Weltbühne trat, begegnet uns eine andere Person, die nicht minder nebulös, jedoch weniger im Menschheitsgedächtnis haften blieb als Drakon. Es war der Olympiasieger im Doppellauf des Jahres 640 v. Chr., der einen großen Beitrag zu Drakons Jahrtausende überdauernder Popularität leisten sollte, obwohl dies nicht in seiner Absicht lag. Dieser attische Adlige namens Kylon wollte knapp zehn Jahre nach seinem Triumph seine Popularität ausnutzen und die alleinige Macht in Athen an sich reißen (Meier, S. 44). »Nachdem er eine Schar von Altersgenossen für sich gewonnen hatte, versuchte er sich der Akropolis zu bemächtigen. Aber der Versuch mißlang, und er setzte sich schutzflehend unter das Standbild der Göttin« (Herodot, Historien, V, 69). Doch den göttlichen Schutz missachteten seine Gegner unter der Führung des Megakles, sodass viele seiner Anhänger in der heiligen Halle gesteinigt wurden. Ein Sakrileg zweifelsohne, das keine Ruhe in Athen einkehren ließ und als »Kylonischer Frevel« in die frühe Geschichte des klassischen Athens einging (Bengtson, S. 95). Die Folge war eine Zunahme der Fälle von Blutrache, einer nach heutigem Empfinden zutiefst archaischen Vorgehensweise zur Wiedergutmachung. Diese gestattete die Sühne einer schweren Straftat wie einem Tötungsdelikt durch die Verwandten der Opfer oder andere nahestehende Personen, die auch aus der Phratrie (»Bruderschaft«) stammen konnten, also einer Verbindung mit anderen Familien. Grundsätzlich musste man nicht auf der Tötung des Täters bestehen, man konnte auch die Entrichtung einer Buße akzeptieren oder eine sonstige Einigung zur Aussöhnung (vgl. Meyer, S. 528 ff.). Jedoch barg die grundsätzliche Möglichkeit, die Rache selbst in die Hand zu nehmen, die Gefahr einer Kettenreaktion, die unter Umständen viele Todesopfer forderte. Um nicht völlig in chaotische Verhältnisse abzudriften, versuchten kühlere Köpfe, die Rachegelüste in der konkreten Situation in vernünftigere Bahnen zu lenken und Regeln festzuschreiben, die für jeden ersichtlich und nachvollziehbar waren. Damit beauftragt waren die führenden Politiker Athens, zu denen Drakon gehörte.

Um das Jahr 620 v. Chr. hatte er wohl das Amt eines Archonten inne (Vollkommer, S. 30). Der Archon (»der Erste«) war ein hoher Staatsbeamter, der sich um einen bestimmten Bereich der Administration kümmerte. So gab es einen Archon für religiöse Belange, für militärische und eben auch für juristische. Der *Archon eponymos* war zur Zeit Drakons der oberste Funktionsträger und vielleicht hatte jener dieses Amt inne, denn er war der oberste Gerichtsherr und kümmerte sich unter anderem um das Familienrecht (Meier, S. 208).

Damit jeder die Gesetze kannte, es also Rechtssicherheit gab, wurden diese auf der Agora, dem Marktplatz Athens, wo das öffentliche Leben stattfand, jedermann zugänglich gemacht. Die Gesetze wurden auf nummerierte *Axones* geschrieben. Dabei handelte es sich wohl um vierseitige Holzbalken, die an den Enden quer aufgehängt worden waren, sodass man sie drehen konnte. Später meißelte man sie in Steinsäulen. Ein Fragment, das 200 Jahre nach Drakon entstanden ist, blieb erhalten. Auf diesen Überresten werden auch die Person Drakon und die Existenz der aufgezeichneten Gesetze das erste Mal überhaupt historisch fassbar (Figueira, S. 292). Zu Beginn der Inschrift wird die Entstehungszeit wiedergegeben, indem die zu diesem Zeitpunkt regierenden hohen Amtsträger genannt werden. In diesem Fall das Jahr 409/408 v. Chr. Dann folgt die Angabe, dass es sich um das Gesetz des Drakon das Delikt der Tötung betreffend handelt. Hierbei wird geregelt, wie man bei einer Tötung »ohne Vorbedacht« vorgehen soll (Busolt, S. 793). Ein mehrstufiges Verfahren sieht vor, dass zunächst eine öffentliche Anklage in Verbindung mit der Aufforderung erfolgt, der vermeintliche Täter habe die Heiligtümer und die Agora zu meiden. In Erinnerung an den

»kylonischen Frevel« sollte offensichtlich vermieden werden, dass es wieder zu einem solchen Sakrileg kommen konnte. Die Empörung darüber und die daraus resultierenden Unruhen in Athen waren wohl noch präsent. Allem Anschein nach konnte Drakon die Lage mit seinen Gesetzen aber beruhigen, sodass man diese noch 200 Jahre später wortwörtlich in Stein meißelte. Der Prozess fand vor 51 Richtern statt, die zu Drakons Lebzeiten *ephetai* hießen und auch über die angenommene Willensrichtung des Täters entschieden. Das Urteil fällten schließlich die *basileis*, »Könige« genannte hohe Beamte (Busolt, S. 1092). Dies konnte im Schuldfall bedeuten, dass der wegen unvorsätzlicher Tötung Verurteilte ins Exil gehen musste, wo er Schutz vor der Rache der Angehörigen des Opfers genoss. Ihm konnte auch verziehen werden, was ein per Eid bekräftigter Vertrag bestätigen musste (Meyer, S. 530).

Drakons Gesetze führen das erste Mal die Unterscheidung zwischen einer vorsätzlichen und einer unvorsätzlichen Tötung ein (Bengtson, S. 85). Da die Stele nur die unvorsätzliche Tötung thematisiert bzw. nur dieser Teil überdauerte, wissen wir nicht, wie mit einer vorsätzlichen Tötung (dem »Mord« im eigentlichen, heutigen Sinn) verfahren werden sollte. Hier können wir nur per Analogie aus dem schließen, was uns durch spätere Überlieferung bekannt ist. So berichtet der antike Historiker Plutarch (ca. 45 – 125 n. Chr.) Folgendes vom athenischen Staatsmann Solon (ca. 640 – ca. 560 v. Chr.), der eine Generation nach Drakon lebte: »Zuerst hob er also die Gesetze des Drako insgesammt auf, mit Ausnahme derjenigen über Mord. Er that dies wegen ihrer Strenge und der Größe der angesetzten Bußen. Denn beinahe für sämmtliche Verbrecher war nur eine einzige Strafe festgesetzt, – der Tod. Ein Mensch, der bloß wegen Müßiggangs schuldig gefunden wurde, mußte eben sterben; wer ein Gartengemüse oder Obst gestohlen hatte, verfiel ganz der nämlichen Strafe, wie ein Tempelräuber und Mörder« (Plutarch, Solon, 17, 1–4).

Somit waren allem Anschein nach die Bestimmungen der Blutrache für vorsätzliche Tötung, »ein Leben für ein anderes«, noch in Kraft. Es scheint auch, als sei hier der Ursprung der erwähnten sprichwörtlichen »drakonischen Strafe« zu finden, denn der Geschichtsschreiber fährt mit folgender Anekdote fort: Auf die Frage, warum er für die meisten Vergehen den Tod als Strafe ansetzte, antwortete Drakon, die kleinen Vergehen hätten diesen verdient, jedoch wisse er für die schlimmeren keine größere Bestrafung (Figueira, S. 290).

Doch auch ein anderer Ursprung könnte angenommen werden. Wenn man sich die Fragmente der Stele anschaut, welche am ehesten als historisch »wahr« zu bezeichnen sind, kann man Drakons Gesetz wie folgt interpretieren: Dem Mörder eines Diebes oder eines Ehebrechers, was als unvorsätzliche Tötung charakterisiert wird, gilt das Exil als Strafe oder eben die Versöhnung mit der Opferfamilie. Daraus machten antike Autoren den Umstand, dass Drakon den Tod als Strafe für Diebe und Ehebrecher akzeptierte. Gewissermaßen eine »drakonische« Interpretation des Gesetzes. Nicht nur das Rechtswesen bediente sich seines Namens, auch die Rhetorik benutzte Drakon bereits früh als Topos in Reden oder philosophischen Abhandlungen, die übertriebene Strafen zum Thema hatten. Der Philosoph Aristoteles (384–322 v. Chr.) spricht beispielweise von »drakontischer Verfassung« (zit. n.: Bengtson, S. 95) und meint damit eine strenge Gerichtsbarkeit.

Drakon selbst ist und bleibt eine historisch nicht greifbare Figur. Aus seiner vermeintlichen Lebenszeit haben wir keine Belege seiner Existenz, sodass manche Historiker diese gar vollständig abstreiten. Er soll nichts weiter als eine spätere Legendenbildung darstellen, eine Art Metapher, eine fleischgewordene Überlieferung des archaischen Rechts (ebd., S. 84). Genauso legendär sollte sein Tod werden, dessen früheste Überlieferung aus dem 10. Jahrhundert stammt. Ein byzantinisches Lexikon, die *Suda*, enthält viele Artikel über antike Personen (Mazal, S. 13). Einen guten Leumund hat sie jedoch nicht, da bereits ihr Verfasser, ein gewisser Suidas, mindestens genauso legendenumwoben ist wie die Personen, über die er schreibt.

Wenn an der Historizität der folgenden Schilderung begründete Zweifel angemeldet werden dürfen, so aber nicht an deren Symbolträchtig- und Doppeldeutigkeit. Drakon soll durch seine strengen Gesetze im athenischen Volk bald sehr unbeliebt geworden sein. Bei der Entziehung der Bürgerrechte (Atimie) als Strafe für Müßiggang, die er durchsetzte, verwundert dies nicht wirklich (Busolt, S. 815). Jedenfalls habe er sich dem Volkszorn entzogen, indem er auf die Ägäisinsel Ägina geflohen sei (Figueira, S. 287). Hier im Saronischen Golf erfreute er sich offensichtlich großer Beliebtheit. Eines Tages, als er ins örtliche Theater kam, jubelte ihm das Volk zu. Es war Sitte, dass man den Verehrten mit Kleidungsstücken bewarf. Es flogen also unzählige Gewänder auf den mittlerweile gealterten Drakon, sodass dieser bald unter der Last zusammenbrach und erstickte. Nachdem die jubelnde Menge ihn schließlich von den Kleidungsstücken befreit hatte, konnte man nur noch seinen Tod feststellen. Er soll sogleich im Theater begraben worden sein (ebd.). Soweit die Legende.

Gehen wir einmal nicht davon aus, dass es ein Mordkomplott gegen Drakon gab, was einer vorsätzlichen Tötung entsprochen hätte, sondern dass es ein Unfall war. Somit wäre der jubelnden Menge eine jener drakonischen Strafen erspart geblieben, die bald nach diesem skurrilen Tod im Theater vom Politiker Solon abgeschafft werden sollten.

Wie so oft ist die Nachwelt auch mit Drakon hart ins Gericht gegangen, wenn es um unbeliebte Maßnahmen ging. Die harte Gesetzgebung scheint in einer unsicheren Zeit eine gewisse Rechtssicherheit festgelegt und die bestehenden Anordnungen normiert zu haben. Zusätzlich wurde unter Drakon das Recht in Athen zum ersten Mal schriftlich fixiert und die bis heute gültige Unterscheidung zwischen einer vorsätzlichen und einer nicht vorsätzlichen Tötung getroffen. Jedoch zeigen seine Anordnungen auch, dass gegen die einfachen Menschen besonders hart durchgegriffen werden sollte, während man beim Adel, der hauptsächlich von der Blutrache betroffen war, nur einschränkend wirkte (Meier, S. 69). So schlecht, wie sich der posthume Ruf seiner Gesetze entwickelte, empfanden die Zeitgenossen diese wahrscheinlich gar nicht.

Die Überlieferung, nach der Drakon unter Mänteln erstickt sei, können wir ins Reich der Fantasie verbannen. Jedoch steckt hinter dieser Erzählung die Absicht, das (vermeintliche) Werk Drakons und damit seine Person als populär darzustellen. Gerade die Überlieferung im 10. Jahrhundert n. Chr. gibt einen Hinweis auf diese Absicht. Während dieser Zeit ging mit dem frühen Mittelalter wieder eine archaische Epoche zu Ende, die auf den Untergang des Weströmischen Reiches folgte. Eine Phase relativ stabiler Staatsgebilde begann. Damit diese ohne Institutionen wie dem Faustrecht und der Blutrache funktionierte, brauchte es abschreckende Gesetze.

Die Erzählung sagt aber Folgendes: Drakon hatte in seiner Gesetzgebung das Delikt nicht berücksichtigt, dass man aus lauter Verehrung versehentlich tötet. Vielleicht wollte man ihm dieses Versäumnis »drakonisch« zur Last legen?

Warum nicht alles Gute von oben kommt: Der Tragödiendichter Aischylos, eine Schildkröte und ein Adler

Der Anblick und die damit verbundene ästhetische Bewertung kahlköpfiger Männer war und ist oftmals Geschmacksache. Einerseits assoziiert man mit dem fehlenden Haupthaar eine gewisse Reife und Erfahrenheit, was durchaus attraktiv wirken kann, andererseits kann es ebenso Ausdruck einer schlimmen Krankheit sein; man denke dabei an Krebs. Dass aber jenes fehlende Haupthaar auch auf die Tierwelt ihre Reize ausübt, ist dann doch eher außergewöhnlich. Zumal die Folgen verheerend sein können, wie beim Tragödiendichter Aischylos (ca. 525 – 456 v. Chr.). Dieser gilt nicht nur als der älteste bekannte Tragödiendichter, sondern war in seinen späteren Lebensjahren auch kahlköpfig. Was nun aber seine unsterblichen Werke mit seiner Glatze zu tun hatten, lässt sich nur herausfinden, wenn wir uns in die Gedankenwelt der Alten Griechen begeben und herausfinden, wer Aischylos überhaupt war.

Geboren wurde er um das Jahr 525 v. Chr. in Eleusis, einem Ort rund 30 Kilometer nördlich von Athen. Von seinem Grabmal wissen wir, dass sein Vater Euphorion hieß. Bereits mit 25 Jahren nahm er an den Dionysien teil (Nickel, S. 10). Dies waren im alten Athen Festspiele zu Ehren des äußerst beliebten Gottes Dionysos, dem Gott des Rausches, des Weines und der Fruchtbarkeit. Im Zuge dieses Festes wurden Wettbewerbe durchgeführt, bei denen Dichter ihre Tragödien oder Komödien aufführten. Die ersten Teilnahmen waren für Aischylos noch nicht von Erfolg gekrönt. Erst im Jahr 484 v. Chr. finden wir ihn auf der Siegerliste (Föllinger, S. 21). Zu diesem Zeitpunkt war er bereits ein Mann im besten Alter und in die Weltgeschichte hineingezogen worden. Denn das epische Ringen zwischen den Griechen und den Persern machte auch nicht vor großen Dichtern halt. Ganz im Gegensatz zu unserer heutigen Vorstellung vom weltfremden, im stillen Kämmerlein vor sich hinschreibenden Autor und Philosophen, waren die alten griechischen Denker meist aktiv Handelnde und eben, wenn es nötig wurde, auch Kämpfende. So kämpfte beispielsweise Sokrates (469–399 v. Chr.) als Hoplit im Krieg Athens gegen Korinth (Weithmann, S. 51).

Aischylos war Soldat bei den berühmtesten Schlachten der Perserkriege. Er nahm sowohl an der Schlacht von Marathon (490 v. Chr.), bei Salamis (480 v. Chr.) als auch bei Plataiai (479 v. Chr.) teil (Föllinger, S. 21). Bis zu seinem Lebensende war es ihm wichtig, als tapferer Kämpfer angesehen zu werden, obwohl er da schon einer der größten lebenden Dichter seiner Heimat geworden war. Auf seinen Grabstein ließ er den Satz meißeln: »Von seiner Tapferkeit könnte das ruhmreiche Gefilde von Marathon reden und jeder langmähnige Meder, der ihn kennt« (zit. n.: Nickel, S. 10).

Wenn er dem antiken Schriftsteller Athenaios nach auf seinem Grab seine dichterischen Leistungen zugunsten seiner kriegerischen verschweigt, so sind beide dennoch nicht getrennt voneinander zu sehen. Denn sein berühmtestes Stück und auch die älteste (bekannte) Tragödie der Weltliteratur trägt den Titel *Die Perser* und wurde 472 v. Chr. uraufgeführt (Föllinger, S. 53). In diesem stellt er aus der Sicht der besiegten Perser die Niederlage des Großkönigs Xerxes (ca. 519 – 465 v. Chr.) dar. Die Handlung spielt am Hof des persischen Herrschers und gibt die Stimmung der auf Nachricht Wartenden und letztlich den Schock beim Eintreffen der Botschaft von der verheerenden Niederlage bei Salamis wieder. Darin zeigt sich nicht nur die exakte Kenntnis des an der Schlacht Beteiligten, sondern auch das Studium der persischen Kultur und Geschichte. Aischylos möchte jedoch keine billige Siegesfeier aufführen, er will mit dem Stück auch vor dem Hochmut des Siegers warnen. Bezeichnenderweise lässt er Dareios (549–486 v. Chr.), den Vater des Großkönigs, seinem Sohn Xerxes mitteilen: »Denn wenn Überheblichkeit aufgeblüht ist, lässt sie die Frucht der Verblendung reifen, aus der ein tränenreicher Herbst die Ernte einbringt« (zit. n.: Nickel, S. 13).

Ihn den Erfinder des »Geschichtsdramas« zu nennen, ginge wohl zu weit, weil kurz vor ihm auch der athenische Dichter Phrynichos († ca. 470 v. Chr.) neben dem üblicherweise verwendeten mythischen Stoff zeitgenössischen benutzt hatte. Doch Aischylos entwickelte diese Gattung weiter, indem er vor allem Spannung einbaute (Meier, S. 317 f.). Neben dem unterhaltenden Charakter stand somit auch die Vermittlung von Wissen im Vordergrund. Dem heutigen Leser mag es ungewohnt erscheinen, doch waren zur Zeit des Aischylos die verschiedenen Gattungen nicht voneinander getrennt. So treten mythische Figuren mit historischen in Kontakt, werden die zeitgenössischen Ereignisse fantasievoll verändert und stärker als bei seinen Vorgängern betont (Föllinger, S. 25). Vielleicht kann man als Vergleich, wenn dieser überhaupt sinnvoll ist, am ehesten noch einen heutigen historischen Roman heranziehen. Denn für den Griechen war die mythische Vergangenheit ebenso real wie die historische. Beispielhaft dafür stehen die *Ilias* und die *Odyssee* des Homer.

Im Jahr 458 v. Chr. führte Aischylos zum ersten Mal die *Orestie* auf. Sie ist die älteste bekannte Trilogie der Tragödiendichtung und gewann bei den Dionysien auf Anhieb den Siegespreis (ebd., S. 121). In den drei Teilen »Agamemnos«, »Choephoren« und »Eumeniden« wird die Ermordung des mythischen Königs Agamemnon im Anschluss an dessen Eroberung Trojas thematisiert. Der König opfert nämlich seine Tochter Iphigenie, um den Zorn der Göttin Artemis zu besänftigen. Seine Frau und Iphigenies Mutter Klytaimnestra tötet daraufhin ihren Gatten. In »Choephoren« rächt der Sohn des Agamemnon, Orest, die Ermordung seines Vaters. Seiner Ansicht nach wurde durch den Gatten- und Königsmord gegen die Weltordnung verstoßen. Orest möchte deswegen seine Mutter Klytaimnestra und deren Liebhaber Aigisthos umbringen, wofür er die Hilfe der Götter erfleht. Diese wird ihm zuteil, sodass er seinen Plan in die Tat umsetzen kann. In den »Eumeniden« geht es im Großen und Ganzen um eine Art Gerichtsprozess und die Frage nach der Schuld des Orest. Letztlich wird er freigesprochen, und die Erinyen, die Rachegöttinnen, verwandeln sich in die wohlwollenden Eumeniden. Die Versöhnung ist geglückt (Nickel, S. 18).

In der gesamten Trilogie geht es um die Frage, welcher Forderung man nachgehen sollte: Einerseits gibt es die moralische Verpflichtung, andererseits die politische. Der Held befindet sich im Dilemma und muss gegen eine Verpflichtung verstoßen und ist damit dem Urteil der Götter ausgeliefert. Am Beispiel Agamemnons wird dies besonders deutlich, wenn er seine eigene Tochter zum Wohle des Reiches töten lässt (Meier, S. 369 ff.).

Leider sind nur wenige Werke des Aischylos erhalten geblieben. Über die Jahre hinweg wurden seine Stücke immer wieder aufgeführt und dadurch auch verändert. Der Athener Lykurg (ca. 390 – 324 v. Chr.) ließ um 330 v. Chr. eine verbindliche Sammlung der Werke des Dichters anfertigen (Föllinger, S. 46). Von Athen aus gelangte diese in die berühmte Bibliothek von Alexandria. Dort waren sie aber nicht vor Verlust sicher, da die Römerzeit und das frühe Mittelalter viele Werke verloren gehen ließ. Namentlich ist uns eine ganze Menge an Stücken bekannt, doch vollständig erhalten sind nur sieben (Nickel, S. 19). Diese genügen aber, um Aischylos einen Platz in der Literaturgeschichte zu sichern.

Seine besondere Leistung wurde bereits in der Antike honoriert. So schreibt Philostratos im zweiten nachchristlichen Jahrhundert über Aischylos, dass man die Tragödie vor ihm noch »schmucklos und unausgebildet« vorgefunden hätte. »Daher zog er die langen Chorgesänge zusammen, führte den Dialog der Schauspieler ein, beschränkte das Maß der Einzelgesänge und ließ die Personen nicht vor den Augen der Zuschauer, sondern hinter der Bühne sterben. […] Er aber strebte danach, die Sprachen der Tragödien würdiger zu gestalten, und überlegte sich genau, dass sich die Kunst mehr dem Erhabenen als dem Niedrigen und Gemeinen anschließt« (Philostratos, VI, 11).

Am Ende der Geschichte waltet niemals der Zufall. Stets siegt Recht und Gerechtigkeit. Dies wird von der göttlichen Macht garantiert. Vor allem der Göttervater Zeus wacht über die Sinnhaftigkeit des Laufes der Geschichte. Dies war die Überzeugung des Aischylos und sein eigenes Ende sollte diese Theorie stützen.

Aischylos befand sich mindestens zweimal auf Einladung Hierons I. von Syrakus († ca. 466 v. Chr.) auf Sizilien. Um das Jahr 456 v. Chr. war er im südsizilianischen Gela, wo er sich für einige Zeit aus dem Trubel der Stadt zurückzog. Was dann geschah, erzählt uns der römische Schriftsteller Valerius Maximus in der ersten Hälfte des ersten Jahrhunderts n. Chr.:

> »Er hatte auf Sizilien die Mauern der Stadt, in der er sich gerade aufhielt, verlassen und saß an einem sonnigen Platz. Ein Adler, der mit einer Schildkröte in den Klauen über ihn hinwegflog, ließ sich vom Glanz seines Kopfes – er war nämlich kahl – täuschen; um die Schildkröte aufzubrechen und an ihr Fleisch heranzukommen, ließ er sie auf seinen Kopf fallen, weil er ihn für einen Stein hielt. Durch diesen Schlag wurde der Erfinder und Urheber der hohen Tragödie getötet« (Valerius Maximus, 1998, IX, 12, Ext. 2).

Auch der römische Schriftsteller Plinius der Ältere (ca. 23 – 79 n. Chr.) beschreibt seinen Tod auf diese Weise, erwähnt aber noch eine mysteriöse Prophezeiung, wonach er sich vor herabfallenden Dingen hüten solle (Nat. Hist., 10,3). Bei Plinius sucht er aus der unübersichtlichen Stadt kommend Zuflucht in der scheinbaren Sicherheit eines Feldes. Natürlich wird bei antiken Geschichtsschreibern die Wahrheit gerne etwas ausgeschmückt, doch kann am Tod des Aischylos in der überlieferten Weise tatsächlich etwas dran sein?

Es gibt in der Tierwelt genügend Beispiele für die Verhaltensweise des Adlers. Bergadler verfahren ähnlich, wenn sie ihre Beutetiere (z. B. kleine Steinböcke) aus großer Höhe hinabfallen lassen, um sie zu töten. Der Mönchsgeier oder auch der Bartgeier, der früher auf Sizilien vorkam, lässt Landschildkröten aus großer Höhe fallen, um ihren Panzer aufzuknacken (Ferguson/Christie, S. 417). Es ist also durchaus möglich, dass Aischylos tatsächlich von einer Schildkröte erschlagen wurde, es dem Geschichtsschreiber jedoch entweder aus Unkenntnis oder aufgrund der hohen mythischen und symbolischen Bedeutung besser erschien, diese aus den Klauen eines Adlers anstelle eines Geiers fallen zu lassen. Passend wäre es allemal.

Die erhaltenen Tragödien zeigen nämlich das Bestreben des Aischylos, die Welt und deren Ordnung als gottgewollt darzustellen. Solange der Mensch seine Grenzen akzeptiert und nicht übertritt, ist ihm ein angenehmes Leben beschieden. Missachtet er aber die Ordnung und überschreitet die Grenze, lässt die Gottheit ihn leiden, damit er sich demütig seiner beschränkten Existenz vergewissert. Grundsätzlich ist damit der Konflikt zwischen Notwendigkeit und Freiheit aufgezeigt, den Friedrich Schiller (1759–1805) viel später als Grundstruktur seiner Dramen bezeichnet.

Vielleicht können wir den überlieferten Tod des großen Dichters deuten, indem wir annehmen, dass er mit seinen Tragödien die Grenzen des ihm von den Göttern zugestandenen Sagbaren überschritten hatte? Um weitere Übertritte zu verhindern, griff Zeus in die Geschichte höchst dramatisch ein. Denn jenem Zeus, der über das Schicksal der Menschen argwöhnisch wacht, schreibt die Mythologie neben den berühmten Blitzen auch den Adler als Attribut zu (vgl. Waser, S. 704 f.). Sollte am Ende der Göttervater höchstselbst die Theorie von den gottgesetzten Grenzen für den Menschen des alten Aischylos bestätigt haben, indem er den Greifvogel schickte? Immerhin galt der Adler schon im Mythos des Prometheus als »das Kampfmittel des Zeus gegen den Widersacher seiner Herrschaft«. (Blumenberg, S. 349)

Über den »wahren« Tod des Aischylos wissen wir also nichts. Aber für die Alten Griechen spielte es ohnehin keine Rolle, ob die Geschichte »echt« oder mythisiert war. Also nehmen wir seinen Tod so hin, wie er überliefert wurde. Und vor allem sollten wir uns hüten, die Götter zu erzürnen. Besonders, wenn wir glatzköpfig sind.

Verhüllungen, Gegensätzlichkeiten und eine Wassersucht: Heraklit und die Kur mit dem Misthaufen

»Der Dunkle«, *ho skoteinos*, hat man ihn schon in der Antike genannt und damit bereits das Grundproblem für all diejenigen aufgezeigt, die gerne mit exakten Fakten zu tun haben. Denn diese sind bei Heraklit von Ephesos (ca. 520 – ca. 460 v. Chr.) äußerst spärlich. Von ihm selbst wurde uns kein einziges Wort direkt überliefert. Nur einige Sätze in den Büchern der antiken Philosophen und Geschichtsschreiber geben uns einen Hinweis auf seine Gedankenwelt, die – das sahen auch die antiken Historiker so – äußerst schwierig zu verstehen war. Nur ein Werk soll er tatsächlich verfasst und im Tempel der Artemis hinterlegt haben, das von Paradoxien und Wortspielen nur so strotzte, wie uns aus zweiter Hand überliefert wurde (Rapp, S. 58). Welchem Schicksal das Original anheimfiel, ist unbekannt. Ein dunkler Philosoph also in jeder Hinsicht, und auch sein Tod sollte nicht hell strahlen, sondern mit allerlei Anspielungen und Hinweisen auf sein Denken äußerst düster daherkommen. Gesetzt den Fall, es hat sich wirklich so zugetragen, wie wir es uns im Folgenden anhand der Überlieferungen zusammenreimen.

Geboren wurde Heraklit um das Jahr 520 v. Chr. im ionischen Ephesos in der heutigen Westtürkei, das zur Zeit seiner Geburt unter persischer Herrschaft stand. Er war wohl adliger Herkunft und lud bereits zu Lebzeiten dank seines Verhaltens zur Legendenbildung ein. Schon früh soll er sich von seinen Mitbürgern distanziert haben, indem er gesellschaftliche Verpflichtungen mied – dies philosophentypisch mit einem provozierenden Spruch. Einer Episode zufolge soll er gesagt haben, er ziehe es vor, mit Kindern im

Artemis-Tempel zu spielen, nachdem er aufgefordert wurde, sich an der Gesetzgebung in Ephesos zu beteiligen. (ebd., S. 57). Dabei galt er nicht als unpolitisch, wie eine andere Anekdote zeigt, die bereits in der Antike erzählt wurde, laut der er mit dem persischen König Dareios einen Briefwechsel geführt habe. Bei allerlei Geschichten aus der Antike ist man noch geneigt, einen gewissen Funken an Wahrheit zu unterstellen oder zumindest eine allegorische »Wahrheit« zu deuten. Bei einer angeblichen Korrespondenz des größten Herrschers seiner Zeit im tausende Kilometer weit entfernten Persepolis mit einem nur den engsten Vertrauten bekannten Philosophen und Querkopf am Rande des Reiches dürfte allerdings jeder noch so gedehnte Wahrheitsbegriff nicht mehr greifen. Nichtsdestotrotz gibt der Inhalt wohl eine zeitgenössische Auffassung der Lehren des Heraklit wieder, wenn der Großkönig Persiens in diesem Brief über die Theorien des Philosophen schreibt: »Indes bei dem meisten kommt man zu keinem sicheren Urteil, so daß auch die größten Schriftgelehrten in Zweifel bleiben über die richtige Auslegung deiner Ausführungen« (Diogenes Laertius, 9, 13). Die Aufforderung des mächtigsten Herrschers der damaligen Zeit, an seinen Hof zu reisen, lehnte Heraklit philosophengemäß mit dem Hinweis ab, dass er da, wo er bescheiden wohne, zufrieden sei (ebd., 9, 14). Keine Erklärung der Lehren für die Zeitgenossen also, seien es Großkönige, einfache Leute oder gar andere namhafte Philosophen. Und so können wir höchstens feststellen, dass der »Dunkle«, um dessen Gedanken zu verstehen man nach Sokrates einen delischen Taucher bemühen müsse, die Fantasie seiner Zeitgenossen und unmittelbar Folgenden überstrapazierte (ebd., 9, 12).

Aber wieviel kennen wir eigentlich von den Lehren dieses Heraklit? Eben jene bereits erwähnten Fragmente, die gerade wegen ihres unvollständig erscheinenden Charakters die Geistesgeschichte bis heute in ihren Bann ziehen, wiewohl das wenig Erhaltene von einem besonderen Tiefsinn zeugt. Immerhin dürfen wir attestieren, dass Heraklit das erste Mal überhaupt »das Erstaunen des Geistes über sich selbst zum Ausdruck« kommen lässt (Weischedel, S. 26).

Und damit gibt er einer Innerlichkeit die ersten Worte der Geistesgeschichte, wenn er sagt: »Den Menschen allen wird zuteil, sich selbst zu erkennen und verständig zu denken« (zit. n.: Meier, S. 160). Doch auch wenn mit ihm die Erforschung der Innerlichkeit, die man nicht mit der psychologischen Eigenschau verwechseln sollte, in der Philosophiegeschichte Einzug hält, so war immer noch die Natur, die den Menschen umgibt, das große Thema. Denn die *physis* hat die Angewohnheit, das in ihr waltende Wesen zu verbergen. Nur mithilfe der Philosophie gelingt es, dieses offenzulegen, da es in der Wirklichkeit zwar verhüllt, aber dennoch gleichzeitig erkennbar ist (Rapp, S. 62 f.). Damit ist das widersprüchliche Programm seiner Philosophie der *physis* vorgegeben, indem er nunmehr die Gegensätzlichkeiten aller Dinge aufzeigt.

Eine seiner Theorien besagt, dass die Welt in einem ständigen Austausch gegensätzlicher Dinge ist und nichts ohne seinen Gegensatz vorstellbar sei (Russell, S. 66). Also kann die Nacht nicht ohne Tag gedacht werden; oder heiß ohne kalt. Und aus diesem Spannungsverhältnis leite sich nach Heraklit alles Geschehen ab, was er mit dem Spruch auf den Punkt bringt: »Der Krieg ist der Vater aller Dinge« (zit. n.: ebd., S. 63). Krieg ist hier auch mit »Streit« oder »Auseinandersetzung« zu übersetzen, womit die Sentenz einiges von ihrem martialischen Duktus verliert und alles eben als ein stetes Werden und Vergehen beschreibt. »Alles fließt und nichts bleibt« (zit. n.: ebd., S. 66). Der Fluss wird das Symbol der Gegensätzlichkeit, während aus dem Feuer alles entsteht, vor allem das All und die Erde. Wie eine Art Ewige Wiederkehr vollzieht sich dieser Prozess immer wieder aufs Neue. Dementsprechend erklärt Heraklit beispielsweise die Tag- und Nachtzeiten mit aufsteigender Feuchtigkeit, die hell und dunkel sein kann. Die hellen Ausdünstungen sammeln sich am Himmel und entzünden sich zu den Sternen, die wir nachts beobachten können. Es verwundert auch nicht, dass er die Jahreszeiten ähnlich erklärt (Rapp, S. 79 f.).

Alles läuft in seiner Lehre also recht harmonisch und nachvollziehbar ab, was ihn allem Anschein nach aber nicht zu einem ausgeglichenen Wesen und einem freundlichen Umgang mit seinen Zeitgenossen inspiriert hatte. Mit den Bewohnern seiner Heimatstadt ging er hart ins Gericht, als sie seinen Freund Hermodoros verbannten. Sie sollten sich Mann für Mann aufhängen, nachdem sie den wackersten Mann verjagt hätten (Diogenes Laertius, 9, 2). Wenn wir ihm das positiv auslegen, so können wir die tiefe Verbundenheit zu jenem Hermodoros herauslesen. Jedoch zeigte Heraklit bereits in jungen Jahren ein Verhalten, das ihn zum Außenseiter werden lassen musste. Er soll niemals bei jemandem in die Lehre gegangen sein, erklärte dagegen als junger Mann nichts und meinte als reifer Mann alles zu wissen (Horn, S. 14). Charakterlich scheint er also eher schwierig gewesen zu sein und hatte auch keinerlei Respekt vor großen Namen. Mit Kritik an berühmten Griechen sparte er nicht. »Vielwisserei lehrt nicht, Verstand zu haben: Sonst hätte sie es Hesiod gelehrt und Pythagoras, und auch Xenophanes und Hekataios. Denn eines sei weise: die Einsicht zu kennen, die alles durch alles hindurchsteuert. Von Homer aber sagte er, er verdiene es, aus den Wettbewerben mit Stockhieben verjagt zu werden, und ebenso Archilochos« (Diogenes Laertius, 9, 1). Es scheint nur einen zu geben, den er von Kritik und Spott aussparte, einen Mann namens Teutamus. Warum dieser sich diese zweifelhafte Ehre erworben hatte, wird klar, wenn man herausfindet, dass er gesagt haben soll: »Die meisten Menschen sind schlecht« (zit. n.: Russell, S. 63). Kein Wunder, dass der Autor von Sätzen wie »Jedes Tier wird mit Schlägen zur Weide getrieben« (zit. n.: ebd.) an diesem Teutamus Gefallen gefunden hatte.

Doch auch jener konnte letztlich nicht verhindern, dass sich Heraklit von den Menschen angewidert in eine Einsamkeit zurückzog, die er sich in den Bergen rund um Ephesos mit vegetarischer Ernährung möglichst unkonventionell und wunderlich gestaltete. Resultat dieses Lebensstils war letztlich eine Wassersucht, die ihn gezwungenermaßen den Rat der lokalen Ärzte aufsuchen ließ. Wer aber ein exzentrischer Philosoph sein will, der geht nicht brav zu den Ärzten und schildert ihnen sein Leid, sondern »fragte die Ärzte in rätselartigen Worten, ob sie aus Überschwemmung Dürre machen könnten« (Diogenes Laertius, 9, 3). Diesen war wohl die philosophische Lehre des Patienten, mit der dieser die Welt erklären wollte, wenn überhaupt nur in Bruchstücken bekannt. Heraklit hatte seine bereits erwähnte Auffassung aller Gegensätzlichkeiten derart weiterentwickelt, indem er diese aufeinander bezog, dass sie sich gegenseitig bedingen. So ist für ihn die gesamte Welt eine Art Kreislauf, deren Antriebskraft eben jene gegensätzlichen Kräfte sind (Russell, S. 68). Diese werden gesteuert vom »Logos«, der als eine Art Weltgesetz den Wandel vollzieht und in dem sich alles vereint (Rapp, S. 60 f.). Vor allem im 19. Jahrhundert sollten die Philosophen auf Heraklit zurückkommen, insbesondere Georg Wilhelm Friedrich Hegel (1770–1831) und Friedrich Nietzsche (1844–1900) (vgl. u. a. Safranski, S. 61).

Nunmehr wäre es von Vorteil gewesen, wenn Heraklit wie andere Philosophen eine Schule gegründet hätte und seine Lehre damit einem größeren Publikum bekannt geworden wäre. Die Ärzte in Ephesos konnten mit diesem seltsamen alten Mann, den sie natürlich als eine Art Unikum ihrer Heimatstadt kannten, nicht viel anfangen. Auch der Philosoph selbst kehrte diesen Quacksalbern bald den Rücken. Doch Heraklit wäre nicht Heraklit, wenn er nicht Rat wüsste. Hatte er denn nicht geschrieben: »Das Kalte erwärmt sich, Warmes kühlt sich ab; Feuchtes trocknet sich, Dürres feuchtet sich« (zit. n.: Weischedel, S. 27)? So beschloss er, das Übermaß an Feuchtigkeit in seinem Körper auszutrocknen, wie es der Logik seiner Lehre entsprach. Besonders viel Wärme, ohne dass man dabei Gefahr läuft zu verbrennen, geben Tiere ab. Vor allem das, was Tiere hinterlassen. Also legte Heraklit sich in die Sonne und befahl einigen Knaben, »sie sollten ihn mit Rindermist bedecken; so sich abquälend sei er am zweiten Tag gestorben und auf dem Markte beerdigt worden. Neanthes von Kyzikos dagegen behauptet, er sei, weil er den Mist nicht hätte entfernen können, liegen geblieben und durch die Veränderung unkenntlich gemacht, von den Hunden verzehrt worden« (Diogenes Laertius, 9,3).

Wie dem auch gewesen sein mag. Eine Wassersucht kurieren zu wollen, indem man sich unter einen Misthaufen legt, kann man nur als abenteuerlich und olfaktorisch höchst fragwürdig charakterisieren. Allerdings war dieses Vorgehen innerhalb der Lehren des Heraklit folgerichtig (vgl. Rapp, S. 72 f.). Von daher können wir guten Gewissens nicht ausschließen, dass sich Heraklit auf diese Art kurieren wollte. Ob angedichtet oder nicht – passen würde jene Todesart zu diesem Philosophen allemal.

Göttlichkeit, vier Elemente und ein Akt der Freiheit: Der Sprung des Empedokles in den Vulkan

Wer von sich denkt und es auch noch ausspricht, dass er göttlich sei oder göttliche Attribute habe, ist in unserer säkularen Welt von heute entweder ein Fall für die Psychopathologie oder benutzt dies als eine sprachliche Metapher wie beispielsweise bei den »Halbgöttern in Weiß« oder dem »Fußballgott«. Für fromme Menschen stellt es gar ein ungeheures Sakrileg dar, sofern sie es mit dieser Selbstzuschreibung ernst meinen. Jedoch gab es eine Zeit bei den Alten Griechen, in der nicht so ganz klar schien, wann und ob man ein Gott war. Die Götter wandelten wie selbstverständlich unter den Menschen und mischten in den irdischen Dingen kräftig mit. Und nicht nur das. Sie benahmen sich wie diese, verliebten sich, hassten und begingen Fehler. In den großen Tragödien bekommen wir einen guten Einblick in die griechische Mythologie. In einer solchen Welt war es also für den Griechen nicht verwunderlich, wenn unter ihnen eine Gottheit wohnen sollte. Wenn diese unglaubliche Wunder vollbringt, wie Tote zum Leben erwecken, dann dürfte der Fall doch klar sein. So eine Person kann dann ja wohl unbeschadet in einen Vulkan springen. Dies sollte die leichteste Übung sein. Oder doch nicht? Ein überliefertes Gedicht gibt uns diesbezüglich einen ersten Hinweis: »Der Feuerkopf Empedokles, berühmt durch Wundertaten, / Sprang in des Ätna Schlund hinab und wurde ganz gebraten.« (Zit. n.: Russell, S. 75)

Wer war dieser Kerl, der anscheinend in den sizilianischen Vulkan gesprungen ist? Empedokles (ca. 495 – ca. 435 v. Chr.) wurde in

Akragas, dem heutigen Agrigent auf Sizilien geboren (Horn, S. 23). Wie bei kaum einem anderen griechischen Denker vermischen sich Legenden und wenige stichhaltige Hinweise mit seiner Lebensgeschichte. Sogar Diogenes Laertius, unser fleißiger Anekdoten- und Faktensammler aus dem 3. Jahrhundert n. Chr., weiß wenig Gesichertes über seine Herkunft zu berichten. Empedokles soll demnach in eine recht wohlhabende Familie hineingeboren worden sein, da sein Großvater mit einem Rennstall Geld gemacht habe und sogar Sieger bei den Olympischen Spielen des Jahres 496 v. Chr. gewesen sei (Diogenes Laertius, 8, 51). Zumindest könnte seine Ausbildung auf einen gewissen Wohlstand hindeuten, da der junge Empedokles nicht nur Medizin studierte, sondern auch bei den großen Philosophen seiner Zeit Vorlesungen besuchte. Die Annahme, er habe bei Pythagoras persönlich gelernt, wird zwar durch die Nähe beider Gedankenwelten gestützt, ist jedoch chronologisch nicht haltbar, da Pythagoras (ca. 570 – 510 v. Chr.) vor oder kurz nach der Geburt des Empedokles gestorben war. Jedoch könnte er der Schüler des Parmenides (ca. 520 – ca. 460 v. Chr.) gewesen sein, der in Süditalien lehrte, weil er wie dieser in Versen schrieb (Russell, S. 75). Auch in der Politik machte er sich einen Namen, wobei man feststellen muss, dass das beginnende 5. Jahrhundert im griechischen Sizilien und Süditalien eine recht unruhige Zeit war, in der sich demokratische Kräfte und zeitweilige Tyrannen in den Stadtstaaten bekämpften. Doch nicht sein Wirken als Politiker soll hier im Fokus stehen, sondern die Wirkung, welche er als Philosoph entfalten sollte, und vor allem, was dies mit einem Sprung in den Vulkan zu tun hat. Dazu müssen wir uns seine wenigen überlieferten Werke anschauen.

Zwei Gedichte in Hexametern sind von ihm bekannt, die bei anderen Autoren zitiert werden. Von den wohl ursprünglichen 5000 Zeilen sind auf diese Weise knapp 500 auf uns gekommen (Horn, S. 23). In diesen Texten knüpft er an Parmenides an, für den die Sinneseindrücke zwar recht unzuverlässig sind, um »Wahrheiten« zu erkennen, jedoch unsere einzige Möglichkeit. Man müsse daher sorgfältig prüfen.

Die große Leistung des Empedokles ist die Einführung der Idee von den vier Elementen und ihrer Verbindungen. Diese seien die Wurzel von allem und aus »ihnen entsprießt alles, was war, und alles, was ist und in Zukunft sein wird, Bäume, Männer und Frauen, Tiere, Vögel und sich vom Wasser ernährende Fische, ferner auch Götter, langlebige, im höchsten Rang der Ehre stehend« (zit. n.: Freely, 2012, S. 28). Auch hier sehen wir wieder, dass die Götter, obzwar ranghöher, doch dem Menschen recht ähnlich sind. Empedokles nannte die grundlegenden Stoffe noch nicht »Elemente« und ihre Wechselwirkung konnte er auch nur mithilfe von Metaphern ausdrücken, jedoch sollte vieles von späteren Denkern fruchtbar weiterentwickelt werden. So ging er von Feuer, Wasser, Erde und Luft als den Grundstoffen aus, die von Liebe zusammengeführt und von Hass getrennt werden (Rapp, S. 161 ff.). In seinen Texten sind diese durch jeweilige Gottheiten symbolisiert, beispielsweise das Feuer durch Zeus. Mit dem Konzept der Kräfte als Wirkungsprinzip ging er über die zeitgenössische Fokussierung auf die Materie hinaus (Freely, 2012, S. 28). Dies hat bis heute Bestand, genauso wie die Zuordnung zumindest dreier seiner Elemente, Erde, Wasser und Luft, zu den drei Aggregatzuständen: fest, flüssig und gasförmig.

Ebenfalls interessant ist die Tatsache, dass Empedokles die Luft als Stoff ansah. Indem er eine Klepsydra (eine Wasseruhr) mit der Öffnung nach unten unter Wasser drückte und feststellte, dass das Wasser nicht in das Gefäß eindringen konnte, musste er folgern, dass in diesem nicht Nichts enthalten war, sondern doch etwas Stoffliches (ebd., S. 29). Ohnehin ahnten die alten griechischen Philosophen vieles, was durch die moderne Forschung bestätigt wurde. Oder was sollte die zusammenhaltende »Liebe« denn anderes sein als die Kraft, die die Atomkerne zusammenhält? Oder der trennende »Hass«, den man als Wechselwirkung identifizieren kann, der die Atomkerne wieder zerfallen lässt (Horn, S. 23). So gesehen hatte Empedokles den höchst fruchtbaren und zutiefst modernen Gedanken in die Welt gebracht, dass es Elemente gibt, bei ihm vier an der Zahl, zwischen denen Kräfte wirken. Im Prinzip ist das das Grundsatzprogramm der heutigen Physik. Auch das Licht sah er als sich mit großer Geschwindigkeit im Raum bewegend an (Freely, 2012, S. 29).

Die Vier-Elemente-Lehre des Empedokles hatte immensen Einfluss auf die Medizin. Und nicht nur auf diejenige seiner Zeit, sondern für über 2000 Jahre. Hippokrates von Kos (ca. 460 – ca. 370 v. Chr.) entwickelte aus der Vier-Elemente-Lehre die Vier-Säfte-Lehre, die Humoralpathologie. Ihr zufolge herrschen im menschlichen Körper analog zu den vier Elementen die vier Körpersäfte Blut, Schleim, gelbe und schwarze Galle (Klibansky/Panofsky/Saxl, S. 33). Bis auf die schwarze Galle sind die ersten drei gut mit tatsächlichen Körperflüssigkeiten zu identifizieren. Jedoch sollte ausgerechnet die schwarze Galle in der Kulturgeschichte, insbesondere während der Renaissance, ungemein schöpferisch werden. Man versuchte, sich mit Schwarzgalligkeit zu infizieren, um künstlerisch produktiv zu werden. Die Melancholie (*melas* = »schwarz«, *cholé* = »Galle«) wurde zeitweilig als unabdingbare Voraussetzung für das Schaffen genialer Werke angesehen (Starobinski, S. 32).

Empedokles hatte damit zwar nichts mehr zu tun, jedoch bereitete er den Boden für die später durch Galen von Pergamon (ca. 129 – ca. 200 n. Chr.) entwickelte Grundlage medizinischer Behandlungen bis ins 19. Jahrhundert. Ihr zufolge herrschte im kranken Körper ein Ungleichgewicht der Elemente bzw. Säfte vor. Dieses musste in Einklang gebracht werden, damit der Mensch wieder gesund wurde. Empedokles war also nicht ganz unschuldig daran, dass man bis ins 19. Jahrhundert so dachte.

Er selbst soll wahre Wunder vollbracht haben, indem er die Elemente bändigen konnte. Missernten durch zu starke Winde wusste er zu verhindern, sodass er »den Namen Kolysanemas (Windebändiger)« erhielt (Diogenes Laertius, 8, 60). Von dem Beherrschen der Winde zum Heilen einer scheinbar Toten war es da nicht weit, und auch dies konnte der Magier Empedokles (ebd., 8, 61). Ob er sich nun selbst als göttlichen Heiler sah oder ob man ihm die Worte in den Mund legte, wird wohl niemals zu klären sein. Jedenfalls ist überliefert, dass er gesagt haben soll: »Was mich angeht, als ein unsterblicher Gott reise ich umher, nicht mehr sterblich, bei allen, wie es sich gehört, geehrt, mit Binden und frischen Kränzen umflochten« (zit. n.: Freely, 2012, S. 29). Als ein solcher Gott ziemt es sich natürlich nicht, einfach zu sterben. Es muss schon eine Apotheose sein, d. h. ein Aufsteigen als und zur Gottheit. Immerhin war in der Antike der Gedanke verbreitet, dass sich eine Gottheit besonders um das Wohlergehen einer menschlichen Gemeinschaft kümmerte. Von daher ist die Vergöttlichung des Empedokles die Folge einer ganz besonderen Tat, falls die Wiedererweckung einer Toten noch nicht gereicht haben sollte. Nachdem er eine Seuche durch das Umleiten eines nahen Flusses beendet hatte, was man heutzutage durch das Wegschwemmen des Unrats und des verunreinigten Wassers gut erklären kann, stieg die Dankbarkeit ins Unermessliche, und die Bevölkerung habe »zu ihm gebetet wie zu einer Gottheit« (Diogenes Laertius, 8, 70). Dies soll dem Philosophen-Arzt so sehr gefallen haben, dass er die Leute gerne in ihrer Annahme, er sei ein Gott, bestätigen wollte. Deswegen sei er in den Ätna gesprungen (Russell, S. 75). Auch der spätere römische Dichter Horaz (65–8 v. Chr.) gibt diese Episode wieder, wenngleich etwas süffisant: »Er möchte für einen Gott gehalten werden, für den der Tod unbedeutend ist; kaltblütig sprang er in den brennenden Ätna« (Horaz, Epistola ad Pisones, 464 f.; Übers. d. Autors). Horaz, der Empedokles nicht als Philosophen betrachtete, sondern als Dichter, nahm seinen Tod noch als Akt der Freiheit zur Kenntnis. Ihn davon abzuhalten, wäre ein Sakrileg gewesen. »Einen Dichter zu retten, bedeutet ihn zu ermorden« (ebd.).

Diese dem Empedokles angedichtete letzte Freiheit des selbstgewählten Todes wurde fast genauso fruchtbar wie seine Vier-Elemente-Lehre. Besonders im 19. Jahrhundert sollte die (scheinbare) Todesart des Empedokles die Geister beschäftigen. Friedrich Hölderlin (1770–1843) arbeitete mehrere Jahre an drei Fassungen eines unvollendet gebliebenen Trauerspiels »Der Tod des Empedokles«, in dem der Konflikt zwischen der Lehre des Empedokles und den

Anforderungen der Gesellschaft beschrieben wird. In dem Fragment gebliebenen Stück wird auch die Entfremdung der Menschen untereinander und von der Natur thematisiert. Hölderlin, der den Stoff nicht als Mythos ansah, sondern als Wahrheit auffasste, sieht den Opfertod des Empedokles als Beginn einer besseren Zeit. Darin kann man, wenn man dies möchte, einen Bezug zu Hölderlin selbst herstellen. In diesem Fall entspricht die Empedokles'sche Kritik an der Priesterschaft bei Hölderlin einer Kritik an den aktuellen politischen Verhältnissen (Stephan, S. 222). Die Agrigenter möchten Empedokles als König, doch der Philosoph kann und will nicht in der Art eines Politikers führen. Der Verbannung entzieht er sich mit dem größtmöglichen Protest, indem er sich in den Ätna stürzt (Michel, S. 254). Hölderlin sollte sich ebenfalls selbst für die Kunst opfern, indem er fast 40 Jahre seines Lebens im berühmten Hölderlin-Turm zu Tübingen verbrachte. Doch das hatte mit dem alten Griechen nichts mehr zu tun.

Auch bei Friedrich Nietzsche stand Empedokles' Sprung Pate für einen bestimmten Gedankengang. Bei ihm avancierte Empedokles zum tragischen Denker par excellence. In seinen ersten Jahren als junger Professor in Basel plante Nietzsche, eine Tragödie über den Griechen zu verfassen, und beschäftigte sich auch intensiv mit Heraklit (Safranski, S. 43). Dieses Projekt kam aber über Entwürfe nicht hinaus. Schließlich befasste sich noch Sigmund Freud (1856–1939) mit Empedokles und sah in dessen Lehre gar einen Vorläufer seiner Psychoanalyse. Hier wurde dessen scheinbarer Tod im Ätna als höchster Ausdruck des Todestriebes, der nach Auflösung trachtet, gesehen – im Gegensatz zu Freuds Lebenstrieb, der nach Vereinigung strebt –, dargelegt in seiner Schrift *Abriss der Psychoanalyse* von 1939.

Mit großer Wahrscheinlichkeit war das Ende des Empedokles weitaus unspektakulärer. Da aus seinen überlieferten Zeilen ein gewisser Hang zur Selbstinszenierung bis hin zu einem übertriebenen Selbstbewusstsein herauszulesen ist, kommt die Wahrheit vielleicht der Überlieferung am nächsten, wonach er ins Exil gehen musste (Diogenes Laertius, 8, 67, 71). Gerade die ständig wechselnden Machtverhältnisse in den Stadtstaaten der griechischen Kolonien lassen es als plausibel erscheinen, dass ein sich derart in der Öffentlichkeit inszenierender Mann bei der ein oder anderen Partei in Ungnade gefallen sein mag. Vor allem, wenn es tatsächlich der Fall war, dass er sich als gottgleich sah und dies unverhohlen artikulierte. Auch sein Standpunkt, dass das Tieropfer in den Tempeln abzulehnen sei, dürfte ihn in gewissen Kreisen durchaus unbeliebt gemacht haben (Horn, S. 25). Für ihn gab es nämlich kein Ende, sondern alles war unvergänglich – ein Gedanke, der ihn mit den Pythagoreern seiner Zeit verband. Aus diesem Grund war es schlimm, ein Tier zu töten, das prinzipiell Elemente eigener Vorfahren enthalten könnte. Ganz im Sinne einer Verbannung gibt es die Vermutung, dass er auf der Peloponnes verstorben sei (Diogenes Laertius, 8, 72).

Empedokles war in seiner Lehre ungemein modern, dabei aber trotzdem in den Sichtweisen seiner Zeit befangen, in der Götter und Menschen nicht strikt voneinander getrennt waren. Dies mutet heute natürlich ein wenig fremd an. Doch erschien es wohl auch schon den Menschen der Antike als eine schlechte Idee, sich der eigenen Göttlichkeit mit einem Sprung in einen Vulkan zu versichern. Jedenfalls sind keine Nachahmer überliefert worden.

Wein, Weib und Tragödie: Anakreon, Sophokles und die tödliche Weintraube

Für den Dichter und Lobpreisenden der Weintraube in ihrer flüssigen Form kann es prinzipiell nichts Gefährlicheres geben als die feste Beere. Dass er dieser letztendlich zum Opfer fällt, erscheint folgerichtig. Natürlich macht uns dieser allzu passende Zufall mehr als stutzig und ja, wir können davon ausgehen, dass die ἀλήθεια – *aletheia*, gr. »Wahrheit« – im Laufe der Zeit etwas zurechtgebogen wurde. Da ein Erstickungstod an einer Weinbeere aber möglich ist, uns außerdem ein Gegenbeweis fehlt, sprechen wir die Jahrhunderte zwischen dem Tod des Anakreon (ca. 570/580 – 495 v. Chr.) und der ersten schriftlichen Niederlegung der Todesursache des Dichters vom Verdacht der Verbreitung von Unwahrheit frei. Vielmehr können wir diese dem griechischen Ausdruck *aletheia* gemäßer, was korrekt übersetzt »unverborgen« bedeutet, als in den vielen Jahrzehnten der Überlieferung verborgen und verschüttet betrachten.

Anakreon wurde irgendwann zwischen 580 und 570 v. Chr. in der ionischen Stadt Teos an der kleinasiatischen Küste geboren (Bode, S. 350). Bald schon war er mit seinen Eltern und dem Großteil der Stadtbewohner auf der Flucht vor den Persern und gelangte nach Thrakien. Zuvor hatte er versucht, als Soldat mit den griechischen Truppen in Kleinasien Widerstand zu leisten. Dabei soll er sich nicht gerade mit Ruhm bekleckert haben. Später ging er an den Hof des Polykrates, des Tyrannen von Samos (reg. ca. 538 – 522 v. Chr.), dem er unter anderem als Berater diente. Aus Dankbarkeit für dessen Schutz schrieb Anakreon einige Gedichte für Polykrates.

Den Hof mit lyrischen Stücken zu unterhalten, war auch seine Hauptaufgabe (Bengtson, S. 44). Nach der Ermordung des Tyrannen durch einen persischen Statthalter ging er nach Athen, wo er eine vergleichbare Anstellung fand. Wahrscheinlich hatte er bereits vorher Kontakte geknüpft, denn er fand rasch Anschluss (Meier, S. 92). So war Xanthippos (ca. 520 – nach 479 v. Chr.), der Vater des Perikles (ca. 490 – 429 v. Chr.), ein alter Freund. Mit dem damaligen Herrscher von Athen, Hipparchos († 514 v. Chr.), hatte er ein ähnlich gutes Verhältnis wie mit Polykrates. Jedoch fiel auch dieser einem Attentat zum Opfer, und mit diesem Jahr 514 v. Chr. verliert sich die letzte konkrete Spur des Anakreon. Wahrscheinlich ist er zusammen mit dem Dichter Simonides (ca. 556 – ca. 467 v. Chr.) nach Larissa in Thessalien gegangen. Dieser gibt noch einen Hinweis, dass Anakreon seinen Lebensabend in seiner Geburtsstadt verbracht haben könnte, dies ist jedoch alles andere als gewiss. Einigermaßen gesichert ist aber, dass er ein hohes Alter erreichte (Valerius Maximus, 1828, 1829, IX, 12, 8).

Was dichtete Anakreon, dass man ihn zum Kanon der neun altgriechischen Dichter zählt? Thematisch wandte er sich den heiteren Dingen des Lebens zu, was vor allem die Liebe und der Wein, oftmals die Liebe zum Wein waren. Erhalten von diesen in leichter Sprache gehaltenen Versen sind nur drei. Sie ließen ihn aber – mit seinem Ruf bei diversen antiken Autoren wie Horaz, die noch mehr Gedichte zur Verfügung hatten – viele Jahrhunderte später im Zeitalter des Rokoko ein ungeahntes Comeback erleben. Bereits im 16. Jahrhundert wurden Gedichte Anakreons von Henricus Stephanus (ca. 1460 – 1520) veröffentlicht (Smyth, S. 24). Später orientierte man sich in Stoff und Form an den wenigen Gedichten Anakreons, die Johann Christoph Gottsched (1700–1766) das erste Mal 1733 ins Deutsche übersetzte. Damit wurde eine ganze Stilrichtung, die »Anakreontik« begründet. Es begann eine Nachahmungswelle, die zugegebenermaßen ob der engen Vorgaben, was formalen Aufbau und Thematik anbelangte, recht schnell erlahmte. Dies führte unter Beibehaltung des Primats der Sinnlichkeit zur Ablösung durch den jungen Goethe und Johann Gottfried Herder (1744–1803), denen eben jene Vorgaben zu einengend waren.

So gesehen war die Anakreontik eine recht kurzlebige und, man kann fast schon sagen, bedeutungslose Literaturepoche, die aber ein signifikantes Erbe aufweist. In der Mitte des 18. Jahrhunderts, als die Anakreontik in den deutschsprachigen Ländern auf dem Höhepunkt war, fand sich in London eine Gruppe Musiker zusammen, die sich »Anacreontic Society« nannte. Diese Amateurmusiker trafen sich zwölfmal im Jahr und konnten 1791 sogar den berühmten Komponisten Joseph Haydn (1732–1809) als Ehrengast in ihren Reihen begrüßen (Ferris, S. 21). Dabei war ihr Programm mehr als simpel, dafür jedoch völlig im Geiste Anakreons. »Wein, Weib und Gesang« war das Triumvirat, dem man sich hingab, bis die einflussreiche Adlige Georgiana Cavendish (1757–1806) einem Treffen beiwohnte und »not amused« ob des Dargebotenen war. Im Oktober 1792 wurde das Ende der »Anacreontic Society« verkündet (Parke, S. 83 f.).

Dies war immer noch nicht das posthume Ende unseres Dichters aus Ionien. Denn die Gesellschaft in London hatte eine Art Hymne. »To Anacreon in Heaven« wurde 20 Jahre lang als Trinklied gesungen und war eine Huldigung des verstorbenen Dichters. Die Melodie dieses Liedes wurde nichts anderes als die Melodie der offiziellen Nationalhymne der USA ab 1931 (Ferris, S. 162). Das alles hatte Anakreon natürlich nicht mehr erlebt. »Die schwarze Erde trinkt, / Es trinkt sie die Bäume; / Es trinkt das Meer die Flüsse, / Die Sonne trinkt die Meere, / Sogar der Mond die Sonne. / Was wolt [sic!] ihr drum, ihr Freunde, / Das Trinken mir verbieten?« (Zit. n.: Degen, S. 104)

Dass Anakreon in nüchternem Zustand von der Trunkenheit sang, machte ihn seinen Zeitgenossen mindestens suspekt (Bode, S. 355). Denn ihm genügte es, sich an der schönen Form zu erfreuen. Er bedurfte des Alkohols nicht, um in eine rauschhafte Entzückung zu verfallen, wie Athenaios von Naukratis zu berichten weiß (ebd.). So gesehen musste die Weinbeere sein Schicksal werden, aber wir nehmen dies mit dem gebührenden Misstrauen zur Kenntnis, das wir allen Überlieferungen entgegenbringen, die mehr als 2000 Jahre alt sind.

Denn als er schon recht betagt war, kam Anakreon auf die Idee, sich einige Weinbeeren zu gönnen. Dies ist normalerweise ein ungefährliches und höchst unspektakuläres Unterfangen, doch allem Anschein nicht für denjenigen, der »Wein, Weib und Gesang« zur Kunstform erhoben hatte. »Er wollte mit dem Safte einer getrockneten Traube seine wenigen und schwachen Lebensreste auffrischen. Allein der zähe Inhalt einer einzigen Beere setzte seiner trockenen Kehle zu, und wurde die Ursache seines Todes« (Valerius Maximus, 1828, 1829, IX, 12, 8). Und so starb er an der festen Form dessen, was er in flüssiger besungen hatte. Das ist zwar für ihn passend, aber bestimmt erfunden.

Doch was, wenn ein Dichter, dessen Werk so gar nicht zum feucht-fröhlichen Gesang taugte, auf ähnliche Weise stirbt? Das führt uns von der heiteren Lyrik weg zur bedeutungsschweren Tragödie. In dieser ist der Mensch das unberechenbare Wesen, dem es nicht gelingt, die in ihm waltenden Konflikte in ein rechtes Maß des Ausgleiches zu bringen. Dennoch gibt es Lösungsmöglichkeiten, die der Dichter dem staunenden und erschütterten Publikum aufzeigt. Damit ist die Tragödie mehr als nur Unterhaltung, sie ist ein Lehrstück. Bei solch bedeutungsschweren Zeilen, die man sich stets in Konkurrenz zu anderen, nicht weniger begabten Dichtern abringen muss, ist der Becher Wein ein unablässiges Hilfsmittel. Die Tragödie des Tragödiendichters im hohen Alter besteht nun darin, dass er sich der Grenzen des Machbaren – im Gegensatz zu den didaktischen Ansätzen in seinen Stücken – anscheinend nicht mehr bewusst ist. Aber zunächst der Reihe nach.

Sophokles (ca. 497 – ca. 405 v. Chr.) wurde als Sohn eines Waffenhändlers in stürmischen Zeiten in Athen geboren. Er sollte es auch zu Lebzeiten niemals verlassen. Dort bekleidete er verschiedene religiöse und politische Ämter, unter anderem zusammen mit Perikles (ca. 490–429 v. Chr.), dem berühmtesten Politiker jener

Epoche, das Amt des Strategen (Nickel, S. 144). Somit muss er nicht nur künstlerisch begabt gewesen sein, sondern sich auch profundes Wissen in militärischen Belangen angeeignet haben. Bei seinen Zeitgenossen Aischylos und Euripides war dies ähnlich. Er soll mit Sokrates und Herodot (ca. 490 – ca. 420 v. Chr.) befreundet gewesen sein, und die antiken Biografen sind sich darin einig, dass er schön war und ein angenehmes Wesen hatte. Im Laufe seines langen Lebens verfasste Sophokles 123 Tragödien, von denen nur sieben erhalten geblieben sind (ebd.).

Die älteste erhaltene Tragödie *Aias* wurde um 450 v. Chr. uraufgeführt. Der namensgebende mythische Held hatte große Schande auf sich geladen. Er war von Athene mit einem Bann belegt worden, sodass er, statt die vor Troja lagernden Griechen aus Rache niederzumetzeln, nur deren Viehherde angriff. Eine solche Peinlichkeit war für den Helden zu viel. Nichts hat Bestand und der Wechsel ist das Gesetz allem Irdischen – dies drängt sich als zentrale Botschaft auf. Doch der Held möchte sich dem nicht beugen und begeht lieber Selbstmord (Meier, S. 426 f.). Nicht wenige Zeitgenossen konnten in dieser Tragödie in der Mitte des 6. Jahrhunderts v. Chr. eine Parabel auf ihr Athen erkennen. Trotzdem verwies Sophokles – und dies macht ihn zu einem zeitlosen Klassiker – über die zeitgenössische Situation hinaus. Der Grieche Odysseus, der die Raserei des Aias mit Genugtuung hätte betrachten können, wandte sich bekümmert ab. Ihm wurde beim Anblick seines von den Göttern getäuschten Feindes schmerzlich bewusst, dass auch er derjenige sein könnte, der da im Irrsinn handelt. Der Mensch als Spielball der Götter bzw. des Schicksals, die Schattenhaftigkeit seiner Existenz und das damit verbundene Leid – dies waren die Themen, die die Menschen zu jeder Zeit beschäftigten.

Ein weiteres wichtiges Werk, das heute noch gespielt wird, ist *Antigone*. Die Heldin möchte ihren Bruder Polyneikes bestatten, was ihr jedoch durch den Tyrannen von Theben verboten wird, weil Polyneikes sich als Feind der Stadt herausgestellt hatte. Antigone umgeht dieses Verbot und wird am Grab erwischt. Vor den Tyrannen gebracht beruft sie sich auf göttliches Recht und gibt ihre Tat zu. Der Herrscher beschließt, nachdem er ein Streitgespräch mit Haimon führt, seinem Sohn und Antigones Verlobten, der sich für sie einsetzt, Antigone lebendig einzumauern. Als letzte Drohung verspricht dieser dem Vater, sich umzubringen, falls er sie nicht freiließe. Nachdem Antigone tatsächlich eingemauert wurde und verstarb, ersticht sich Haimon (ebd., S. 428 f.). Das Thema der Tragödie ist der zwiespältige Mensch, der sich entscheiden muss zwischen dem göttlichen Recht (hier die Beerdigung des Bruders durch Antigone) und dem staatlichen Gesetz (hier das Verbot durch den Staat). Der Mensch kann handeln, wie er möchte, gegen ein Gesetz muss er verstoßen.

Heute ist am berühmtesten vielleicht Sophokles' *König Ödipus*, das um 430 v. Chr. den Mythos um den Sohn des Laios und der Iokaste verarbeitet. (Aischylos und Euripides haben sich dem Stoff ebenfalls gewidmet, beide Werke sind aber nicht erhalten.) Das Stück behandelt die Frage nach dem Wissen um sich selbst. Ödipus ist sich als König von Theben recht sicher, wer er ist, bis er seinen Schwager Kreon nach Delphi schickt. Von dort erhofft er sich Hilfe gegen die Pest, die in Theben grassiert. Jedenfalls kommt Kreon mit der Aufforderung des Gottes Apollon zurück, Ödipus müsse die Ermordung seines Vorgängers Laios sühnen. Ödipus beginnt sogleich mit der Suche nach dem Täter und holt sich die Hilfe des Sehers Teiresias. Dieser gibt ihm zur Antwort, dass Ödipus selbst der Mörder gewesen sei. Der König, der es zunächst nicht glauben mag und eine Verschwörung vermutet, beginnt mit Kreon zu streiten. Iokaste, seine Frau, versucht zu vermitteln, indem sie Ödipus beruhigt, dass Laios prophezeit worden war, er würde von seinem Sohn getötet werden. Dies sei ja nicht eingetroffen, da es Räuber an einer Wegkreuzung gewesen seien. Ödipus erinnert sich nun, dass er selbst einen Mann im Streit an einer Kreuzung erschlagen hatte und lässt nach einem Zeugen rufen. Gleichzeitig trifft ein Bote aus Korinth ein, der angibt, dass Polybos, sein angenommener Vater, gestorben sei.

Ödipus ist zunächst erleichtert. Ein zweiter Orakelspruch hatte ihm die Ehe mit seiner eigenen Mutter geweissagt. Da aber der Bote vom Tod seines Vaters in Korinth berichtet, kann dies nur Unfug sein. Oder? Der Bote erzählt dem König nun, dass er ein Findelkind aus Theben gewesen sei, das nach Korinth gebracht worden war. Ödipus glaubt immer noch nicht an das Orakel und lässt nach dem Hirten schicken, der ihn einst nach Korinth gebracht hatte. Als dieser die furchtbare Wahrheit, dass er auch der Sohn der Iokaste ist, zweifellos offenbart, sticht sich Ödipus die Augen aus. Der König, der durch seine Klugheit die Stadt mehrmals gerettet hatte, muss sich eingestehen, dass er nichts weiß. Das, was er zu wissen glaubte, war Unwissenheit (Nickel, S. 148 f.).

Solche Stücke wurden im Agon vorgestellt, dem musischen Wettbewerb, dessen Vorbereitung äußerst umständlich anmutete. In einer Ratsversammlung vor dem Fest wurde eine Kandidatenliste mit angesehenen Bürgern aufgestellt, die als erfahrene Schiedsrichter bereitstanden. Die Namen wurden auf Täfelchen geschrieben und nach dem Prinzip der Phyle (der Zugehörigkeit zu einer Sippe) in zehn Urnen gesteckt, die von einem besonderen Beamten auf der Akropolis bewacht wurden. Am Morgen des Agon wurden die zehn Richter getrennt nach Gattung ausgelost; jeweils für Dythirambos (Lied, Gedicht), Tragödie und Komödie. Nach ihrer Vereidigung nahmen sie Platz und schauten sich die dargebotenen Stücke an. Sie schrieben ihre Urteile wiederum auf Täfelchen und warfen diese in eine Urne. Aus fünf daraus gezogenen Stücken wurde der Sieger ermittelt, der daraufhin einen Efeukranz erhielt (Flashar, S. 25).

Dass es bei einem Tragödienagon mitunter sehr hitzig zugehen konnte, zeigt das Jahr 468 v. Chr. Weil die Stimmung schon nahe am Aufruhr war, musste der Archon eine Entscheidung hinsichtlich der Jury treffen. Statt sie wie üblich auslosen zu lassen, ernannte er sie. Seine Wahl fiel auf Kimon, den siegreichen Feldherrn der Schlacht bei Marathon, und weitere neun Feldherren. Diese zehn Respektspersonen in der Jury erkannten Sophokles den Preis zu (Meier, S. 328).

Sophokles belegte niemals den dritten Platz, sondern war stets erster oder zweiter. Insgesamt errang er 18-mal den ersten Platz und erhielt damit den Efeukranz. Eine unglaubliche Leistung! Es mutet folgerichtig an, dass er unmittelbar nach dem letzten Sieg auch verstarb, da ihm so ein Weiterleben als Nicht-Sieger erspart blieb. »Um dieselbe Zeit starb der Trauerspieldichter Sophokles, der Sohn des Sophitus, in einem Alter von neunzig Jahren, nachdem er achtzehnmal den Preis gewonnen. Man erzählt von diesem Mann, als er mit dem letzten Trauerspiel, das er auf die Bühne gebracht, den Sieg errungen, sey er vor Uebermaß des Entzückens gestorben« (Diodor, XIII., 103, 4). Auch Valerius Maximus gibt diese Todesart an, dass er bei der Aufführung seines Stückes lange in Sorge war, ob es gefiel: »[…] endlich siegte er dann doch mit einer Stimme Vorsprung, und die Freude verursachte seinen Tod« (Valerius Maximus, 1828, 1829, IX. 12, Ext.5).

Spektakulärer und angesichts seines Tragödienwerkes auf den ersten Blick passender schildern die beiden griechischen Autoren Istros und Neanthes den Tod des Sophokles infolge des »Genusses« einer unreifen Weinbeere. Der Schauspieler Kallipides gab diese dem alten Mann zum Blumenfest des Jahres 405 v. Chr., den Anthesterien. Diese dreitägigen Feierlichkeiten fanden Ende Februar statt und waren prinzipiell keine Zeit für reife oder unreife Weinbeeren (Schorn, S. 138). In dieser Jahreszeit trank man das flüssige Produkt.

Ob es nun ein Tod durch Freude war oder das missglückte Schlucken einer Weinbeere wie bei Anakreon, das wird wohl nicht mehr zu klären sein, wie es sich so oft bei den Alten Griechen verhält. Möglich ist beides, wie der Mensch generell voller Möglichkeiten steckt in all seinem Tun. Im ersten Standlied des Chores in *Antigone* wird der berühmte Vers gesungen: »Vielfältig ist das Unberechenbare, und nichts ist unberechenbarer als der Mensch.« Seien Sie ruhig unberechenbar, aber passen sie bei Weintrauben auf!

Ein sterbender Asket und wieder Dionysos am Ende der Welt: Der frostige Tod des Promachos

Wir wissen nicht, wer Promachos († 324) war. Wir wissen nicht, wie er aussah, wie er lebte und wo er herkam. Wir wissen nur, wie er starb. Und in diesem »Wie« steckt ein ganzes Zeitalter. Grund genug also, diesen unbekannten Soldaten der Vergessenheit zu entreißen, soweit es eben möglich ist.

Im Jahr 334 v. Chr. begann der Makedonenkönig Alexander der Große (356–323 v. Chr.) seinen Feldzug gegen das riesige Perserreich. Bereits sein Vater Philipp (382–336 v. Chr.) hatte mit der Planung begonnen, war jedoch kurz vor der Ausführung ermordet worden. Der Angriff auf das Imperium des persischen Großkönigs war als Rachefeldzug für den persischen Angriff und die Zerstörung Athens im Jahrhundert zuvor gedacht. Im Grunde sollten nur die kleinasiatischen Griechenstädte befreit und die Perser etwas zurückgedrängt werden. Dass aber bereits die Schlacht am Granikos im Mai 334 v. Chr. ein so gewaltiger Erfolg werden würde, dass bereits zu diesem Zeitpunkt halb Kleinasien unter makedonische Kontrolle geriet, hatten selbst die zuversichtlichsten Generäle Alexanders nicht für möglich gehalten (Gehrke, S. 37). Doch dies war erst der Anfang. Im folgenden Jahr führte der persische Großkönig persönlich ein Heer in die Schlacht, das aus Soldaten nahezu aller Gegenden seines Reiches zusammengesetzt war und die Makedonen zahlenmäßig weit übertraf. Doch genau in dieser Heterogenität und in der Person des Großkönigs Dareios III. (ca. 381 – 330 v. Chr.) lag die Chance. Gelang es in der Schlacht, mit dem Großkönig das einende Symbol gefangen zu nehmen oder zu töten, würden die verschiedenen Völker im Heer der Perser die Motivation zum weiteren Kämpfen verlieren. Und so sollte es auch geschehen. Indem Alexander persönlich mit seinen engsten Gefährten während der hitzigen Schlacht Dareios III. derart bedrängte, sodass diesem nur die Flucht blieb, errang er bei Issos 333 v. Chr. einen überwältigenden Sieg. Als die persischen Krieger aus den unterschiedlichsten Völkern von dem Rückzug ihres Großkönigs erfuhren, erlahmte ihr Kampfesmut. Nun standen Alexander die Levante und Ägypten offen, wo er im westlichen Nildelta die nach ihm benannte Stadt Alexandria gründete (Schachermeyer, S. 237). Zwei Jahre ließ er sich Zeit, bis er die Entscheidung im Osten suchte. Bei Gaugamela trafen die Heere Alexanders und Dareios' zur finalen Schlacht aufeinander, und der Perser hatte alles mobilisiert, was sein gewaltiges Reich an Kampfkraft zu bieten hatte. Der Ausgang war jedoch genauso ungünstig für ihn wie zwei Jahre zuvor. Der Großkönig floh vom Schlachtfeld und Alexander konnte ungehindert in Babylon und Susa einziehen (Gehrke, S. 55).

Ob Promachos bereits zu diesem frühen Zeitpunkt des Alexanderzuges beteiligt war, und wenn ja, in welcher Funktion, wissen wir nicht. Es scheint nur einigermaßen erwiesen, dass er gebürtiger Makedone war (Hecke, S. 233). Dies muss jedoch nicht bedeuten, dass er seinen König von Anfang begleitet hatte, denn das Heer bestand zu Beginn auch aus Griechen, die von den südlichen Stadtstaaten entsendet worden waren. Natürlich konnte der König sein makedonisches Königreich auch nicht ohne jeglichen Schutz zurücklassen. Gerade der Balkan und die Donaugrenze waren unruhige Gebiete, weshalb Alexander seine Macht in diesen Regionen kurz vor seinem Aufbruch nach Osten im Frühjahr 335 v. Chr. nochmals demonstrierte. Von daher blieb eine makedonische Garnison in der Heimat zurück. Zu dieser gehörte Promachos auf keinen Fall, dies können wir wenigstens mit Bestimmtheit sagen. Jedoch fehlt die Information, ab wann er im Heer seines Königs Dienst tat, da wir schlichtweg nicht wissen, wie alt er zu Beginn des Feldzuges war.

Nachdem Alexander ins Zentrum des Perserreiches vorgedrungen war und die Hauptstadt Persepolis erobert hatte, entließ er die griechischen Verbündeten offiziell in Ekbatana. Denn das Ziel, das sie geeint hatte, war erreicht. Das persische Großreich war besiegt. Er machte ihnen das Angebot, ihm als Söldner weiterhin zu dienen. Das galt natürlich nicht für seine makedonischen Truppen, deren König er war. Der jetzt schon überdimensionierte Feldzug begann nun völlig die Vorstellungskraft aller Beteiligten zu übersteigen, als er weiter nach Osten zog, den Hindukusch überquerte und in Indien ankam. Er wollte das Ende der Welt erreichen. Im Sommer 326 v. Chr. endete der Zug auf der Ostseite des Indus am Fluss Hyphasis. Doch nicht, weil Alexander es so wollte, sondern weil seine Soldaten meuterten. Sie weigerten sich, weiter nach Osten zu ziehen, wo sie das Ende der Welt wähnten. Sie fürchteten sich vor dieser Aussicht, und Alexander musste sich dem zähneknirschend beugen. So marschierte er nach dreitägiger Wut, die er in seinem Zelt verbrachte, den Indus entlang zum Indischen Ozean und ließ seine Truppe durch die Gedrosische Wüste nach Westen ziehen (Herbst 325 v. Chr.). Ob dieser Marsch als eine Art Bestrafung für das meuternde Heer geplant war oder er sich als Bezwinger der als nicht durchquerbar geltenden Wüste profilieren wollte, ist ungewiss (Gehrke, S. 81). Jedenfalls starben unzählige Soldaten an Hunger und Durst, bis man schließlich im Dezember Karmanien erreichte. In jenem Landstrich, der dem heutigen Südiran entspricht, beginnt nun jene kulturelle Eigenart, der Promachos einige Monate später zum Opfer fallen sollte.

Dionysos, der ungemein beliebte Gott des Weines und des Rausches, kam der Auffassung der Griechen nach aus dem Osten. Alexanders Mutter Olympias (um 375 – 316 v. Chr.) war eine große Anhängerin des Dionysoskultes gewesen. Mit orgiastischen Riten, die vor allem wilde Tänze und viel Wein beinhalteten, versuchte man dem Gott nahezukommen. Ein Ziel des Feldzuges des Alexander war auch, zum mythischen Geburtsort des Gottes zu gelangen, den man grob im westlichen Indien verortete (vgl. Euripides,

Bakchen, 2. Stasimon). Dort angekommen, muss sich diese Suche bei den Einheimischen schon herumgesprochen haben, sodass man dem fremden Herrscher auch tatsächlich den Geburtsort präsentierte. Es wurden Opfer dargebracht und auf feuchtfröhliche Weise dem Gott gehuldigt. Auf dem letzten Stück des Weges durch die Gedrosische Wüste inszenierte sich Alexander dann als lebendiger Dionysos, er »führte seine Truppen durch Karmanien liegend mit seinen Gefährten auf zwei überdachten und miteinander verbundenen Waggons, während Flöte für ihn gespielt wurde; und die ihm folgenden Soldaten trugen Girlanden und sportliche Kleidung« (Arrian, 6, 28, Übers. d. Autors). Auf die Frage der Einheimischen, was Alexander da eigentlich tue, erhielten diese zur Antwort, »dass er dies in Anlehnung an die Bacchischen Gelage des Dionysos tat, weil eine Geschichte zu dieser Gottheit erklärte, dass nach der Unterwerfung der Inder dieser den größten Teil Asiens in dieser Weise durchquerte [...]« (ebd.).

Wiederum bleibt uns an dieser Stelle nur zu sagen, dass wir nicht wissen, ob der Soldat namens Promachos einer der wenigen war, die den Zug mitgemacht und überlebt hatten oder ob er als Teil der Garnison in Susa geblieben war. Denkbar ist beides. Alexander ließ an wichtigen Orten makedonische Truppen zurück, so bei Ekbatana, wo er Parmenion (ca. 400 – 330 v. Chr.) damit beauftragte, die wichtige Nachschublinie zu verwalten. Auch in Susa dürften makedonische Soldaten einquartiert gewesen sein, weil dort der Schatz der Perserkönige aufbewahrt wurde. Die legendäre Schatzkammer war natürlich für den weiteren Feldzug extrem wichtig, zumal Alexander nach dem Entlassen der verbündeten Griechen zu einem Großteil auf Söldner angewiesen war. Dass Promachos mit seinem König bis an den Indus marschiert war und auch den Rückweg mitmachte, entweder weniger strapaziös mit der Flotte oder per Fußmarsch durch die Wüste, ist ebenfalls denkbar. Im Frühjahr 324 v. Chr. war er jedenfalls in Susa (Gehrke, S. 84).

Nachdem die Grenzen des Reiches abgesteckt worden waren, sollte es von innen her geordnet werden. Es war klar, dass die Makedonen nur einen geringen Teil der Bevölkerung und damit auch des Reichsheeres und der Verwaltung stellten. Symbolisch steht die sogenannte »Massenhochzeit« von Susa, bei der auch Alexander mit gutem Beispiel voranging, im Mittelpunkt seiner Anstrengungen, sein Reich zu konsolidieren. Er und ungefähr 90 andere hochrangige Makedonen heirateten einheimische Frauen aus der persischen Elite. Er selbst nahm die älteste Tochter des getöteten Großkönigs Dareios III., Stateira († ca. 324 v. Chr.), und die Tochter dessen Vorgängers Artaxerxes III. (ca. 390 – 338 v. Chr.), Parysatis, zur Frau. Bemerkenswert ist, dass Makedonen, sonstige Griechen und Perser gleichberechtigt nebeneinanderstanden. Alexander wollte damit eine Reichselite schaffen, die ganz auf ihn ausgerichtet war. Dies und die Neuordnung des Heeres, in dem auch makedonische mit persischen Einheiten verschmolzen wurden, beging man rituell mit persischen und griechischen Priestern (Bengtson, S. 327).

Doch der Alexanderzug war nicht nur ein Magnet für Abenteurer und Krieger, sondern auch für Wissenschaftler und Philosophen. So ließ sich beispielsweise der Erzieher Alexanders, der Philosoph Aristoteles, per Brief genauestens informieren und schickte Boten mit Aufträgen nach dem Osten. Vor der indischen Stadt Taxila am Indus stieß man auf seltsame Menschen, die nackt in der prallen Sonne saßen. Diese nannten die Griechen »Gymnosophisten«, nackte Weise, und es soll zu philosophischen Gesprächen mit ihnen über die Lehren des Sokrates und des Diogenes von Sinope (ca. 413 – ca. 323 v. Chr.) gekommen sein (Plutarch, Alexander, 64). Ein indischer Asket beschloss, den Makedonenkönig nach Westen zu begleiten. Die Makedonen nannten ihn Kalanos, und er soll Alexander bei der ersten Begegnung gesagt haben, dass er sich auch ausziehen solle, sonst würde er nicht mit ihm sprechen. Reichen Geschenken gegenüber war er unempfänglich und Alexander, der durch Aristoteles eine hervorragende philosophische Ausbildung genossen hatte, war von der Kritik des Inders an den griechischen Philosophen begeistert. Er bat den Asketen, ihm als Lehrer in den Westen nach Persien zu folgen. Dem konnte der Weise nachkommen, weil er die vorgeschriebenen 37 Jahre der Askese vollendet hatte und nun sein Leben frei wählen durfte. Den Marsch nach Persien überstand der Asket gut und er wurde kein einziges Mal krank. Doch kaum in Persien angekommen, vertrug er das Klima nicht und teilte Alexander mit, dass er, nunmehr 73 Jahre alt, zu sterben beschlossen habe. Der König wollte es ihm ausreden, doch der Inder bestand auf seinen baldigen Tod (Romm, S. 24). Man solle ihm einen Scheiterhaufen errichten, den General Ptolemaios (ca. 367 – ca. 283 v. Chr.) mit goldenen Trinkgefäßen und Decken schmückte. In einer langen Prozession trug man ihn in einer Sänfte zum Scheiterhaufen, wo er die Kostbarkeiten verschenkte und sich auf sein Totenbett legte. Als die Flammen zu lodern begannen, wunderten sich die Griechen, dass er nicht einmal zuckte, als das Feuer ihn verschlang. Alexander ließ die Kriegstrompeten blasen und das Heer ihren Kriegsruf brüllen. Als letzte Worte soll der Asket Alexander zugerufen haben, dass man sich in Babylon wiedersehe (Plutarch, Alexander, 71). Dieser Ausruf wurde als Vorhersage des Todes Alexanders im folgenden Jahr gedeutet.

Doch zunächst einmal galt es, den toten Weisen auf makedonische Art zu ehren. Und hier zeichnete sich Promachos aus, der sicher der ganzen Prozedur beigewohnt hatte und den Asketen verbrennen sah. Alexander ordnete ein Wetttrinken zu Ehren des Kalanos an, weil er wusste, dass die Inder mindestens genauso gerne tranken wie die Makedonen (Heckel, S. 233).

»Als Alexander von der Einäscherung zurückgekehrt war, lud er viele seiner Freunde und Offiziere zu einem Bankett ein und veranstaltete ein Wett-Trinken mit ungemischtem Wein, wobei er einen Kranz als Preis aussetzte. Derjenige, der am meisten trank, war Promachos, er brachte es auf 4 Choën [ca. 13 Liter, Anm. d. Autors]. Er nahm den Siegespreis in Empfang, einen Kranz im Wert von einem Talent, lebte aber nur noch drei Tage. Von den übrigen, die am Wetttrinken teilgenommen hatten, starben noch 41, wie Chares berichtet, weil während ihres Rausches starker Frost einsetzte« (Plutarch, Alexander, 70).

Starb der Sieger Promachos an Alkoholvergiftung oder an den Folgen der Unterkühlung wie die anderen auch? Wahrscheinlich war beides an seinem Hinscheiden nach drei Tagen beteiligt. Vielleicht war er auch tatsächlich Teilnehmer des Indienfeldzuges gewesen und sein Körper aufgrund dessen geschwächt, wie das wohl auch bei Alexander der Fall war, der ein Jahr später ebenfalls infolge eines Trinkgelages sterben sollte (Schachermeyer, S. 557).

In der Welt des Promachos hatte der Rausch einen anderen Stellenwert als in unserer heutigen. Er war wichtiger Bestandteil bei vielen religiösen und politischen Riten. Man trank Wein, der meist mit Wasser gemischt wurde, sodass sich die Trunkenheit im Alltag wohl in Grenzen hielt. Jedoch wurde – wie im Falle des Wetttrinkens – die Wirkung gesteigert, indem man das Mischverhältnis zugunsten des Weines änderte oder eben das Wasser ganz wegließ.

Dass in der griechisch-makedonischen Welt, in der Dionysos zu einer Art Staatsgott avancierte und vom Herrscher persönlich vertreten wurde, der Wein und die Trunkenheit eine große Rolle spielten, leuchtet ein. Mit dem ansonsten unbekannten Promachos haben wir ein Opfer dieses Zeitalters, das mit Superlativen nicht geizte. Unter diesem Gesichtspunkt kann Promachos stellvertretend für all die Namen- und Gesichtslosen gelten, die wie er einen völlig sinnlosen und betrunkenen Tod starben.

Trotz vieler Jahrtausende, die uns eines Besseren belehrt haben sollten, kursiert immer noch die Mär, dass man sich mit Alkohol aufwärmen könnte. Der Effekt ist nur kurzfristig. Die Folgen – vor allem bei Frost – umso gravierender. Und wenn selbst im ansonsten warmen Persien der Frost einen eingeschlafenen Betrunkenen töten kann, wie gefährlich wird es dann erst in kälteren Regionen?

Warum Lachen nicht immer gesund ist I.: Philemon, Chrysippos, ein betrunkener Esel und jede Menge Feigen

Lachen und ein Esel – eine solche Kombination scheint auf den ersten Blick wirklich nichts Gefährliches an sich zu haben. Wem wurde beim Anblick eines Esels, der in sein typisches herzliches Rufen verfällt, noch kein Schmunzeln ins Gesicht gezaubert? Dabei hat es mit diesen possierlich wirkenden Tieren mehr auf sich, als man gemeinhin annimmt. Ein Esel gilt im heutigen Volksmund eher als einfältiges, mithin dummes Tier. »Du Esel!«, sagt man keinesfalls als Kompliment. Jedoch wurden *Equus asinus asinus* – so sein wissenschaftlicher Name nach Carl von Linné (1707–1778) – in der antiken Welt ganz andere Attribute zugeschrieben. »Der wilde Esel und auch der einheimische zahme Esel des inneren Kleinasiens zeichneten sich aus durch Lustigkeit, Schnelligkeit, Üppigkeit und waren sonach das richtige Tier für den liebestollen rauschliebenden Dionysos und sein Gefolge von Silenen und Satyrn [...]« (Keller, S. 260). Oftmals sieht man auf alten Vasen den Gott des Rausches auf einem Esel reiten. So gesehen avancierte der Esel zum Lieblingstier des Lieblingsgottes im antiken Griechenland. Und ein gotttragendes Tier stand natürlich in hohem Ansehen. Dies ging so weit, dass die phrygische Königsdynastie der Midas ihre Herkunft von einem Esel ableitete (ebd.). In den alten Midasfabeln spielt der Esel stets eine große Rolle. Aber da musste niemand über einen Esel lachen.

Ganz anders im Fall des griechischen Komödiendichters Philemon (ca. 361 – 263 v. Chr.), der in Abgrenzung zu seinem Sohn »der Ältere« genannt wird. Dieser soll hochbetagt mit rund 97 Jahren eben durch einen Esel lachenderweise zu Tode gekommen sein.

Doch schauen wir uns erst einmal an, was er in den Jahren davor zustande gebracht hat. Geboren wurde Philemon entweder in Syrakus auf Sizilien oder wahrscheinlicher in Soloi in Kilikien (Bergk, S. 216) um 361 v. Chr. Er muss vor dem Jahr 330 nach Athen gekommen sein, weil er zu diesem Zeitpunkt im Alter von 32 Jahren die ersten Lustspiele aufführen ließ. Er gilt als Begründer der neuen Komödie, und sein Lieblingsthema waren Liebesbeziehungen. Insgesamt soll er 97 Komödien verfasst haben, von denen wenige Fragmente erhalten sind. Sein größter Rivale war Menander (ca. 341 – ca. 290 v. Chr.), gegen den er bei den Wettbewerben oft und – wie einige Quellen versichern (z. B.: Lucius Apuleius, Florida, 16.6) – ungerechtfertigt gewann. So gesehen ist es eine posthume Gerechtigkeit, wenn seine Werke und die Menanders zusammen überliefert und nahezu gleichrangig betrachtet wurden (Fuhrmann, 1807, S. 378). Schwierigkeiten macht uns heute die genaue Zuordnung der Werke besonders hinsichtlich seines Sohnes Philemon dem Jüngeren (3. Jh. v. Chr.), denn es ist wahrscheinlich, dass einige Stücke, die dem Vater zugeordnet wurden, vom Sohn stammen. Dieser ist uns noch unbekannter als der Vater.

Inhaltlich sind die Komödien Philemons deshalb interessant, weil sie gut die veränderten politischen Verhältnisse wiedergeben. So zeichnete sich die alte Komödie besonders durch ihre Karikaturen berühmter Persönlichkeiten aus und kritisierte soziale oder politische Zustände, während die neuen Komödien Menanders und Philemons allgemeine Typen und Charaktere dem Spott preisgaben (Bergk, S. 222). Eine allzu offene Kritik an den Zuständen während den Diadochenkämpfen nach dem Tod Alexanders des Großen 323 v. Chr. schien den Komödiendichtern nicht mehr ratsam. Darauf deutet auch hin, dass Philemon einer Einladung Ptolemaios I. nach Alexandria folgte (ebd., S. 218). Scheinbar belanglose Sujets wurden als Themen dargeboten und wer wollte, konnte in diese politische Aktualität hineininterpretieren.

Das war für den Urheber jener Werke prinzipiell gefahrlos, außer – man ahnt es bereits – wenn ein Esel mit im Spiel war. Dieser hatte sich dem alten Komödiendichter genähert. Wie und wo das vonstattengegangen sein soll, darüber schweigt unsere Quelle. Jedenfalls fraß der Esel »eine Anzahl Feigen, die für ihn [Philemon, Anm. des Autors] bestimmt waren, und vor ihm lagen, worauf er seinen Sklaven rief, um denselben wegzujagen« (Valerius Maximus, 1828, 1829, IX, 12, 6). Der Sklave ließ sich aber so viel Zeit, dass der Esel alle Feigen verzehren konnte. Philemon, ob dieses Geschehnisses verärgert, sprach zum Sklaven: »wie du so faul gewesen bist, so gib dem Eselein auch noch lautern Wein« (ebd.). Als demütigende Bestrafung gedacht, erheiterte es daraufhin den Dichter. Dem Esel soll es recht gewesen sein und er trank, wie ihm angeboten. Aber Philemon konnte nicht mehr aufhören zu lachen, »was seiner alten Brust den Athem entzog« (ebd.). Dass eine fast 100-jährige Lunge einem schweren Lachanfall zum Opfer fallen kann, ist möglich. Doch muss ausgerechnet ein Esel der Urheber sein? Viel zu sehr klingt diese »wahre« Begebenheit selbst nach einer Komödie. Immerhin gibt es auch die Schilderung, dass Philemon kurz nach einer Aufführung seiner Stücke verstarb, ohne dass dabei ein Esel involviert war (Smith, S. 263).

Nicht viel jünger war und angeblich ebenfalls von einem komischen Esel zu Tode gebracht wurde der griechische Philosoph Chrysippos (ca. 281 – ca. 208 v. Chr.). Diesen als wirkmächtig zu beschreiben ist einigermaßen untertrieben. Gerade die in der antiken Welt, sowohl bei Griechen als auch bei Römern, äußerst beliebte Schule der Stoa wurde von ihm wie von keinem anderen in ihrer Entstehung geprägt. Deshalb überlieferte Diogenes Laertius über ihn den Ausspruch: »Denn ohne den Chrysipp gäb's auch die Stoa nicht« (Diogenes Laertius, 7, 183). Wie kam er zu diesem Ruhm?

Geboren um das Jahr 281 v. Chr. im kilikischen Soloi soll er zunächst versucht haben, ein erfolgreicher Athlet zu werden. Sein Vater Apollonios stammte aus Tarsus, was unter Umständen auch der Geburtsort des Chrysippos sein könnte. Mit ihm wuchs noch mindestens eine Schwester auf, deren Söhne Aristokreon und Philokrates er später unterrichtete. Als junger Mann muss er in den

Fokus des kilikischen Königs geraten sein, der seinen Privatbesitz konfiszierte (Gould, S. 7). Daraufhin ging er nach Athen. Dort wurde er Schüler des Kleanthes (ca. 331 – ca. 232 v. Chr.), der als Nachfolger des Zenon von Kition (ca. 333 – ca. 261 v. Chr.) Philosophie in der athenischen Säulenhalle auf der Agora (dem Marktplatz) lehrte, wo man in Gedanken versunken hervorragend wandeln und in relativer Kühle die Schüler um sich versammeln konnte. Von dieser leitet sich der Name der Philosophieschule Stoa (gr. »Säulenhalle«) ab. Bald schon muss Chrysippos seinen Lehrer übertroffen haben. Als Folge zog er sich ganz von diesem zurück und begann seine eigene Philosophie zu entwickeln. Denn er »war ein hochbefähigter Mann, ungemein scharfsinnig auf allen Geistesgebieten, in dem Maße, daß er sich in den meisten Punkten nicht nur mit Zenon in Widerstreit sah sondern auch mit Kleanthes, zu dem er oft sagte, er bedürfe, was die Belehrung anlange, nur der Bekanntschaft mit den Lehrsätzen, die Beweise werde er selbst finden« (Diogenes Laertius, 7, 179). Auch sein Ausstoß an Schriften soll außergewöhnlich gewesen sein. 750 Bücher soll er verfasst haben, in denen er die Stoa systematisierte (Russell, S. 276).

Was seine Ethik betraf, grenzte er sich von seinem Lehrer dahingehend ab, dass er das Ideal des stoischen Weisen entwickelte, dessen Seele alleinig nach dem Tode weiterlebte. Kleanthes war noch der Meinung gewesen, dies träfe für alle zu. Chrysippos sah außerdem den guten Menschen als stets glücklich an, während der schlechte immer unglücklich sei. Ihm zufolge unterscheide sich das Glück des guten Menschen nicht von der Glückseligkeit Gottes. Doch der Ethik war nicht sein Hauptaugenmerk gewidmet, sondern der Logik. Damit unterschied er sich von vielen anderen Stoikern. Die Logik (*logiké téchné* = »denkende Kunst«) war seit Aristoteles auf ein solides Fundament gestellt worden und wurde nun von Chrysippos weiterentwickelt (vgl. Horn, S. 73 f.). Noch heute nutzen wir seine Aussagenlogik. Die Syllogistik (gr. »logischer Schluss«), die Verknüpfung zweier Urteile, wird durch fünf hypothetische Schlussformen erweitert. Dies sind auch die Teile seiner

Philosophie, die am besten überliefert wurden, da man sich mit ihnen in der Antike intensiv auseinandergesetzt hatte. In der klassischen Aussagenlogik finden wir noch viel von Chrysippos, besonders in den sogenannten »Wahrheitstafeln«. Ohne hier auf die Einzelheiten einzugehen, bleibt für die Logik der Stoa festzustellen, dass Chrysippos die Philosophie an sich und die Stoa insbesondere theoretisch autonomer gemacht hat (Russell, S. 277). Der Bezug zum gegenwärtigen Leben wurde abgetrennt – und dies ausgerechnet in einer Philosophierichtung, die dafür bekannt ist, viele Hinweise und Hilfestellungen zum individuellen Leben zu geben.

Chrysippos musste sich den Vorwurf gefallen lassen, dass er viel von anderen abschrieb – wir würden heute sagen: zitierte. Daraus schlussfolgerte man in bösartiger Absicht, dass es so kein Wunder sei, auf die hohe Zahl seiner Bücher zu kommen. Wohlwollendere Stimmen bekräftigten sein Arbeitspensum, welches mit 500 Zeilen pro Tag angegeben wird. Auch ein Hinweis auf sein Äußeres ist überliefert. Auf dem antiken Friedhof Athens, dem Kerameikos, soll eine Statue von ihm gestanden haben, »die sich förmlich versteckt hinter dem nahestehenden Reiter, weshalb ihn denn Karneades Krypsippos (Roßverkriecher) nannte« (Diogenes Laertius, 7, 182). Er soll nämlich besonders unansehnlich gewesen sein. Ob dies auch der Grund dafür war, dass er sich vom sozialen Leben distanzierte? Er selbst sagte: »Wollte ich auf die große Menge hören, so wäre ich niemals Philosoph geworden « (zit. n.: Ebd.).

Sein Tod mit über 70 Jahren kann sich dagegen durchaus sehen lassen, da er der Überlieferung nach mit einer heiteren Grundstimmung einherging. »Einige wollen auch wissen, er sei an einem Anfall übermäßigen Lachens gestorben. Als nämlich ein Esel ihm seine Feigen weggegessen, soll er seine alte Dienerin angewiesen haben, den Esel ungemischten Wein saufen zu lassen; an dem Lachkrampf, der ihn darüber befiel, soll er gestorben sein« (Ebd., 7, 185). Das kommt uns bekannt vor.

Etwas weniger lustig ist die zweite Variante, in der er von seinen Schülern eingeladen wurde und zu viel »ungemischten süßen Wein zu sich genommen und davon Schwindel bekommen haben und fünf Tage darauf gestorben sein [soll, Anm. d. Autors], dreiundsiebzig Jahre alt, in der 143. Olympiade (208/5 v. Chr.), wie Apollodor in der Chronika sagt« (Ebd., 7, 184). Dies wäre zugegebenermaßen ein recht profanes, fast schon erbärmliches Ende für den großen Philosophen. Es mag also durchaus sein, dass der Biograph Diogenes Laertius sich der überlieferten Todesart des Philemons entsann und sie auf Chrysippos übertrug. Aber auch der umgekehrte Fall ist denkbar, sodass wir uns hier mit den Spekulationen im Kreis drehen. Bevor uns schwindlig wird, beantworten wir kurz die Frage, ob man wirklich an einem Lachanfall sterben kann.

Die Antwort ist recht eindeutig: Dies ist durchaus möglich. Jedoch müssen bestimmte Vorerkrankungen gerade im Herz-Kreislauf-System vorliegen, das bei starkem Lachen belastet wird. Im Extremfall kann dieses irreversibel geschädigt werden. Noch heute gibt es das Sprichwort »sich totlachen«, auch wenn es niemand mehr wörtlich nimmt. Es ist zugegebenermaßen eine seltene Todesart, und der Umstand, dass es in beiden von uns erwähnten Fällen ein Feigen essender Esel war, der von einem Diener zum Weintrinken animiert wurde und damit das Totlachen eines berühmten Philosophen und eines Komödiendichters auslöste, macht uns natürlich stutzig. Vieles, wie der Geburtsort, deutet darauf hin, dass einiges während der Überlieferungen durcheinandergebracht und vermischt wurde. Die Wahrscheinlichkeit, dass sich einer der betagten Herren an einem solchen Schauspiel totlachte, ist schon gering; dass es beide unter gleichen Umständen traf, nahezu auszuschließen.

»Nahezu«? Vielleicht waren die Esel in der Antike auch einfach viel lustiger als heute.

Stress, freche Barbaren und hoher Blutdruck: Kaiser Valentinians I. ungünstige Work-Life-Balance

Wer hat sich nicht schon mal über eine allzu dreiste Person aufgeregt? Sei es privat oder beruflich – die Frechheit unseres Gegenübers kann uns den Blutdruck in die Höhe treiben und den Schlaf rauben. Doch oftmals müssen wir uns beherrschen und die Wut in uns hineinfressen, können sie nicht so herauslassen, wie wir gerne möchten. Wenn man aber ein römischer Kaiser ist, der über nahezu unerschöpfliche Macht verfügt, dürfte es doch gar nicht erst so weit kommen. Niemand würde sich trauen, ihm so frech gegenüberzutreten, dass sein Blut in Wallung gerät. Oder?

In der Mitte des 4. Jahrhunderts stand das Römische Reich – gelinde gesagt – nicht mehr im Zenit seiner Macht. Der Kampf an zu vielen Fronten, soziale und wirtschaftliche Probleme gepaart mit einer Reihe schwacher Kaiser – das alles waren die Zutaten für den allmählichen Zerfall der einstigen imperialen Größe. Ihren Anteil dazu trugen die Germanen bei, die sich trotz der Bemühungen nationaler Historiker im 19. und 20. Jahrhundert nicht als ein homogen agierendes Volk charakterisieren lassen. Sie taugen auch wenig als unmittelbare Vorfahren der Deutschen, aber das soll hier nicht das Thema sein. Unter den ganzen verschiedenen Germanenstämmen wird das Volk der Quaden für Kaiser Valentinian I. (321–375) zu dessen Schicksal. Jedoch ganz anders, als man es gemeinhin annehmen würde.

Das erste Mal aus dem Dunkel der Geschichte tauchen die Quaden als Verbündete größerer Germanenstämme auf. Diese Rolle als Juniorpartner fiel ihnen bereits bei den Germanenkämpfen um

Christi Geburt zu. In der *Germania* des römischen Historikers Tacitus (ca. 58 – ca. 120 n. Chr.) erscheinen sie an der Seite der Markomannen im heutigen Böhmen/Tschechien. Beide charakterisiert er als kriegstüchtig (Tacitus, 42,1) und gibt an, dass sie selten römische Waffenhilfe in Anspruch nahmen. Dies war allem Anschein nach ein Zeichen für eine gewisse Machtposition innerhalb der verschiedenen Stammesverbände. Der Name ihres ersten Königs ist bei Tacitus mit »Tuder« überliefert (ebd.). Mitte des 2. Jahrhunderts setzten sich die Quaden mit den Markomannen nach Süden in Bewegung, da sie unter anderem von den Vandalen bedrängt wurden. Dies hatte die Markomannenkriege unter Kaiser Marc Aurel (121–180) zur Folge, die nur mit großer Mühe vonseiten Roms erfolgreich beendet werden konnten. Gleichzeitig machte sich der Stamm der Quaden auf, das Römische Reich herauszufordern (Fündling, S. 138). Mitte des 3. Jahrhunderts fielen sie das erste Mal in römisches Territorium ein. Nachdem sie aus der Provinz Pannonien, die ungefähr dem heutigen Österreich entsprach, zurückgedrängt wurden, begann der Bau einer Grenzbefestigung an der Donau. Besonders in der Mitte des 4. Jahrhunderts wurde der pannonische Donaulimes großzügig ausgebaut. Dieser sollte bis in die ungarische Ebene reichen, wo er die benachbarten Sarmaten, ein Reitervolk, kontrollieren konnte. Während der Regierungszeit Kaiser Valentinians I. waren diese Arbeiten noch in vollem Gange.

An der Donau im heutigen Kroatien wurde Valentinian im Jahr 321 geboren. Sein Vater Gratian war ein hoher Militär, sodass der Sohn im Feldlager heranwuchs und eine entsprechende Ausbildung erfuhr. Darunter litt der Unterricht in klassischen Disziplinen, vor allem Griechisch, wie er später bedauernd feststellte (Hoof, S. 342). Doch auch in der militärischen Laufbahn lief nicht alles glatt. Unter Kaiser Constantius II. (317–361) wurde Valentinian infolge einer Intrige aus dem Heer entlassen und unter dessen Nachfolger Julian (ca. 331 – 363) zwar wieder aufgenommen, jedoch auf einen unbedeutenden Posten versetzt. Auf seinem Landgut in Pannonien gebar ihm seine Frau Marina Severa im Jahr 359 seinen ältesten Sohn, den er nach seinem Vater benannte. Kaiser Julian berief Valentinian im Jahr 360 nach Antiochia, von wo aus er drei Jahre später seinen desaströsen Feldzug gegen die Sassaniden startete. Auf diesem begleitete ihn Valentinian. Als Julian überraschend am Tigris starb, wurde rasch Jovian (331–364) vom Militär zum Kaiser ausgerufen. Die erste Amtshandlung des neuen Kaisers bestand in einem demütigenden Frieden mit den Sassaniden und der gleichzeitigen Ernennung Valentinians zum Befehlshaber eines Teils der Palastwache (Heering, S. 11). Damit hatte das große römische Unglück ein persönliches Glück zur Folge. Doch es sollte für Valentinian noch besser kommen.

Nachdem der neue Kaiser in Antiochia einige kaiserliche Geschäfte getätigt hatte, unter anderem das Zurücknehmen christenfeindlicher Anordnungen seines Vorgängers, machte er sich mit seinem Gefolge auf den Weg nach Konstantinopel. In dem kleinen Ort Dadastana in Bithynien (heute Türkei) fand man Jovian am Morgen des 17. Februars 364 tot auf. Mit nur 33 Jahren verstarb der Kaiser wahrscheinlich an einer Kohlenmonoxidvergiftung in seinem Bett. Innerhalb weniger Monate hatte das Reich den Tod zweier Kaiser zu beklagen (Heering, S. 13). In Nicaea versammelten sich daraufhin die höchsten Amtsträger des Reiches und berieten, wie mit dieser katastrophalen neuen Lage umzugehen sei. Insbesondere die Spaltung in eine heidnische (die Anhänger Julians) und eine christliche Fraktion machte es nicht einfach, einen geeigneten Kaiser zu finden. Ein Kompromiss musste her. Und diesen sah man im noch in Ankara verweilenden Valentinian, den man eiligst herbeirief. Doch bei seiner Rede infolge der Ausrufung zum Kaiser durch das Heer kam es am 25. Februar zu Tumulten. Was war geschehen? Die versammelten Soldaten forderten vom frisch inthronisierten Kaiser lautstark die Einsetzung eines Amtskollegen. So wollte man allem Anschein nach sichergehen, dass es im Falle des Ablebens Valentinians zu keinem Machtvakuum und einem potenziellen Bürgerkrieg käme. Außerdem war dies seit Jahrhunderten übliche Praxis bei vielen Kaisern. Neu war aber nun und hinsichtlich dieser Forderung konsequent, dass Valentinian in den folgenden Jahren gewissermaßen eine Zweiteilung des Reiches vorantrieb. So entstanden zwei Kaiserhöfe und Verwaltungszentren. Die Forschung ist sich uneinig darüber, inwieweit er damit die Reichsteilung des Jahres 395 vorwegnahm. Jedenfalls sollte der östliche Teil von seinem jüngeren Bruder Valens (328–378) regiert werden. Wie schnell die Notwendigkeit dieser Entscheidung allen vor Augen geführt wurde, zeigte sich bereits in Konstantinopel, wo beide Brüder kurz nach ihrer Inthronisierung an einem Fieber erkrankten (Hoof, S. 343). Dieses überstanden sie jedoch beide.

Im April zog Valentinian mit seinem Bruder nach Naissus, dem heutigen Niŝ in Serbien, wo die Aufgaben verteilt wurden. Valentinian nahm sich der Westhälfte und damit der Germanenproblematik an, während sein Bruder sich um den Osten kümmerte. Der Westkaiser hatte kaum Zeit, um seine Position zu stärken, da die Alamannen in Gallien und Raetien eingefallen waren, während die Sarmaten und Quaden in Pannonien ihr Unwesen trieben. Damit aber nicht genug. »Britannien hatte unaufhörlich von den Pikten, Saxonen, Scotten und Atacotten zu leiden; die Austorianer und andere maurische Völkerschaften sezten [sic!] Afrika ungewöhnlich zu; Thracien plünderten räuberische Horden der Gothen« (Ammianus Marcellinus, 26,5,4). Kurzum, es war keine Zeit für das Genießen der kaiserlichen Annehmlichkeiten. Kaiser zu sein in dieser Situation war, salopp ausgedrückt, ein stressiger Job!

Zum Zeitpunkt seines Amtsantrittes war Valentinian rund 43 Jahre alt und zeigte, dem Chronisten Ammianus Marcellinus (ca. 330 – ca. 395) zufolge, der ihn persönlich gesehen haben muss, keine Anzeichen von körperlicher Schwäche. »Sein Körper war muskulös und kräftig, Haar und Gesichtsfarbe hell, das Auge blau, immer mit etwas schiefem stieren Blick, der Wuchs schön. Die Form der Gesichtszüge regelmäßig; das ganze Aussehen erzeugte den Eindruck majestätischer Würde« (ebd., 30,9). Zusammengefasst können wir also feststellen, dass Valentinian offensichtlich der richtige Mann für den Thron in dieser schwierigen Situation war. Und so tatkräftig, wie er uns geschildert wird, ging er die Arbeit auch an. Zunächst verstärkte er die Befestigungsanlagen am Rhein, um weitere Einfälle der Alamannen zu verhindern. Eine ihrer Gesandtschaften suchte ihn derweil in Mailand auf und bestand auf ihren Zahlungen, die sie bis dato jedes Jahr bekommen hatten, um eben nicht in römisches Gebiet einzufallen. Valentinian überstand diese erste Konfrontation mit germanischer Dreistigkeit noch unbeschadet und verweigerte die Zahlung. Infolgedessen drangen die Alamannen immer wieder in Gallien ein, und der Kaiser absolvierte einige Kriegszüge gegen die Angreifer (Heering, S. 30).

Doch im Jahr 367 forderten die Kämpfe beim Kaiser ihren ersten Tribut, als er schwer erkrankte. Es wurden bereits Nachfolgepläne mehr oder weniger offen diskutiert. Diese fanden jedoch im August ein Ende, als der wiedergenesene Kaiser seinen Sohn Gratian (359–383) zum Augustus bestimmte. Zumindest das Nachfolgeproblem war damit behoben. Jedoch nutzten die Alamannen und mit ihnen die Franken und Sachsen die kaiserliche Abwesenheit und plünderten unter anderem Mainz (Hoof, S. 344 f.). Valentinian gelang es, all diesen Problemen Herr zu werden. Aber zu welchem Preis?

Der nächste Aufreger kam aus Afrika. Genauer gesagt aus der Provinz Africa, die grob das heutige Tunesien und Nordlibyen umfasste. Dort hatte sich der Sohn eines lokalen Fürsten namens Firmus gegen den Kaiser aufgelehnt und eine eigene Herrschaft errichtet. Valentinian entsandte seinen treuen General Flavius Theodosius (347–395), der bereits in Britannien für Ruhe gesorgt hatte, nach Nordafrika. 373 besiegte dieser den Usurpator dort rasch. Des Kaisers Hauptaugenmerk galt jedoch der Rheingrenze und seiner Heimat Pannonien. Hier trieb er den Ausbau des Limes immer weiter voran. Von Trier und Basel aus leitete er die Bauarbeiten und die Abwehrkämpfe gegen die immer wieder ins Reich eindringenden Quaden und Sarmaten. Um diese effektiver bekämpfen zu können, zog Valentinian im Frühjahr 375 von Trier aus nach Carnuntum in der Nähe des heutigen Wiens. Bevor er weiter in das

Land der Quaden zog, ließ er die verfallenen Anlagen der Stadt reparieren. Dann setzte er über die Donau und erteilte den aufmüpfigen Germanen eine Lektion, indem er ihr Land verheerte. Diese entzogen sich jeder direkten Konfrontation. Valentinian nahm bald Quartier im Legionslager Brigetio an der Donau im heutigen Ungarn, weil der Winter nahte (Hoof, S. 345 f.).

Da die Witterung ein weiteres Eindringen in das Gebiet der Quaden verhinderte, empfing der Kaiser eine Gesandtschaft, um vielleicht so zu einem ihm genehmen Ergebnis zu kommen. Diese traf ein und gab sich zumindest äußerlich recht demütig. Sie »standen mit gekrümmten Rücken, von banger Furcht betäubt« (Ammianus Marcellinus, 30,5) vor dem Kaiser. Grundsätzlich ist das die richtige Verhaltensweise vor dem mächtigsten Herrscher seiner Zeit. So dürfte es Valentinian gesehen haben. Jedoch begann der Vortrag der Quadengesandtschaft mit allerlei Ausreden, wieso sie in das Land der Römer eindrangen. Vor allem die Aussage, sie seien es gar nicht gewesen, die über die Donau gezogen wären, erboste den Kaiser. Letztlich gaben sie noch an, dass die Römer selbst schuld daran seien, denn der Ausbau der römischen Befestigungsanlagen habe sie zu ihren Raubzügen provoziert. Aber – so der Tenor – damit sei man ja nun irgendwie quitt. Dies brachte Kaiser Valentinian zur Weißglut. »Heftig schnaubend, schalt [er, Anm. d. Autors] in schmähendem Ton die ganze Nation als undankbar […]« (ebd.). Es schien bereits, als würde er sich beruhigen, »als er auf einmal wie von einem Blitzschlag getroffen, sprachlos mit ersticktem Athem und brennender Hitze im Gesicht dastand […]« (ebd.). Er wurde aus dem Audienzsaal gebracht und in ein Bett gelegt, wo er noch bei vollem Bewusstsein war, während er sich kaum mehr bewegen und nicht mehr sprechen konnte. Dennoch habe er alle Anwesenden erkannt. Ein herbeigerufener Arzt wollte die Standardprozedur eines Aderlasses durchführen, konnte »doch keinen Tropfen Blut zum Fließen bringen, da innerlich Alles wie verbrannt schien […]« (ebd.). Weiter werden einige Schübe von Krämpfen beschrieben und der vergebliche Versuch des Kaisers zu sprechen. Dann ließen seine Kräfte nach und »nach langem Kampfe gab er den Geist auf [...]« (ebd.). Auch der griechische Geschichtsschreiber Zosimos, der um 500 seine *Historia nea* schrieb, schildert, dass Valentinian über die Anträge der Quaden immens aufgebracht war, »und durch den Zorn, der beinah in Wuth übergieng, schoß ihm das Blut in den Mund, und verstopfte den Schlund, daß er starb [...]« (Zosimos, IV., 17).

Es ist natürlich äußerst unredlich, eine Ferndiagnose zu stellen, die auch noch fast 1700 Jahre in die Vergangenheit zurückreicht. Dennoch, falls wir den Beschreibungen der Chronisten Glauben schenken, dürfte Kaiser Valentinian I. an einem Schlaganfall gestorben sein. Darauf deuten die Symptome hin. Sowohl der Ursprung im übermäßigen Ärger, was hohen Blutdruck und Puls zur Folge hat, als auch die im weiteren Verlauf beschriebene Unfähigkeit zu sprechen und sich normal zu bewegen bei noch wachem Geist sind Indizien (Heering, S. 57). Natürlich wäre es interessant zu wissen, inwiefern Vorerkrankungen vorhanden waren (chronisch hoher Blutdruck oder Arterienverkalkungen), aber dies werden wir niemals herausfinden.

Von daher können wir anhand der vorliegenden Fakten recht eindeutig feststellen, dass sich Kaiser Valentinian I. über die ausländische Gesandtschaft zu Tode geärgert hatte. Hätte er die *Germania* des Tacitus gelesen, hätte es gar nicht so weit kommen brauchen. Denn der »weder hinterlistige noch durchtriebene Menschenschlag gibt dann seine geheimsten Empfindungen bei der ausgelassenen Stimmung preis. Also liegen die Gedanken aller aufgedeckt und unverhüllt offen« (Tacitus, 22,1). Hätte er also mit den Germanen einen Wein getrunken, wäre die ganze Audienz anders ausgegangen. Nicht nur, dass Wein in Maßen wahrscheinlich die Gefäße vor Verkalkungen schützt, auch hätten ihn die Germanen nicht mit allzu forschen Forderungen traktiert. So starb der Kaiser infolge der frechen Barbaren, wie auch das Römische Reich immer weiter an Glanz und Stärke verlor. Und auch daran waren mitunter germanische Barbaren schuld.

Ein Dichter, ein Boot und ganz viel Stutensauger: Li Bai und die Umarmung des Mondes

Wer kennt es nicht? Nach ein, zwei Gläsern Wein fällt es einfacher, einen anderen Menschen zu umarmen. Die übliche Distanz wird leichter unterschritten, wenn man nicht mehr allzu sehr Herr seiner Sinne ist. Jenes Prinzip machten sich seit Jahrtausenden unzählige Politiker, Kaufleute und Feldherren zunutze. Entweder man fand eine Einigung, die nicht selten durch ein herzliches Umarmen beschlossen wurde, oder nicht. Auch im letzteren Fall war das rasche Überbrücken der räumlichen Trennung Programm, jedoch in anderer Ausformung, da man dies meist mit Schwert, Keule oder blanker Faust tat. Wir aber wollen uns der friedlicheren und scheinbar harmloseren Variante widmen. Zu diesem Zweck benötigen wir einen Dichter, dem man nicht umsonst den Beinamen »Unsterblicher des Weines« gab, einen Fluss und den Mond. Diese Zutaten finden wir im goldenen Zeitalter der chinesischen Dichtkunst während der Tang-Dynastie (ca. 617 – 907), insbesondere bei dem, der als größter Dichter dieser großen Zeit gilt: Li Bai (701–762, unter anderem auch Li Po oder Li Taibo geschrieben).

Geboren wurde er im Jahr 701 wahrscheinlich in Suiye, dem heutigen Ak-Beschim, das an der berühmten Seidenstraße in Nordkirgisistan liegt. Hier an der Grenze des chinesischen Einflussgebietes war seine Familie zu einigem Wohlstand gekommen. Ihren Status kann man am Familiennamen »Li« erkennen. Wie z. B. auch bei zeitgenössischen europäischen Herrscherfamilien üblich, führten die Tang ihren Stammbaum ebenfalls auf einen berühmten Vorfahren zurück. In diesem Fall war es der Philosoph und Begründer des

Daoismus Laozi (6. Jh. v. Chr.) oder Lao-Tse, je nach Umschrift. Sein Sippenname war »Li«. Wer nun im Tang-Reich »Li« hieß und sich damit in Beziehung zu Laotse setzte, brachte eine bestimmte Erwartungshaltung sowohl an sich als auch an den Lauf der Welt zum Ausdruck (Nagel-Angermann, S. 65). Als Anhänger des Dao strebte man ein glückliches Reich des Friedens an, das durch den Kaiser repräsentiert wurde. Die Tang erhoben den Daoismus zur Staatsreligion und machten es ab 726 zur Pflicht für jeden Bürger, das *Daodejing* zu besitzen. Diese Schrift enthält den Kanon der daoistischen Lehre. Und mit dem Beinamen »Li« galt man als besonderer Repräsentant dieser Religion im öffentlichen Leben (ebd.).

Für die Familie Li Bais schien sich diese Verbindung zu lohnen. Vermutlich waren seine Vorfahren unter der Sui-Dynastie (Ende 6. bis Anfang 7. Jh. n. Chr.) in den entfernten Westen an die Seidenstraße verbannt worden. Deshalb zogen sie, als Li Bai vier Jahre alt war, nach Sichuan, in eine Region weiter östlich in China. Dort verbrachte er seine Kindheit und las die Klassiker des Konfuzius (ca. 551 – ca. 479 v. Chr.) und alte Dichtungen. Außerdem erlernte er das Vogelzähmen und den Schwertkampf zusätzlich zum üblichen Bildungskanon eines jungen, wohlhabenden Chinesen, zu dem auch Reiten und Jagen gehörte. Zumindest im Schwertkampf war er bald so geübt und gefürchtet, dass er, bevor er 20 Jahre alt war, bereits mehrere Männer im Kampf getötet hatte (Wu, S. 58). Dies machte ihn allem Anschein nach attraktiv für Frauen, denn es sind vier Ehen bezeugt. Zumeist waren die Ehefrauen Töchter der Provinzgouverneure, womit abermals die hohe soziale Stellung Li Bais bewiesen ist.

Geboren in der Blütezeit der chinesischen Geschichte hatte auch Li Bai seinen Anteil an diesem kulturellen Höhepunkt. Das Reich erlangte ein nie dagewesenes territoriales Ausmaß, indem es im Osten von Korea bis zum Aralsee im Westen, und vom Baikalsee im Norden bis nach Nordvietnam im Süden reichte. Auch die angrenzenden Länder wurden kulturell beeinflusst. So führte Japan zu dieser Zeit die chinesischen Schriftzeichen ein und orientierte sich beim Tempelbau an der Tang-Architektur. Die Seidenstraße verband weit entfernte Reiche wie das oströmisch-byzantinische mit dem chinesischen, sodass bereits vor der Tang-Zeit Gesandte ausgetauscht wurden (Haussig, S. 134). Ebenfalls gelang es während dieser Epoche um das Jahr 640, die Hegemonie über eben jene Handelswege zu erlangen, die im 19. Jahrhundert als Seidenstraße bekannt werden sollten. Nicht nur die namengebende Seide gelangte auf diese Weise in den Westen, auch das Papier fand bald in ganz Asien Verwendung. Der erste abendländische Papiergebrauch lässt sich im 11. Jahrhundert im normannischen Sizilien nachweisen (vgl. Drei Gelehrte, drei Religionen und jeweils ein Bücherregal).

Doch auch China selbst wurde beeinflusst, indem es viele Kulturgüter aus dem Westen importierte. Die Pipa, eine gezupfte Laute, gelangte aus Persien in die chinesische Hauptstadt, wo sie sich bald großer Beliebtheit erfreute. Eine große persische Gemeinde machte ihre Musik dadurch ungemein populär (Nagel-Angermann, S. 64). Auch der Traubenwein erreichte während der Tang-Dynastie eine größere Verbreitung. Zu verdanken war das der Eroberung des Tarim-Beckens, wo die Chinesen eine neue längliche Traubensorte kennenlernten und eine Methode, daraus einen köstlichen Wein zu machen, den sie »Stutensauger« nannten (Huang, S. 241). Dieser wurde von den Tang-Dichtern gerne und viel besungen.

Nach einigen Jahren Wanderschaft ließ Li Bai sich am Hof des Kaisers Xuanzong (685–762) in Chang'an nieder, wo er diesem als Übersetzer diente. Hier war er auch an der Gründung der Hanlin-Akademie beteiligt. Dies war ein Ort, an dem die Gelehrten die klassischen Schriften auslegten und Schreibaufgaben für den kaiserlichen Hof ausführten. Die Akademie sollte bis zum Jahr 1911 mit unterschiedlichen Aufgaben bestehen bleiben. Hier lehrte Li Bai auch die Dichtkunst und verfasste poetische Texte. Zeitgleich fiel er durch seinen unkontrollierten Weingenuss auf. Trotz Volltrunkenheit gelang es ihm, den Kaiser mit Gedichten über dessen Lieblingskonkubine zu erfreuen (Wu, S. 60). Doch nicht nur die Schönheit besang er im Rausch, auch die Liebe zum Mond schien sich in jener Zeit auszubilden. In »Einsamer Trunk unter dem Mond« schildert er dies wie folgt:

»Unter Blüten meine Kanne Wein –
Allein schenk ich mir ein, kein Freund hält mit.
Das Glas erhoben, lad den Mond ich ein,
Mein Schatten auch ist da, – wir sind zu dritt.
Gewiß versteht der Mond nicht viel von Wein,
Und was ich tue, tut der Schatten blind,
Doch sollen sie mir heut Kumpane sein
Und ausgelassen unterm Frühlingswind.«
(Zit. n.: Gundert, S. 303)

Doch so allein war Li Bai zu jener Zeit gar nicht. Mit dem Dichter Du Fu (712–770) verband ihn eine tiefe Freundschaft (Watson, S. 49). Diese schlug sich in der Lyrik nieder, indem sie sich gegenseitig besangen. Vor allem im »Lied von acht trinkenden Gottheiten« gibt uns Du Fu ein anschauliches Bild seines Freundes, wobei er diesem in Trunkenheit in nichts nachgestanden haben soll:

»Li Bai fordert andere zum Trinken heraus,
erschafft einhundert Verse.
Schläft in den Bars von Chang-an,
Nicht einmal, wenn der Kaiser ihn aufs Schiff bittet,
kommt er der Verpflichtung nach,
bezeichnet sich selbst als den großen Unsterblichen des Weines.«
(Zit. n.: Scherner, S. 119)

Im Jahr 755 war es mit der weinseligen Eintracht am Kaiserhof zunächst vorüber, weil der rebellierende General An Lushan (ca. 703 – 757) in Chang'an einfiel (Nagel-Angermann, S. 73). Die Zeit des Bürgerkrieges zwang Li Bai ins Exil. Seine Dichtung veränderte sich, wurde ernsthafter. Dies verwundert deswegen nicht, weil er in die politischen Kämpfe hineingezogen und sogar zum Tode verurteilt wurde. Erst 759 wurde er begnadigt und kehrte in die Provinz Jiangxi zurück, wo er sich wieder dem Dichten und dem Reisen widmete. Trotz fortgeschrittenen Alters und abnehmender Gesundheit behielt er seinen Lebenswandel bei, der aus viel Wein, Essen und Gesellschaft bestand. Nunmehr äußerte er sich in seinen Gedichten verstärkt sozialpolitisch und brachte seine Gegner in Misskredit. Im Mai 762 wollte ihn der neue Kaiser Daizong (727–779) nochmals mit einem öffentlichen Amt beauftragen, doch der kaiserliche Brief erreichte den Dichter nicht mehr (Chen, S. 23).

Der Sänger des Weines und des Mondes konnte nicht anders von dieser Welt abtreten als eben durch den Wein und den Mond. Doch wie soll man sich das vorstellen? Der Überlieferung nach befand sich Li Bai am Jangtse, entweder am Ufer oder auf einem Boot. Gemäß seinem berühmtesten Gedicht »Einsamer Trunk unter dem Mond« war unser Erdtrabant sein einziger Zechkumpan. Als Li Bai den Mond im Fluss erblickt, ist es um ihn geschehen. Eine Version behauptet, dass er dachte, sein Freund sei ins Wasser gefallen. Die andere lässt ihn im Überschwang seinen Weinkumpel umarmen. Beide Varianten gehen nicht gut aus (Wu, S. 61). Li Bai, der Sänger des Mondes und des Weines, ertrinkt in den Fluten des Jangtse.

Der exzentrische Alkoholiker auf einem schaukelnden Boot, der sich vom glänzenden Mond derart angesprochen fühlt, dass er das Gleichgewicht verliert und ins Wasser stürzt. Dies ist die unpoetische Lesart seines überlieferten Todes. Dass es ein Unfall aufgrund von übermäßigem Genuss des »Stutensaugers« gewesen sein könnte, ist realistisch, aber damit auch völlig profan. Doch seien wir ehrlich: Nichts wäre poetisch passender, als dass er beim Versuch gestorben wäre, den Mond zu umarmen. Und so erfreut sich die Legende vom Tod des größten chinesischen Dichters in China noch heute ungebrochener Beliebtheit. Vielleicht auch deshalb, weil die Warnung vor dem betrunkenen Fahren eines Bootes niemals poetisch schöner verpackt worden ist.

Die Wikinger, eine Hinterlist und ein scharfer Hasenzahn: Sigurd und die Rache des Schädels

Dass die Wikinger nicht immer angenehme Zeitgenossen waren, dürfte bekannt sein. Jahrhundertelang verbreiteten sie in Europa Angst und Schrecken, bis sie sich – scheinbar gezähmt und christianisiert – niederließen. Ihr Kampfesmut nährte sich zu einem großen Teil aus der Hoffnung, nach dem Tod an der Tafel des Göttervaters Odin in Walhalla zu speisen. Es gab für einen Krieger – und das waren nahezu alle männlichen Wikinger irgendwann – nichts Größeres, als im Gefecht zu sterben. Um den Kampf zu gewinnen, waren alle Mittel recht. Eine Art Ritterlichkeit kannten die Wikinger nicht. Gerade in der Kriegführung und ihrer Grausamkeit zeigten sie sich recht kreativ. So gab sich beispielsweise der Wikinger Hasting bei der toskanischen Stadt Luni als reuiger Sünder aus, der möchte, dass seine Seele vom einzig wahren Gott gerettet wird. Vermeintlich todkrank gestatteten ihm die Einwohner, in der Stadt Nahrung zu kaufen und sich taufen zu lassen. Als er schließlich »sterbend« von seinen Leuten in die Kirche getragen wurde, erwachte er wunderbarerweise zu alter Kraft und schnitt dem Bischof den Kopf ab (Wace, S. 229 ff.). Hastings Coup verlief nach Wikingerverständnis sehr gut. Dabei war er sich einer Gefahr nicht bewusst, die einem Wikingeranführer weiter nördlich große Probleme bereiten sollte. Der Gefahr nämlich, dass der abgeschlagene Kopf noch die Fähigkeit hatte, sich auf todbringende Weise zu rächen. Und dies ist selbst für Wikingerverhältnisse außergewöhnlich.

Gemeinhin beginnt die Zeit der Wikinger, zumindest was die europäische Geschichtsschreibung angeht, mit dem Überfall auf das englische Kloster Lindisfarne im Jahr 793. Was letztlich die Gründe für ihre Fahrten über die Nordsee waren, ist noch nicht abschließend geklärt (Houben, S. 10). Ob soziale, ökonomische oder die Aussicht auf Abenteuer und Ruhm – am Ende dürfte es eine Mischung aus vielen Motiven gewesen sein. Generell unterscheidet die Forschung vier Phasen der Raubzüge. In der ersten Phase finden sporadische, lokal begrenzte Überfälle statt, die bis 843 andauerten. Dabei handelte es sich um Sommerfahrten. Erst im Jahr 843 wird in den *Annales Bertiniani* (S. 439) das erste Mal von einem Winterlager berichtet. Von da an war es für die Bewohner der betroffenen Gebiete noch schwieriger, weil sich die Überfälle im ganzen Jahr ereignen konnten. Ihre festen Rückzugsorte luden aber auch dazu ein, wirksame Gegenmaßnahmen zu treffen. Die kriegerischen Auseinandersetzungen traten in eine neue Phase ein. Ab 865 sind Wikingeranführer mit großen Heeren namentlich bekannt. Deren Aktionen richteten sich nicht mehr nur nach den ökonomischen Bedürfnissen der Wikinger, sondern sie nutzten ganz konkret politische Lagen aus. Gerade die Kriegszüge des »großen Heeres« und die Gründung des »Danelag«, dem großen zusammenhängenden Siedlungsgebiet in England, sind beispielhaft für diese Phase (Brown, S. 18). Hier erfolgten auch erste Bündnisse und konkrete politische Absprachen. Schließlich begann in der letzten Phase ab 890 die Ansiedlung der Wikinger durch Friedensverträge (Plassmann, S. 29 f.). Dabei ging der erste normannische Herzog der Normandie, Rollo (ca. 860 – ca. 930, auch: Rollon, Hrólfr), nicht nur in die Geschichte ein, sondern auch in die Populärkultur. Wer er aber tatsächlich war und wo er herkam, verliert sich in den nordischen Sagas. Immerhin ließ er sich taufen und errichtete eine dauerhafte Herrschaft (Simek, S. 60). Noch nebulöser sind die Anführer der Herrschaftsgebiete, die sich im Norden Englands befanden.

Die Gründung der Herrschaft auf den Orkney-Inseln nördlich von Schottland geht wikingertypisch auf kriegerische Auseinandersetzungen zurück. Der mächtige König Harald Schönhaar (ca. 852 – 933), der als Erster nahezu die gesamte Küste Norwegens beherrschte, hatte ein Problem, das die fränkischen und angelsächsischen Könige auch hatten: Er litt unter den Raubzügen der Wikinger. Diese segelten in seinem Fall von den Orkney- oder den Shetlandinseln nach Osten. Als Wikingerkönig musste er diesen also Einhalt gebieten, und fuhr nach Westen, um dem Problem ein Ende zu bereiten. Die *Orkneyinga Saga* berichtet von vielen Schlachten, bis es dem König gelang, einem Vertrauten die Herrschaft über Orkney zu übertragen (Orkneyingers' Saga, I, 4). Dieser war Røgnvald Eysteinsson († ca. 900), dessen Sohn Ivar bei den Kämpfen gefallen war. Die Inseln nördlich von Schottland sollten eine Art Entschädigung für diesen Verlust sein. Røgnvald gilt somit als erster Jarl von Orkney. Im christlichen Lehensverhältnis entspricht dieser Titel einem Grafen (vgl. Düwel, S. 33 f.). Doch der *Orkneyinga Saga* zufolge hatte Røgnvald kein Interesse daran, die Insel als Jarl zu regieren und übertrug sie seinem Bruder Sigurd Eysteinsson († 892). Dieser soll nun von König Harald offiziell als Jarl eingesetzt worden sein, bevor dieser nach Norwegen zurückfuhr.

Die Überlieferung jener Epoche ist ohnehin recht dünn. Darüber hinaus ist das, was wir aus jener Zeit haben, mit Vorsicht zu genießen und stammt zumeist aus späteren Jahrhunderten. Gerade die nordischen Sagas sind oftmals mehr Legende denn vertrauenswürdige Quellen. Von daher verwundert es nicht, dass wir gar nicht mit Bestimmtheit sagen können, ob König Harald sowohl Røgnvald als auch seinen Bruder Sigurd zum Jarl von Orkney gemacht hatte (Woolf, S. 307). Ebenfalls ist die Absicht Røgnvalds umstritten, warum er seinem Bruder die Ländereien übertrug. Aber offensichtlich nahm der König daran keinen Anstoß, da er ihn persönlich zum Jarl machte, bevor er wieder nach Norwegen fuhr (Heimskringla, S. 87).

Sobald Sigurd Jarl war, tat er das, was ein Wikinger-Jarl gemeinhin tut. Er begann damit, Ländereien zu erobern und seine Macht auszuweiten. Dafür ging er ein Bündnis mit dem schottischen Wikinger-Jarl Thorstein dem Roten (ca. 850 – ca. 885) ein. Gemeinsam machten sie sich halb Schottland tributpflichtig. Nachdem sein

Verbündeter von schottischen Lokalmachthabern erschlagen worden war, setzte Sigurd seine Feldzüge unbeirrt fort. Er wandte sich dabei verstärkt dem Norden Schottlands zu, wo er bald mit einem schottischen Jarl aneinandergeriet. Dieser hieß Máel Brigte (Orkneyinga Saga) bzw. Melbrigde (Heimskringla) und handelte mit Sigurd aus, dass man sich zu einer Schlacht treffe. Abgemacht wurden jeweils 40 Mann. Doch Sigurd beschloss für sich, dass die Schotten treulose Leute waren, weshalb er 80 Mann auf 40 Pferde verteilte. Melbrigde bemerkte vor der Schlacht, dass jeweils zwei Füße auf beiden Seiten der Pferde zu sehen waren und schärfte seinen Leuten ein, keine Furcht zu zeigen und diesem Betrug mit größter Entschlossenheit zu begegnen (Orkneyingers' Saga, I, 5). Etwas anderes blieb ihm aufgrund der Hinterlist nicht übrig. Sigurd wollte seine zahlenmäßige Überlegenheit dahingehend nutzen, dass er die Hälfte seiner Männer absetzen ließ, während die anderen zu Pferd in die geschlossenen Reihen der Gegner eindringen und diese so aufbrechen sollten. Zugegebenermaßen war dies kein besonders innovativer Plan, aber aufgrund der Überlegenheit funktionierte er. Melbridge fiel im Kampf, was ihm zumindest große Ehre einbrachte. Seinem siegreichen Gegner war es offensichtlich gleich, dass er durch Wortbruch gewonnen hatte, und dies hielt ihn auch nicht davon ab, stolz zu sein. Zum Zeichen des Sieges schnitt er dem gefallenen Anführer Melbridge den Kopf ab und hängte ihn sich an den Riemen seines Pferdes (Heimskringla, S. 89). Offensichtlich hatte es Sigurd nach der Schlacht recht eilig – vielleicht wollte er die »frohe« Botschaft, dass er nun Herrscher war, in den frisch eroberten Gebieten verkünden. Der Kopf, den er an der Flanke seines Pferdes festgebunden hatte, sollte bei der schottischen Bevölkerung jeden Zweifel ausräumen, wer der neue Anführer war.

Lange konnte sich der neue starke Mann im Norden der englischen Insel jedoch nicht an seiner Macht erfreuen. Als ihm der Ritt vom Schlachtfeld nicht schnell genug erschien, trieb er sein Pferd mit Tritten in die Flanken an. Dabei riss er sich sein Wadenbein an einem Zahn auf, der aus Melbridges Schädel hervorstand. Die

Wunde entzündete sich und Sigurd starb daran wenig später (Heimskringla, S. 89). Begraben wurde er an einem Ort namens Ekkjalsbakka, dessen genaue Lage bis heute unbekannt ist (Orkneyingers' Saga, I, 5). Medizinisch ist der Tod des Jarls Sigurd Eysteinsson recht schnell erklärt. Im Mund eines Menschen tummeln sich unzählige Bakterien und Krankheitserreger. Durch den scharfen Zahn Melbridges, der auch noch den Beinamen »der Hasenzahn« in der *Orkneyinga Saga* erhielt (Orkneyingers' Saga, I, 5), wurde die kleine Wunde an Sigurds Bein verunreinigt. Die Medizin der damaligen Zeit stand der Entzündung in Kombination mit der Wikingerehre recht ratlos gegenüber. Weder gab es Antibiotika noch dürfte sich der mächtige Jarl aufgrund eines Kratzers am Bein, hervorgerufen durch eigene Schusseligkeit, zunächst wirklich um die Wunde gekümmert haben. Ein großer Fehler. Am Wundbrand starben die Menschen noch bis weit ins 20. Jahrhundert.

Wenn die überlieferte Geschichte sich so zugetragen haben sollte, dann ist sie in sich stimmig. Jarl Sigurd Eysteinsson starb an einer Blutvergiftung. Aber es gibt noch einen nicht-medizinischen Aspekt. Der Jarl gewann die Schlacht nur durch einen miesen Betrug, und beide Quellen, sowohl die *Orkneyinga Saga* (Tomany, S. 12) als auch die *Heimskringla* (vgl. Mohnicke, Vorrede) wurden rund 300 Jahre nach den nordschottischen Geschehnissen erstmals aufgeschrieben. So gesehen ist es ebenfalls nicht unwahrscheinlich, dass der überlieferten Geschichte eine pädagogische Absicht zugrunde liegt. Ihre Niederschrift im frühen 13. Jahrhundert geschah in der Hochzeit des Rittertums, das bekanntermaßen eine große Bandbreite an ethischen bzw. ritterlichen Verhaltensweisen aufwies. Zu den ritterlichen, mithin christlichen Tugenden gehörte eben die Redlichkeit. Unredlich, also unritterlich, waren die Heiden. Dass Letzteres aber ritterliche Propaganda war, wissen wir heute (Schneider-Ferber, S. 10). Von daher verwundert es auch nicht, dass der betrogene Melbridge sozusagen noch »im Tode« das »unritterliche« Verhalten Sigurds rächt. Eine Warnung an alle, die ähnliches vorhaben.

Kurz nach dem Tod Sigurds kommt es zu einer langen Phase der Instabilität und des Chaos in jener Region. Sigurds Nachfolger und Sohn Guttorm († ca. 893) starb ebenfalls nach nur kurzer Herrschaft (Orkneyingers' Saga, I, 5). Ob auch er der »Rache des Schädels« zum Opfer fiel, verschweigen uns jedoch die Quellen.

Drei Gelehrte, drei Religionen und jeweils ein Bücherregal: Al-Jahiz, Johannes XXI., Charles Alkan und die todbringende Bildung

Was könnten ein arabischer Literat und Philosoph, der im Kalifat der Abbasiden lebte, und ein Papst im Hochmittalter mit einem jüdischen Klaviervirtuosen des 19. Jahrhunderts in Paris gemeinsam haben? Natürlich – es muss etwas mit dem Tod zu tun haben, sonst passen sie nicht wirklich in dieses Buch. Aber es hat auch mit dem Koran zu tun und damit, wozu dieser aufruft.

»Überlegt, o ihr, die ihr Einsicht habt!« [59:2] und »Und sie machen sich Gedanken über die Erschaffung der Himmel und der Erde« [3:191] – beide Suren zeigen die Pflicht des Muslims, sich Wissen anzueignen und Einsicht in die Wesen der Dinge zu erlangen (zit. n.: Averroes, S. 12). Dieser Aufruf ist in allen Weltreligionen zu finden. Dass aber darin eine erhebliche Gefahr für das Leben bestehen kann, dies wird in keiner Heiligen Schrift erwähnt.

Rund hundert Jahre, nachdem der Islam sich aufmachte, die damals bekannte Welt zu erobern, hatten die Krieger Mohammeds unter ihren Kalifen der Umayyaden fast alle Länder um das Mittelmeer unterworfen. Ihr Machtbereich erstreckte sich bis zu den Pyrenäen und nach Kleinasien im Westen, während er im Osten bis nach Indien reichte. Dies waren Gebiete, die seit über tausend Jahren durch die griechische Kultur geprägt waren. Die arabisch-islamische Expansion verfolgte zwar ein Programm, das sich aus dem Koran und den überlieferten Weisungen des Propheten speiste, adaptierte aber auch vieles anderes, was mit diesem Programm konform ging. Vielleicht veranschaulicht die Beschreibung des fränkischen Bischofs Arculf, der sich um 680 in Jerusalem befand, die Situation ganz gut. Denn einerseits war alles noch stark griechisch-römisch geprägt, andererseits hatte man aber damit begonnen, auf dem Tempelberg eine Moschee zu errichten (Arculf, S. 4). Auch im Geistesleben machten sich die Muslime bald daran, das Wissen der Alten Griechen zu studieren und weiterzuentwickeln. Ein Name, der dabei eine große Rolle spielte, war Aristoteles. Nicht umsonst war die »Theologie des Aristoteles«, die sich viel später jedoch als nicht von Aristoteles stammend herausstellen sollte, einer der ersten Texte, die übersetzt wurden (Hendrich, S. 31). Zum Mittelpunkt dieser Übersetzertätigkeiten entwickelte sich zu Beginn des 9. Jahrhunderts die Stadt Bagdad. Das Epizentrum der islamischen Gelehrsamkeit verschob sich damit nach Osten, weil es die Macht auch tat. Mit dem Wechsel der Herrscherdynastie von den Umayyaden hin zu den Abbasiden verlagerte sich das Machtzentrum von Damaskus an den Tigris. Gerade die Übersetzung der alten, zumeist griechischen Schriften entwickelte sich in Bagdad zu einer Art Regierungsprogramm, das von den jeweiligen Kalifen gefördert wurde (Al-Khalili, S. 80). Unter dem Kalifen Harun ar-Raschid (ca. 763 – 809) begann eine Art Systematisierung der Übersetzertätigkeiten, indem diese an einem Ort nach dem Vorbild der Medizinschule von Gundischapur zusammengefasst wurden. Unter seinem Nachfolger al-Ma'mūn (ca. 786 – 833) sollte daraus das berühmte Bayt al-Hikma werden – das Haus der Weisheit (Freely, 2012, S. 103). Dieses war eine Forschungsstätte mit angeschlossener Bibliothek, um die sich der Kalif persönlich kümmerte. Bereits der Kalif al-Mahdi (ca. 743 – 785) wandte sich an Gelehrte im Byzantinischen Reich mit der Bitte, die *Topik* des Aristoteles als Abschrift zu erhalten, eine Schrift, in der es um die Anwendung argumentativer Begriffe geht (Gouguenheim, S. 105). Aber auch gelehrte Personen selbst standen im Mittelpunkt des Interesses. Der Kalif al-Ma'mūn und der byzantinische Kaiser Theophilos (ca. 800 – 842) buhlten geradezu um den berühmten Mathematiker Leon (ca. 790 – nach 869), der sich letztlich für Konstantinopel entschied (Herrin,

S. 125). Doch nicht nur aus dem Griechischen, auch aus dem Persischen, Indischen und dem Chinesischen wurden Übersetzungen angefertigt.

In jene Welt der Erforschung des antiken Erbes wurde Abū ʿUthman ʿAmr ibn Baḥr al-Kinānī al-Baṣrī (776 – ca. 868) geboren, der unter dem Namen al-Dschāhiz (auch: al-Jahiz oder al-Ĝāhiz) bekannt werden sollte. Er war wohl ostafrikanischer Abstammung und hatte große, starrende Augen, wovon sein Name Jahiz – »glupschäugig« – herrührte (Al-Khalili, S. 135). Diese schüchterten die Umgebung des Mannes aus Basra so sehr ein, dass al-Ma'mūn ihn als Privatlehrer seiner Kinder absetzte (ebd.). Als Anhänger der Mu'tazila vertrat er eine theologische Richtung innerhalb des sunnitischen Islam, die den Glauben rational begründen wollte. Als Grundlage dieser Vorgehensweise galt vor allem die griechische Philosophie und insbesondere Aristoteles mit seinen Schriften.

Von den Christen hatte al-Jahiz keine allzu gute Meinung. In seiner Schrift *Widerlegung der Christen* gibt er an, dass diese bei seinen ungebildeten Mitbrüdern nur deshalb angesehener seien als die Juden, weil sie sich in den Geld- und Intelligenzberufen breitmachten. Den Juden blieben dagegen nur die niederen und verachtenswerten Berufe, wie Gerber, Schuster oder Metzger (Strohmaier, S. 135). In seinem *Buch der Tiere* orientierte er sich stark an Aristoteles und war damit einer der ganz wenigen muslimischen Gelehrten seiner Zeit, die sich für die Tier- und Pflanzenwelt interessierten. Doch al-Jahiz ging über die Ideen des Aristoteles hinaus. Dachte dieser noch, die biologischen Arten seien unveränderlich, vertrat al-Jahiz die Auffassung, dass ähnliche Merkmale bei unterschiedlichen Tieren auf einen gemeinsamen Vorfahren hindeuteten (Al-Khalili, S. 136). Die Umwelt habe einen großen Einfluss auf die Tierwelt; ein Urahn der späteren Evolutionstheorie also. Dass dagegen Menschen, die den Zorn Gottes erregten, von diesem in Mischwesen verwandelt würden, ist in unserer Welt eine eher unseriöse Ansicht (ebd.). Dennoch zeigt sich hiermit ganz gut die Krux jener Zeit, in der man noch vieles, was nicht zu beweisen war, ahnen und herleiten musste. Doch auch handfeste Politik behandelte er in seinen Schriften. Hier vertrat er die Auffassung, dass die Abbasiden die rechtmäßigen Nachfolger des ersten Kalifen Abū Bakr (ca. 573 – 634) seien. Für diesen Standpunkt nutzte er auch das Stilmittel der Polemik, was in der arabischen Literatur bis dato neu war (Pellat, S. 12). Darüber hinaus betrieb er Charakterstudien zu den verschiedensten sozialen Gruppen.

Um das Jahr 861 ging er zurück in seine Geburtsstadt Basra (ebd., S. 9). Gegen Ende seines Lebens war er zeitweise halbseitig gelähmt, wovon vor allem seine linke Körperhälfte betroffen war (Ibn Khallikan, S. 408). Er starb wahrscheinlich an den Folgen dieser Lähmung, die wohl das Resultat eines oder mehrerer Schlaganfälle war, im muslimischen Monat Muharram im Jahr 255 (ebd., S. 409). Dies entspricht dem christlichen Dezember/Januar des Jahres 868/69. Spätere Chronisten überlieferten jedoch ein etwas »passenderes« Ende für den alten Gelehrten. Ein Bücherstapel seiner Privatbibliothek war zusammengebrochen und erschlug ihn (Pellat, S. 9). Bei seiner intensiven Lektüre der Alten Griechen verwundert es uns nicht, dass damit für den großen Aristoteles-Studenten und Literaten al-Jahiz ein ähnlich dramatisches Ende wie auch bei so vielen griechischen Philosophen kolportiert wurde.

Dieses vermeintliche Schicksal sollte auch der einzige Portugiese auf dem Papstthron erleiden. Zwischen den Jahren 1210 und 1220 wurde Pedro Julião (ca. 1215 – 1277) in Lissabon geboren. Nach ersten Studienjahren in seiner Geburtsstadt ging er nach Paris, wo er sich unter anderem Studien zuwandte, die auch al-Jahiz Jahrhunderte vor ihm in Bagdad betrieben hatte. Dies waren vor allem Schriften des Aristoteles (Kirsch, 1913). Dessen Logik war nicht nur bei den arabischen Gelehrten unerlässlicher Bestandteil der Bildung, sondern mittlerweile auch in der westeuropäischen Christenheit. Hierhin waren die Werke unter anderem durch Übersetzungen der Schriften aus Bagdad gekommen, die auf Sizilien, aber auch in Spanien erstellt worden waren (Gouguenheim, S. 83 f.). Nachdem Pedro Julião die Artistenfakultät durchlaufen hatte, erwarb er seinen Magister in Philosophie und Medizin. Dies war um das Jahr 1245 (Schipperges, S. 6). In jener Zeit erlebte die Universität von Paris eine erste Blüte, wo vielleicht sogar zeitgleich mit dem Portugiesen der Dominikaner und Philosoph Albertus Magnus (ca. 1200 – 1280) seinen Magister in Theologie erwarb. Der später heiliggesprochene Albertus hatte sich ebenfalls intensiv mit Aristoteles beschäftigt und dabei vor allem mit der muslimischen Interpretation auseinandergesetzt. Wir finden in diesen Jahren auch Thomas von Aquin (1225–1274) in Paris; ein weiterer großer Aristoteles-Interpret. Ob und wie Pedro Julião mit einem oder beiden dieser großen Gelehrten zusammengetroffen ist, kann nicht mehr rekonstruiert werden. Jedenfalls bleibt festzustellen, dass es große Überschneidungen hinsichtlich des Bildungskanons zwischen dem Bagdad des 9. Jahrhunderts und dem Paris des 13. Jahrhunderts gab.

Nach seinem Studium ging Pedro Julião nach Italien. In Siena wurde er Dozent der Medizin und 1273 zum Kardinal von Tusculum ernannt. Damals war er bereits seit rund 20 Jahren der Leibarzt des Grafen von Lavagna (ca. 1205 – 1276), der 1276 zum Papst gewählt wurde und für 38 Tage den Namen Hadrian V. trug – als dritter Papst in diesem Jahr. Nach dessen kurzem Pontifikat wurde Pedro Julião im Konklave zum nunmehr vierten Stellvertreter Christi des Jahres 1276 gewählt. Er gab sich den Namen Johannes XXI. und lag mit dieser Namengebung sogleich falsch. Man hatte nämlich rund 300 Jahre zuvor Papst Johannes XIV. († 984) schlichtweg doppelt gezählt. Damit wäre Pedro Julião korrekterweise Johannes XX. gewesen (Poole, S. 274 f.).

Egal wie man ihn zählt, sein Pontifikat war nicht maßgeblich länger als das seiner unmittelbaren Vorgänger. Gerade einmal neun Monate sollte er die Tiara tragen. Während dieser Zeit hielt er sich am liebsten in seiner Studierstube auf, wo er sich weiterhin mit medizinischen Fragen beschäftigte. In Viterbo ließ er sich auf der Rückseite des Papstpalastes eine Privatbibliothek anbauen. Hierhin zog er sich an einem Maiabend des Jahres 1277 zurück. Ob der

Mörtel noch nicht trocken war oder die Bauausführung generell zu rasch und damit schlampig vonstattengegangen war? Wir wissen es nicht. Jedenfalls brachen am Abend des 12. Mai die Mauern der Privatbibliothek zusammen und begruben den Papst mitsamt seinen Büchern. Johannes XXI. konnte zwar lebend geborgen werden, erlag aber nach sechs Tagen seinen Verletzungen (Schipperges, S. 8 f.). Der Überlieferung nach galten seine letzten Worte ganz unpäpstlich seinen Büchern. »Was wird aus meinen Büchern? Wer vervollständigt meine Bibliothek?« (Sifridi, S. 708, Übers. d. Autors), soll er sterbend gefragt haben.

Die letzten Worte des Klaviervirtuosen, um den es im Folgenden gehen soll, sind dagegen nicht überliefert, dafür eine jüdische Legende, die uns ob der Wahrhaftigkeit seiner Todesumstände stutzig macht. Aber der Reihe nach. Geboren als Sohn eines Musiklehrers war dem jungen Charles Valentin Alkan (1813–1888) gewissermaßen das Klavier in die Wiege gelegt worden. Schon mit sechs Jahren wurde er als Student am Pariser Konservatorium aufgenommen. Sein Lehrer und Mentor wurde Pierre Zimmermann (1785–1853), der ihn auch in die adligen Kreise der französischen Hauptstadt einführte. Höhepunkt dieser Anfangszeit wurde eine Tour durch Belgien, wo Alkan in den großen Städten spielte (Eddie, S. 5). Mit der Julirevolution von 1830 änderte sich der Publikumsgeschmack. Plötzlich waren die alten, an das Ancien Régime erinnernden Musikstücke unpopulär. Dies eröffnete vielen Künstlern eine neue Perspektive. Unter diesen war Franz Liszt (1811 – 1886), der wie Alkan die neue Zeit kreativ nutzte (Walker, S. 144 f). Beide sollte eine tiefe und aufgrund der Konkurrenz erstaunliche Freundschaft verbinden (ebd., S. 186). Zu Alkans weiteren Freunden gehörten auch George Sand (1804–1876) und Victor Hugo (1802–1885), während er zeitweilig für Frédéric Chopin (1810–1849) spielte (Eddie, S. 6). Im Grunde verliefen das Leben und die Karriere Alkans bis dahin ganz normal. Also so normal, wie es für einen Klaviervirtuosen nur sein konnte. Doch schon mit nur 25 Jahren zog er sich 1839 völlig überraschend aus der Öffentlichkeit zurück.

Zeitgleich kam sein Sohn Élie-Miriam Delaborde (1839–1913) zur Welt. Dieser sollte die Familientradition weiterführen und ein berühmter Klavierspieler werden. Viel ist über die Vater-Sohn-Beziehung nicht bekannt. Vielleicht war das einzig Verbindende neben dem Klavier die Liebe zu Papageien, der sie beide ein Stück gewidmet haben (ebd., S. 7)? Vielleicht kümmerte er sich während seiner Abwesenheit ganz fürsorglich um seinen Sohn? Wir wissen es nicht. Jedenfalls trat Alkan erst 1844 wieder auf, was die Öffentlichkeit begeisterte. Danach komponierte er viele Klavierstücke und machte sich berechtigte Hoffnungen, Zimmermann als Professor zu beerben (ebd., S. 10). Dass er im Folgenden jedoch übergangen wurde, verärgerte und bedrückte ihn sehr. Nur noch sporadisch trat er in den nächsten Jahrzehnten in der Öffentlichkeit auf und widmete sich seinen Kompositionen, die immer schwieriger und komplexer wurden.

Ab Mitte der 1840er-Jahre studierte Alkan vermehrt den Talmud und die Thora. Auf diese Weise beschäftigte er sich auch mit den Wurzeln seiner Herkunft. Sein Großvater hatte in Metz eine Druckerei für den Talmud und war vielleicht sogar Hebräischlehrer (Conway, S. 207). Alkan stieg bald zur höchsten Autorität in der jüdischen Gemeinde auf, was die musikalische Leitung in den Synagogen betraf (ebd., S. 219). Doch auch hier wurde er nicht so recht glücklich. Als er 1851 die Stelle des Organisten in der Synagoge der Rue Notre-Dame-de-Nazareth antrat, legte er das Amt fast augenblicklich wieder nieder. Zur Begründung gab er an, dass seine Entscheidung künstlerische Gründe habe (ebd., S. 234). Dies ist nachvollziehbar, wenn man die Werke betrachtet bzw. hört, die Alkan in jener Zeit schrieb. Waren sie doch nicht wirklich dazu angetan, eine feierliche Stimmung für den jüdischen Gottesdienst zu erzeugen. Dennoch machte er sich daran, viele Themen der Thora und des Talmuds zu vertonen – auf seine spezielle, weit dem herrschenden Zeitgeist und Geschmack entrückte Weise (ebd., S. 237).

Überraschend gab Alkan im Jahr 1873 wieder eine kleine Reihe von öffentlichen Konzerten. Warum? Darüber schwieg er sich aus

(Eddie, S. 18). Aber allem Anschein nach gefiel es ihm so gut, dass er fortan bis in die 1880er fast jedes Jahr eine kleine Serie von Auftritten absolvierte. Doch dann verschwand er wieder. Am 29. März 1888 im Alter von 74 Jahren schließlich für immer. Der Legende nach, die lange Zeit für bare Münze genommen wurde, streckte er sich an jenem Tag, um ein Exemplar des Talmuds auf dem oberen Regal seines Bücherschrankes zu erreichen. Er verlor das Gleichgewicht und wollte sich am Bücherregal festhalten, das zusammenbrach und den Komponisten samt Talmud unter sich begrub. Eine Geschichte, die wahrscheinlich der französisch-ungarische Pianist Isidor Philipp (1863 – 1958) in die Welt setzte (Smith, S. 74). Dabei bezog er sich auf die (auch spekulative) Todesursache des Metzer Rabbis Aryeh Leib ben Asher Ginzburg (ca. 1695 – 1785). Dieser soll angeblich von jenen Büchern erschlagen worden sein, mit deren Autoren er Zeit seines Lebens gestritten hatte. Da Alkan ebenfalls aus Metz stammte, wurde diese Geschichte schlichtweg auf ihn übertragen. In Paris wusste man sowieso kaum noch etwas über den Komponisten, der nur noch wenigen ein Begriff war. Und so tat man sich allem Anschein nach nicht schwer damit, die Geschichte zu glauben (Eddie, S. 24 f.). Der Wahrheit näher kommt dagegen wohl ein Schwächeanfall in der Küche und der Versuch, sich an einem eisernen Garderoben- und Schirmständer festzuhalten, der auf den Klaviervirtuosen fiel. Von seinem Hausangestellten wurde er in sein Schlafzimmer gebracht, wo er gegen Abend verstarb (Conway, S. 230). Begraben wurde er am 1. April auf dem Friedhof Montmartre.

Drei Bücherregale, drei Zeitalter, drei unterschiedliche Kulturen. Alle drei waren sie Suchende. Jeder auf seine eigene Weise und Methode. Und ihr Tod? Was bleibt an Fakten bestehen? Alles in allem können wir sagen, dass der Tod des Papstes am wahrscheinlichsten auf die überlieferte Art stattgefunden hat. Große Zweifel, die aber nicht das Gegenteil belegen, kommen uns beim muslimischen Gelehrten al-Jahiz. Dieser war schon recht betagt und halbseitig gelähmt. Vielleicht stürzte er aufgrund der Lähmung gegen ein Bücherregal, das ihn begrub? Dass uns eine Todesursache im Zusammenhang mit Büchern bei einem Literaten stutzig macht – zumal der Schreiber die griechischen Vorbilder gut kannte –, schließt nicht unbedingt aus, dass es nicht doch so gewesen sein könnte. Ausschließen können wir den Tod durch ein Bücherregal aber im Falle des jüdischen Komponisten Alkan. Hier war es wohl ein gusseiserner Garderobenständer in Kombination mit einem Schwächeanfall. Für einen aufgrund seiner Zurückgezogenheit mysteriös wirkenden Klaviervirtuosen, der sich intensiv den Talmudstudien widmete, ein viel zu plumpes Ende. Aber der Tod schreibt selten kreative Geschichten. Die Nachwelt ist darin allerdings häufig sehr geschickt, wie wir im Falle Alkans gesehen haben.

Ein tüchtiger Engländer, vier Päpste und der Beelzebub: Hadrian IV. und die Fliege im Rachen

Als Papst im 12. Jahrhundert hatte man nicht nur viele Aufgaben, sondern auch viele Feinde. Antagonisten wie die muslimischen Herrscher in der Levante oder die orthodoxen Christen des byzantinischen Kaiserreiches trachteten danach, die Macht des römischen Papstes einzudämmen. Aber auch der Kaiser des Heiligen Römischen Reiches und nahezu alle Könige Westeuropas waren mal mehr, mal weniger offen in herzlicher Feindschaft mit dem Papst verbunden. Dass aber ausgerechnet eine Fliege den einzigen Engländer, der jemals den Papstthron bestiegen hatte, zu Fall bringen würde, ist dann doch eine Überraschung.

Um das Jahr 1100 wurde im englischen Hertfordshire Nicholas Breakspear (ca. 1100 – 1159) geboren. Über seine Eltern ist nichts bekannt außer dem Gerücht, dass sein Vater ein Mönch gewesen sein soll. Somit wäre er als illegitimer Sohn eines Klerikers nicht dafür prädestiniert gewesen, im starren mittelalterlichen Gesellschaftssystem ein wie auch immer angenehmes Leben führen zu können. Nur die klerikale Ausbildung versprach ein wenig sozialen Aufstieg. In Klosterschulen wurden die seit dem Ende der Antike als Kanon geltenden *septem artes liberales* – die »Sieben Freien Künste« (Grammatik, Rhetorik, Dialektik, Arithmetik, Geometrie, Astronomie und Musik) – unterrichtet. 1179 sicherte sich gar die Kirche das Lehrmonopol, indem sie die *licentia docendi* erteilte, die »Lehrerlaubnis« (Koch, 2008, S. 19 f.). Der junge Nicholas ging nach Frankreich, unter anderem nach Arles und Avignon, um zu studieren (Duchesne, S. 388). Im Prinzip führte kein Weg an einem klerikalen Werdegang vorbei, wenn man sich zu Höherem berufen fühlte. Und schon gar nicht, wenn man wie Nicholas Breakspear aus prekären oder illegitimen Verhältnissen stammte. Doch nicht jeder, der sich einer kirchlichen Ausbildung widmet, wird gleich Papst. Dazu bedarf es mehr, zum Beispiel der Aufmerksamkeit eines aktuellen Papstes.

Während seiner Studienreisen kam Breakspear mehrmals nach Rom. Hier fiel er Papst Eugen III. (ca. 1080 – 1153) auf, der ihn mit einigen diplomatischen Aufträgen ausstattete. Seine Beredsamkeit und sein gutes Aussehen gingen mit der Anglophilie des amtierenden Papstes eine für ihn günstige Verbindung ein. Papst Eugen III. soll gesagt haben, die Engländer »seien wunderbar imstande, alles, was sie in die Hand nähmen, zum guten Ende zu bringen, es sei denn, [...] ihr Leichtsinn behielte die Oberhand« (Norwich, S. 163 f.). Wie zum Beweis dieser steilen These wurde Nicholas Breakspear 1149 zum Bischof von Albano ernannt. Und sogleich erwarb er sich den Ruf, sehr streng auf Disziplin zu achten. Als Höhepunkt seines Werdegangs vor dem Papsttum kann wohl seine Arbeit als päpstlicher Legat in Skandinavien gelten. Er reorganisierte die Kirche in Norwegen und wirkte auch in Schweden, wo er beim Volk sehr beliebt war (Koch, 1950, S. 148 f.). Nach zwei Jahren gelangte er wieder zurück nach Rom, wo kurz zuvor Papst Anastasius IV. (ca. 1073 – 1154) verstorben war. Das Konklave sah es als notwendig an, den tatkräftigen und manchmal etwas ungestümen Engländer zum Papst zu wählen. Für die Situation, in der sich der Heilige Stuhl befand, war es eine gute Wahl.

Doch für Hadrian IV. selbst war es kein einfaches Erbe, das er am 4. Dezember 1154 antrat. Auch wenn das Pontifikat des Anastasius sich durch eine gewisse Ausgeglichenheit ausgezeichnet hatte, zeigte es vor allem aufgrund seiner Kürze, dass vieles noch im Argen lag. Während des Pontifikates Papst Eugens III. hatte sich Rom zur Republik erklärt und stand jedwedem Kaiser- oder Papsttum mehr als kritisch gegenüber. Ein Zustand, den natürlich weder Papst noch Kaiser (in spe) gutheißen konnten. Doch das waren noch nicht alle problematischen Altlasten, die Hadrian IV. zu bewältigen hatte. Von Papst Eugen III. hatte er auch die Vereinbarung geerbt, den Stauferkönig Friedrich Barbarossa in Rom zum Kaiser zu krönen. Als der Staufer immer näher an Rom heranrückte und damit eine persönliche Begegnung unmittelbar bevorstand, wurden die diplomatischen Gesandtschaften intensiviert. Es war klar, dass jeder Schritt, jede Geste machtpolitisch aufgeladen war und damit größte Bedeutung hatte.

Zunächst zeigte Friedrich Barbarossa seinen guten Willen, indem er dem Papst den Häretiker Arnold von Brescia (ca. 1090 – 1155) aushändigte. Dieser hatte sich mit der Kurie überworfen und die römischen Bürger auf seine Seite ziehen können. Unter Papst Anastasius konnte Arnold nahezu ungeschoren schalten und walten, da sich der Papst recht taub gegenüber seinen Worten zeigte. Hadrian aber war aus anderem Holz geschnitzt. Er ließ es auf eine Konfrontation ankommen. Mehr noch – er belegte die Stadt Rom 1155, nach dem Überfall auf Kardinal Guido von St. Pudenziana durch Arnolds Leute, sogar mit einem Bann (Norwich, S. 165). Dies war äußerst kühn für einen neuen und fremdländischen Papst. Alle Kirchen waren geschlossen und alle Zeremonien und Sakramente blieben verboten; mit Ausnahme von Kindstaufen und Sterbesakramenten. Kurz vor Ostern 1155 war die Stadt Rom liturgisch lahmgelegt. In einer Zeit, in der die Religion alles bedeutete, hielten die Stadtrömer diesen Zustand nicht lange durch. Sie zogen auf das Kapitol und baten um Vergebung, während Arnold von Brescia mit seinen Anhängern verjagt wurde. In dieser kurzen republikanischen Zeit Roms war Arnold eine Art Galionsfigur. Ganz unchristlich wurde er nun nach seiner Auslieferung von Papstgetreuen rasch gehängt, seine Leiche verbrannt und die Asche im Tiber verstreut. Ob dieses »Gastgeschenk« ausschlaggebend dafür war, dass der Papst einem Treffen mit Friedrich Barbarossa unweit von Sutri zustimmte, kann abschließend nicht gesagt werden. Jedenfalls war das Misstrauen noch immens und eine wichtige Frage noch nicht geklärt: Leistete der Kaiser in spe den Strator- und Marschalldienst?

Diese symbolisch stark aufgeladene Handlung stammte aus dem antiken römischen Militärdienst, wo ein Reitknecht sich um das Pferd des Ritters zu kümmern hatte. Im Mittelalter wurde daraus ein Ritual, das die Rangfolge für alle augenscheinlich machte. Der Strator- und Marschalldienst beinhaltete das Führen des Reittieres mit der höhergestellten Person über eine gewisse Wegstrecke zu Fuß. Friedrich Barbarossa war nach langen Verhandlungen bereit, den Dienst in verkürzter Form zu leisten (Opll, S. 50 f.). Mindestens genauso ernüchternd für alle Beteiligten war die anschließende Kaiserkrönung im alten Petersdom am 18. Juni 1154. Nur mit einer militärischen Absicherung war es möglich, die Zeremonie zu vollziehen. Bei den anschließenden Kämpfen gegen die Stadtrömer behielten die Kaiserlichen zwar die Oberhand, jedoch forderte der römische Sommer seinen Tribut. So musste Kaiser Barbarossa seine Truppen aus Rom verlegen, damit es ihm nicht wie einst Kaiser Otto II. (955–983) erging. Die malariaverseuchten Sumpfgebiete der Ewigen Stadt waren im Sommer besonders gefährlich und kosteten immer wieder Menschenleben. Friedrich Barbarossa, der dem Papst zugesichert hatte, weiter nach Süden zu ziehen, um mit byzantinischen Streitkräften gemeinsam gegen das normannische Königreich Sizilien zu kämpfen, brach dieses Vorhaben auf Druck seiner Ritter ab. Damit zerfielen das Bündnis mit Byzanz und die einigermaßen gute Beziehung zum Papsttum.

Papst Hadrian IV. stand nun allein da. Er hatte es mit einem Kaiser zu tun, der sich nicht an sein Versprechen hielt, und mit einem benachbarten byzantinischen Kaiserreich, dem man seit 100 Jahren durch ein Schisma entfremdet war. Im Süden befand sich ein Königreich, dessen Aufstieg jedem Herrscher um das Mittelmeer ein Dorn im Auge war und das sich mit dem Papst aufgrund territorialer Konflikte in stetigen Auseinandersetzungen befand. Und nun konnte er keinen Fuß mehr nach Rom setzen, sondern musste sich nach Benevent zurückziehen. Was sollte er tun? Er hatte nur eine Option: ein Bündnis mit den ungeliebten Normannen im Süden eingehen. Dort herrschte seit 1154 König Wilhelm I. (1122 –

1166) und war bemüht, seine Macht zu sichern und zu legitimieren. Dieser suchte ebenfalls dringend Verbündete. Nur sukzessive hatte er seinen Thron gegen eine Allianz normannischer Aufständischer und griechischer Truppen behaupten können. Nun wandte sich Wilhelm I. nach Norden, wo der Papst ihn recht einsam in Benevent erwartete (Houben, S. 105).

Hauptbestandteil des Vertrages von Benevent war die Anerkennung des normannischen Königreiches durch den Papst. Damit endete ein de facto über 100 Jahre währender Kampf der Kurie gegen die eingewanderten Emporkömmlinge in Süditalien und Sizilien. Aus Feinden wurden Verbündete. Das war für die beiden Kaiserreiche ein Schock. Nicht mehr der vom Papst gekrönte Kaiser war die Schutzmacht des Thrones Petri, sondern ein normannischer Parvenü ohne besondere dynastische Legitimität. Dies war eine immense Belastung für die fragile Balance zwischen Imperium und Sacerdotium – also zwischen dem weltlichen und dem geistlichen Arm des Heiligen Römischen Reiches. Seit dem berühmten Gang von Canossa 1077 und dem Wormser Konkordat 1122 war dieser Konflikt leidlich beigelegt.

Nunmehr brach der Zwist, wem die oberste Macht zukam, wieder offen aus. Am 6. Oktober 1157 kam es darüber in Besançon zu einem Eklat. Bei der Verlesung und Übersetzung eines päpstlichen Schreibens durch den kaiserlichen Kanzler Rainald von Dassel (ca. 1115 – 1167) gab dieser das lateinische Wort *beneficia* mit dem nicht unproblematischen Wort »Lehen« wieder (Oppl, S. 57 f.). Der Satz suggerierte auf diese Weise, dass Papst Hadrian IV. dem Kaiser nicht nur »Wohltaten«, »Auszeichnungen« oder ähnliches übertragen wolle, wie man das Wort auch übersetzen könnte, sondern ihn in einer Lehnsabhängigkeit sah. *Benefica* wurde in der damaligen Amtssprache eben auch dafür benutzt. War es also eine gezielte Provokation oder nur ein Missverständnis? Jedenfalls war es zu viel für einige Anwesende, und der Pfalzgraf Otto von Wittelsbach (ca. 1117 – 1183) konnte nur mit größter Mühe davon abgehalten werden, die päpstlichen Gesandten mit seinem Schwert zu durchbohren. Die Kardinäle wurden zwar unversehrt nach Rom zurückgeschickt, doch der Bruch war nun offensichtlich.

Im Sommer 1158 überschritt Friedrich Barbarossa die Alpen, um bei den norditalienischen Städten in seinem Sinne für Ordnung zu sorgen. Im Süden und in Rom war es klar, dass der Staufer nicht im Norden bleiben würde, wenn er dort fertig war. Vielmehr befürchtete man sogar einen Feldzug gegen Rom. Überall in Italien sammelten sich die Gegner des Kaisers und fanden in dem päpstlich-normannischen Bündnis ein Sammelbecken ihrer Empörung. Aber das Tischtuch mit dem Kaiser vollends zerschneiden, das konnte der Papst wirklich nicht. Er musste zwischen dem südlichen Nachbarn und dem nördlichen, der sich derweil die lombardischen Städte gefügig machte, balancieren. Gerade der Vertrag von Benevent war deshalb selbst unter den Kardinälen nicht unumstritten (Schimmelpfennig, S. 174).

So waren die letzten Tage des englischen Papstes Hadrian IV. voller Kummer, Mühsal und Anfeindungen. Letztlich bemühte er sich, dem Kaiser die Stirn zu bieten, wie es einst Gregor VII. (ca. 1025 – 1085) gegenüber Heinrich IV. im Investiturstreit getan hatte. Ob aber der mächtige Stauferkaiser sprichwörtlich nach Canossa gehen würde, war zu bezweifeln. Dennoch bereitete Papst Hadrian IV. die Bannung Kaiser Friedrichs I. Barbarossa im Sommer 1159 vor (Hampe, S. 250).

Seine Pläne wurden durch den Tod vereitelt, der den Papst in einer höchst angespannten Situation ereilte. Auch körperlich hatte der vorausgehende Kampf bei dem Engländer seine Spuren hinterlassen. So gestand Papst Hadrian seinem Freund und Chronisten Johannes von Salisbury (ca. 1115 – 1180), dass er sich manchmal wünschte, England niemals verlassen zu haben (Norwich, S. 192).

Im Sommer 1159 verließ der Papst aus Sicherheitsgründen Rom (Duchesne, S. 397). Nachdem er »in Anagni die Exkommunikation gegen den Kaiser androhte,« machte er sich »einige Tage später [...] mit seinen Begleitern auf den Weg zu einem bestimmten Brunnen, um sich zu erfrischen. Er nahm einen großen Schluck und sofort drang eine Fliege in seinen Mund und klebte in seiner Kehle fest. Diese konnte von keinem Gerät der Ärzte entfernt werden, infolgedessen starb der Papst« (Chronicon Urspergensis, S. 352, Übers. d. Autors). Papst Hadrian IV. starb am 1. September 1159 und wurde am 4. September 1159 in der Krypta von St. Peter zur Ruhe gebettet (Norwich, S. 240).

Auffällig an der Schilderung des Chronisten Burchard von Ursberg (ca. 1177 – ca. 1230) ist der vorangestellte Satz, der aus dem Psalm 108:28 entlehnt ist: *Qui insurgunt in me, confundantur* – »Wer gegen mich ist, wird verwirrt werden« –, das mit dem anschließenden *factum est* eine scheinbare Folgerichtigkeit des Todes suggeriert. Wer so handelte, indem er den äußerst ungeliebten Vertrag von Benevent abschloss, der die »heilige« Allianz zwischen Kaiser und Papst derart aus der Balance brachte, musste zur Strafe sterben, auch wenn er ein Papst war. Da wir antiken und mittelalterlichen Chronisten zunächst mit einer gehörigen Portion Skepsis begegnen, macht uns diese Einleitung stutzig. Eine göttliche und tödliche Strafe für einen Papst? Diese musste außergewöhnlich und damit aufsehenerregend sein. War denn nicht der Teufel der Herr der Fliegen? »Beelzebub« heißt aus dem Hebräischen übersetzt eben »Herr der Fliegen«. Damit hatte also Satan den Papst bestraft, womöglich mit der Duldung Gottes.

Die moderne Forschung geht jedoch eher von einem Peritonsillarabszess infolge einer eitrigen Mandelentzündung (Curtin, S. 23) oder schlichtweg von einem Herzinfarkt (Norwich, S. 192) aus. Beides in Kombination ist natürlich auch nicht ausgeschlossen, vor allem dann nicht, wenn es sich bei der Person um einen älteren gestressten Mann handelte. Aber was ist mit der Fliege? Konnte diese vielleicht doch zum Tode geführt haben? Ob von Satan gelenkt oder nicht, sei dahingestellt. Lange glaubte man das. Noch im 16. Jahrhundert schrieb der englische Schriftsteller John Foxe (1517–1587), dass Hadrian an einer verschluckten Fliege starb (»Adrian finally excommunicated Frederick, and later died by choking on a fly«, Oliver, S. 392).

Auch hier werden wir die Wahrheit nicht mehr herausfinden. Beim Öffnen des päpstlichen Grabes infolge der Umbauarbeiten von St. Peter im Jahre 1607 fand man den Körper nahezu unversehrt (Norwich, S. 192), kam aber nicht auf die Idee, ihn zu untersuchen. Mit den damaligen medizinischen Möglichkeiten wäre die Suche nach verwertbaren Ergebnissen zur wirklichen Todesursache schwierig gewesen. Vielleicht hätte man aber auch tatsächlich eine Fliege in seinem Gaumen gefunden – wer weiß?

Hadrian IV. hat viele seiner Vorgänger und Nachfolger vor allem im 12. Jahrhundert durch seine entschlossene Persönlichkeit übertroffen. Wahrscheinlich hat ihm der unentwegte Kampf um die Macht der Kurie sogar gegen die Stadt Rom letztlich zu stark zugesetzt, sodass er geschwächt an einem Herzinfarkt starb. Und sollte der Beelzebub wirklich eine Fliege geschickt haben, so würde die Kurie dies wohl verschweigen.

Einige hohe Adlige, ein Hoftag und ein Abort: Heinrich VI. und der Erfurter Latrinensturz

Das Fest des heiligen Jakob (Jakobi) fällt im katholischen Westen seit dem 8. Jahrhundert auf den 25. Juli. Dem beliebten Jünger Jesu ist nicht nur dieser Tag geweiht, sondern der wahrscheinlich berühmteste Pilgerweg, der zu seinem angeblichen Grab in der Kathedrale von Santiago de Compostela in Spanien führt. Damit zählt er zu den beliebtesten Heiligen in Spanien und ihm wurde besonders im Mittelalter nachgesagt, den spanischen Herrschern hier und da geholfen zu haben, eine prekäre militärische Lage zu meistern. Heutzutage bringt er mit den Pilgern eine nicht zu verachtende wirtschaftliche Hilfe ins Land. Doch König Heinrich, dem späteren Kaiser Heinrich VI. (1165 – 1197) war am Jakobstag 1184 nicht nach Pilgern zumute. Zumindest nicht, wie es auf dem Jakobsweg üblich war. Auch die Richtung war eine gänzlich andere. Er wollte nach Polen ziehen und hielt auf dem Weg in den Osten einen Hoftag in Erfurt ab (Csendes, S. 58). Königliche Routine, die in diesem Fall tragisch endete; gewissermaßen noch mehr als nur ein Griff ins Klo wurde. Aber der Reihe nach …

An Pfingsten 1184 hatte Heinrich zusammen mit seinem Bruder Friedrich (1167 – 1191) beim berühmten Hoftag zu Mainz die Schwertleite empfangen. Es war ein in den deutschen Ländern noch nie dagewesenes Fest, das noch lange besungen werden sollte. Gemeinhin gilt es als die Demonstration des staufischen Glanzes und als Beispiel höfischer Kultur. Mittelpunkt der Festlichkeiten war die Schwertleite der Kaisersöhne. Mit diesem Ritus, der später vom Ritterschlag verdrängt werden sollte, wurden die Barbarossa-

Söhne in die Welt der adligen Männer aufgenommen und damit mündig. Als erste Amtshandlung eines nun vor allen Augen des Reiches in den Ritterstand aufgenommenen Königs wollte Heinrich dem polnischen Großherzog Mieszko III. (1126 – 1202) Waffenhilfe gegen dessen Bruder leisten (Oppl, S. 139 f.). Die weitreichenden Ambitionen der Staufer, die sich vor allem nach dem Süden und dem Heiligen Land richteten, machten ein befriedetes und verbündetes Polen an der Ostgrenze notwendig. Auf dem Weg zu Mieszko sollte der junge König noch einen Streit zwischen dem Erzbischof von Mainz und dem Landgrafen von Thüringen schlichten, die beide mit ihrer Territorialpolitik aneinandergeraten waren. Dabei ging es auch um die grundlegende Frage, ob die Geistlichkeit oder die weltliche Macht in der Stadt und der Umgebung das Sagen haben sollte. Hier konnte der designierte Nachfolger des kaiserlichen Vaters zeigen, ob er das Spiel der Diplomatie beherrschte. Versammlungsort war Erfurt. Auf dem Hoftag an Jakobi konnte Heinrich mit großer Mühe den Streit schlichten und guter Dinge die weitere Reise planen. Am folgenden Tag, dem 26. Juli, versammelte sich eine große Zahl von Fürsten im Haus des Propstes der St. Marienkirche, um weitere Angelegenheiten zu besprechen (ebd.).

Bereits 1184 handelte es sich bei dem erwähnten Bauwerk um ein recht altes Gebäude, bei dem nicht klar ist, inwiefern bestimmte Bausubstanzen aus dem 8. Jahrhundert stammen oder beim Bau des Domes Mitte des 12. Jahrhunderts erneuert wurden. Wie der Zustand der Propstei im Juli 1184 war, kann natürlich nicht mehr vollständig geklärt werden, jedoch ist an den erhaltenen Ruinen zu erkennen, dass die Balkenlager wenig Tiefe besaßen (vgl. Csendes, S. 59). Gerieten die Deckenbalken in Schwingung oder wurden zu stark belastet, konnten diese leicht ausbrechen. Auch die Qualität des Holzes ist unbekannt. Bauvorschriften, Qualitätskontrollen oder ähnliches wird es – wenn überhaupt – nur in bescheidenem Ausmaß gegeben haben. Immerhin kam es bereits 1045 auf der Burg Persenbeug in Österreich zu einem Unglück, bei dem der Boden des Rittersaales einbrach. Der anwesende König Heinrich III. wurde dabei verletzt, überlebte aber im Gegensatz zu einigen hohen Adligen, wie dem Bischof Bruno von Würzburg (ca. 1005 – 1045). Die Verunglückten sollen in eine darunter gelegene Badestube gestürzt sein (Schicht, o. J.).

Auch 140 Jahre später in der Propstei in Erfurt sollte es zu einem Unglück kommen, bei dem die Anwesenden in ein Untergeschoss stürzten, dessen Funktion aber eine andere war als in Persenbeug. Das Gebäude konnte nämlich mit einer Neuerung aufwarten. Musste man bisher sein Geschäft aus einem Erker in der Gebäudemauer heraus zu erledigen, war in der Erfurter Propstei allem Anschein nach die Abortgrube unter dem Fußboden angelegt. Gerade die Lage des Domes mitten in der Stadt machte es für die Umgebung höchst unangenehm, wenn der Unrat auf die Straße fiel. Zwischen den Häusern war bis dato ein schmaler Zwischenraum, der sich mit der Zeit füllte, bis ein Regenguss diesen säuberte, sofern sich keine menschliche Hand erbarmte. Von daher waren die unterirdisch angelegten Gruben ein Vorteil. Dies war allemal besser, als die Umgebung um den Dom herum zu verunreinigen. Zumindest für die Anwohner, während die Bewohner des Hauses das Problem hatten, wie die Gruben zu leeren seien. Unterirdische Ableitsysteme aus den Latrinen sind erst für das 15. Jahrhundert belegt (vgl. Fuhrmann 2006, S. 111). In der Dompropstei dürfte es für die Entsorgung Personal gegeben haben, zumal bei Veranstaltungen, wie eben am Jakobstag 1184, die Grube einigen Zuspruch erfahren haben dürfte.

König Heinrich VI. saß also mit dem Erzbischof Konrad von Mainz (ca. 1130 – 1200) und seinem Kanzler Gottfried in einer Fensternische beim Gespräch. Plötzlich gab der Boden unter ihnen nach. Die Chronik zu Erfurt gibt an: »Als er, bemüht den Frieden zwischen denselben herzustellen, von Vielen umgeben in einer Oberstube zu Rath saß, brach plötzlich das Gebäude zusammen und Viele stürzten in die darunter befindliche Abtrittsgrube, deren einige mit Mühe gerettet wurden, während andere im Morast erstickten« (Chronik von St. Peter zu Erfurt für das Jahr 1184).

Etwas drastischer, im Kern aber gleich, schildern die *Pegauer Annalen* den Sturz in die »stinkende Senkgrube« (Annales Pegaviensis, S. 265, Übers. d. Autors). In dieser erstickten um die 60 Personen oder wurden von herunterfallenden Trümmerteilen erschlagen. Unter ihnen waren viele ranghohe Adlige, wie Graf Friedrich II. von Abenberg (ca. 1145 – 1184), Graf Heinrich von Schwarzburg (ca. 1130 – 1184), Graf Gozmar III. von Ziegenhain (ca. 1130 – 1184) und dessen Schwiegersohn Graf Friedrich I. von Kirchberg (ca. 1155 – 1184). Der Landgraf Ludwig III. (ca. 1151 – 1190), der mit dem Mainzer Erzbischof in Streit lag, überlebte das Unglück. Dabei ist nicht ganz klar, ob er sich mit Heinrich VI. und Konrad von Mainz in der Fensternische befand, oder ob er aus der Latrine gerettet wurde. Beide Varianten lassen sich in den Quellen zum Unglück finden.

Mindestens zu dritt klammerten sich an jenem 26. Juli 1184 Heinrich VI., Konrad von Mainz und der Kanzler Gottfried verzweifelt in der Fensternische fest, bis endlich Hilfe kam. Mit einer Leiter konnte man den jungen König samt Erzbischof und Kanzler aus seiner lebensgefährlichen Lage befreien. Ihnen blieb das Schicksal erspart, in den Fäkalien der Dompropstei zu ersticken. Wie sehr diese Tragödie bei den Zeitgenossen nachwirkte, beweist Bischof Martin von Meißen († 1190), der bei der Datierung einer Urkunde ausführlich auf dieses Ereignis eingeht (Toeche, S. 33). Viele Annalen (Jahresberichte der Klöster) berichten darüber. Leider ist nicht überliefert, wie der spätere Kaiser Heinrich VI. dieses Unglück verarbeitet hatte. Immerhin soll er die Stadt ziemlich schnell verlassen haben. Der Gedanke daran, in einer Jauchegrube sein Leben auszuhauchen, könnte bei ihm durchaus Albträume verursacht haben.

Ein feister Markgraf, ein mäßig begabter Chirurg und ein Kreuzzug: Wer schön sein will, muss sterben? – Dedo III.

Bestimmt hat sich jeder schon einmal im Spiegel angeschaut und war mit seinem Erscheinungsbild nicht zufrieden. Das scheint eine menschliche Eigenart zu sein, die hin und wieder auch beim Selbstbewusstesten durchbricht. Dabei spielt das Geschlecht keine, das Alter nur eine marginale Rolle. Deshalb verwundert es nicht, dass wir von Anbeginn der Menschheit an das Bestreben feststellen können, den menschlichen Körper zu optimieren oder ihn einem jeweiligen Ideal anzugleichen. Die Bemühungen der Ärzte und Schamanen verfolgten dabei zumeist gesundheitliche Absichten. Aber auch das gehört zum »Ideal« des Körpers, dem der Mensch nachjagt.

Bereits 11 000 Jahre vor Christi Geburt versuchte der Mensch durch Trepanation, also dem Bohren von Löchern in den Schädel, einen wie auch immer gearteten Zustand zu verbessern oder zu lindern. Die vernarbten Ränder der gefundenen Schädel zeigen, dass Patienten die Prozedur überlebten (Rutkow, S. 1119). Von da an gingen medizinische und ästhetische Eingriffe oftmals Hand in Hand. So wurden fehlende Gliedmaßen bereits bei den Alten Ägyptern ersetzt, und um die Zeitenwende war es unter hellenisierten Juden im Römischen Reich Mode, sich die Vorhaut wiederherstellen zu lassen. Dieser sog. *Epispasmos* wird im *Ersten Buch Makkabäer* (1,15) als Abfall vom Bund getadelt. Also gab es ebenfalls eine religiöse Dimension des medizinischen Eingriffs.

Bei der Wiederherstellung eines ursprünglichen Zustands wurde besonders die Gesichtspartie wichtig, da man diese zuerst erblickt.

Wenn man dann noch ein Kaiser war, durfte dort nichts von der Norm abweichen und schon gar nicht fehlen. Deswegen konnte man Thronanwärter oder -inhaber für dieses Amt unmöglich machen, indem man ihnen in dieser Region augenscheinlichsten Schaden zufügte. Dem byzantinischen Kaiser Justinian II. (ca. 668 – 711) hatte man nach zehnjähriger Herrschaft die Nase abgeschnitten. Damit wollte man verhindern, dass er jemals wieder den Thron besteigen konnte, denn zuvor hatte der Herrscher ein makelloses Erscheinungsbild abgegeben. Eine fehlende Nase war das genaue Gegenteil davon. Doch Justinian II. erkämpfte sich nicht nur seinen Thron zurück, sondern ließ sich auch eine künstliche Nase aus Gold anfertigen, die er von Zeit zu Zeit abnehmen konnte, um die sich darin sammelnden Sekrete zu entleeren. Das brachte ihm in der Geschichtsschreibung den Beinamen *Rhinotmetos* ein, der »mit der abgeschnittenen Nase« (Ostrogorsky, S. 110).

In unserem Beispiel geht es jedoch um keine Nase oder Vorhaut, sondern um zu viel Fett, das sich um Hüfte und Bauch ansammelte. Dies kann nicht nur manchmal nicht gut aussehen, sondern stört auch bei den Verrichtungen, die ein mittelalterlicher Fürst so betreibt: Reiten und Kämpfen, Letzteres am liebsten gegen Muslime. Gelegenheit dazu hatte man bei den Kreuzzügen, die jedoch damals nicht so genannt wurden. Zu diesen »Heerfahrten« oder »Pilgerreisen« lud gemeinhin der König oder Kaiser ein, und solch eine Einladung schlug man nicht aus. Dementsprechend war der Graf von Wettin und spätere Markgraf der Lausitz Dedo III. (ca. 1142 – 1190) ein recht vorbildlicher Vasall. Denn er war mehrere Male mit Kaiser Friedrich Barbarossa in Italien und wird zusammen mit seinem Bruder als Zeuge im *Frieden von Venedig* 1177 angeführt (Rogge, S. 43). Mit diesem Vertrag war ein langwieriger Konflikt in und um Italien (scheinbar) beigelegt worden und das innerkirchliche Schisma, das 1159 begonnen hatte, beendet. Damit stand Dedo also im Zentrum der Weltpolitik.

Geboren wurde er vor dem Jahr 1142 als Sohn des Markgrafen Konrad von Meißen (ca. 1089 – 1157). Als fünfter Sohn war Dedo nicht unbedingt zum Nachfolger des Vaters prädestiniert und erhielt zunächst die Herrschaft über die Grafschaft Groitzsch. Im Jahr 1156 wurde ihm das Hochstift Naumburg zugesprochen und er nahm zeitgleich seine Italienreisen mit Friedrich Barbarossa auf. Verheiratet war er ab 1159 mit Mechthilde von Heinsberg (ca. 1136 – 1189), einer Schwester des Kölner Erzbischofs Philipp von Heinsberg (ca. 1130 – 1191). Sein Schwager gehörte ebenfalls zu den wichtigsten Gefolgsleuten Kaiser Barbarossas und stand diesem bei der verlorenen Schlacht von Legnano 1176 zur Seite (Opll, S. 118). Diese für die kaiserliche Herrschaft verheerende Niederlage muss Dedo miterlebt haben, da er – wie bereits erwähnt – beim *Frieden von Venedig* im folgenden Jahr nachweislich als Zeuge genannt wird. Seine Rolle bei der Schlacht, nach der Barbarossa einige Tage vermisst wurde, ist nicht sicher zu klären. Dass er die kaiserliche Gunst aber behielt, zeigt uns seine Rolle als Zeuge bei diesem wichtigen Ereignis mit dem Papst.

Im Jahr 1185 starb Dedos Bruder Dietrich, der Markgraf der Lausitz (geb. ca. 1125), und Kaiser Friedrich I. Barbarossa übertrug Dedo die Markgrafschaft. Das Leben als Markgraf muss ihm gut bekommen sein, denn Dedo nahm an Leibesfülle zu. Mehr noch: Als Heinrich VI., der Sohn Barbarossas, die Gefolgschaft Dedos einforderte, hatte letzterer ein Problem. Er war körperlich schlichtweg nicht in der Lage, die Heerfahrt nach Italien, die als finales Ziel die Eroberung Süditaliens und Siziliens haben sollte, anzutreten. Dem König und Sohn des Kaisers jedoch mit der Begründung der Leibesfülle eine Absage zu erteilen, war auch keine Option. Die Zeit war allem Anschein nach so knapp bemessen – insofern wir dem Markgrafen keine Faulheit unterstellen wollen –, dass ein Abnehmen und Informbringen des Körpers nicht mehr möglich war (Roesler, S. 66). So entschloss Dedo sich zu einem Schritt, der auch heute noch eine gewisse Bequemlichkeit gepaart mit garantiertem Erfolg verspricht: eine Liposuktion. Heute bezeichnen Laien diesen Vorgang als »Fettabsaugen«, jedoch hat es mit »Saugen« im ausgehenden 12. Jahrhundert eher weniger zu tun, wie wir gleich sehen werden.

Zunächst wenden wir uns der Frage zu, ob eine Operation im Bauchbereich zu Zeiten Dedos generell möglich war. Allein schon die Schmerzen, die ein notwendiges Öffnen der Bauchdecke hervorrufen, mussten ein großes Hindernis darstellen. Doch gegen diese gab es bereits seit Jahrhunderten die Möglichkeit der Narkose. Schon im 1. Jahrhundert nach Christi Geburt schildert der griechische Arzt Pedanios Dioskurides die Anwendung des Mandragosaftes als Schlaftrunk für den Patienten: Er »[...] bleibt drei bis vier Stunden völlig empfindungslos, so dass der Patient keinerlei Schmerzen bei der Operation spürt« (zit. n.: Nemes, S. 4 f.). Jene Kunst wurde im östlichen Mittelmeerraum nach dem Untergang des Weströmischen Reiches von den Arabern und Byzantinern verfeinert. Auf der iberischen Halbinsel beschreibt im 10. Jahrhundert der arabische Arzt Abulcasis (936 – 1013) in seinem Werk *at-tasrif* die Schlafschwammnarkose. Diese wurde mit einem in eine bestimmte Flüssigkeit getränkten Schwamm durchgeführt. Der *spongium somniferum* enthielt Opium, Alraunen, Bilsenkraut oder gar Schierling. Wurde er nicht sofort benötigt, trocknete man ihn in der Sonne, womit die narkotische Wirkung für später aufbewahrt wurde. Stand eine Operation an, wurde er wieder mit Wasser getränkt und dem Patienten auf das Gesicht gedrückt. Wahrscheinlich nahm der Patient die Wirkstoffe mit dem Wasser auf, weniger durch Einatmen. So war eine Mehrfachverwendung des Schlafschwammes möglich, auch wenn die Wirkung stetig abnahm. In einer Rezeptsammlung des 9. Jahrhunderts aus Bamberg findet man bereits eine frühere Rezeptur (Codex Bambergiensis L.III.6), bei der ersichtlich wird, dass man auch im deutschsprachigen Raum schon lange vor Dedo Erfahrungen mit der Narkose bei Operationen hatte (Nemes, S. 5). Die Kreuzzüge ab dem Ende des 11. Jahrhunderts, die nicht nur eine einigermaßen blutige Angelegenheit waren, sondern auch einen immensen Wissenstransfer nach Westeuropa bedeuteten, haben prinzipiell zu einer Verbesserung der medizinischen Versorgung beigetragen.

Dennoch blieben Risiken. Vor allem, weil die Zentren der Medizin in Italien lagen und diese den nordeuropäischen Ärzten an

Erfahrung und Wissen weit voraus waren. Insbesondere die Schule in Salerno hatte sich im 11. Jahrhundert einen guten Ruf erworben, und im 12. Jahrhundert gingen im Königreich Sizilien arabische Ärzte, die als die besten der Welt galten, wie selbstverständlich ihren Forschungen nach. Im Herrschaftsgebiet Dedos dürfte die Erfahrung mit Operationen in Vollnarkose überschaubar gewesen sein. Gerade in der Dosierung des Schlafschwammes oder -trunkes lag eine große Gefahr. Das Einschlafen war das kleinste Problem; das Aufwecken hingegen gelang nicht immer. Zur Routine wurde die Narkose auch in Italien erst zu Beginn des 13. Jahrhunderts (ebd.). Und so wie sich die Rezepturen der Narkose unterschieden, unterschied sich auch die Erfolgsquote. Eine Unterdosierung hatte naturgemäß ein hohes Schmerzempfinden zur Folge, während das Gegenteil bleibende Narkoseschäden verursachen konnte. Zum Zweck des Aufwachens gab es den Weckschwamm, der entsprechende Wirkstoffe enthielt, die jedoch an der gleichen Unwägbarkeit wie der Schlafschwamm krankten. Wurde falsch dosiert, erwachte der Patient nie wieder. Gegen 1500 wurde die Schlafschwammnarkose aufgrund dieser Risiken nicht mehr eingesetzt. Zu Dedos Zeit dürfte sie bei geplanten Operationen im Bauchraum unerlässlich gewesen sein. Das führt uns zu den nächsten Problemen: der Wundheilung und der Sauberkeit.

Die *Chronik vom Petersberg* gibt an, dass bei Dedo ein Schnitt in den Bauch zum Entfernen des Bauchfettes erfolgt sei (Chronicon Montis Sereni, S. 163). Das Einschneiden in den Bauchraum öffnet gewissermaßen die Pforte zum Innersten des Menschen, das normalerweise und aus guten Gründen verschlossen bleiben sollte. Denn nun können Bakterien und Keime in diesen höchst sensiblen Bereich eindringen. Die Ärzte Dedos hatten eine gewisse Ahnung davon, was einer guten Wundheilung zuträglich war, und was nicht. Doch sie hatten noch keine Ahnung vom sterilen Arbeiten oder gar von Bakterien und Viren. Erst Mitte des 19. Jahrhunderts entwickelte der ungarndeutsche Chirurg Ignaz Semmelweis (1818 – 1865) Hygienevorschriften, die im Wiener Krankenhaus Anwendung fanden und Leben retteten (Leven, S. 84). Bis dahin war es Glück, ob der behandelnde Arzt saubere Werkzeuge und Hände hatte. Neben Zaubersprüchen und Gebeten gab es Salben und Tinkturen, die dem Glück einer guten Wundheilung im 12. Jahrhundert etwas zuarbeiten konnten. Immerhin hatte man seit dem Römer Marcus Terentius Varro (116–27 v. Chr.) die Vorstellung, dass viele Erkrankungen und Entzündungen »durch Tiere, die so klein sind, dass die Augen sie nicht sehen können, und die durch Mund und Nase und durch die Luft in den Körper gelangen« (Rerum Rusticum libri tres, Liber I, 12, Übers. d. Autors) verursacht werden. Lange konnte man nicht wirkungsvoll gegen diese vorgehen. Erst im 17. Jahrhundert wurden Bakterien das erste Mal beobachtet, und im 19. Jahrhundert brachten die Arbeiten von Louis Pasteur (1822–1895), Joseph Lister (1827–1912) und Robert Koch (1843–1910) die Erforschung und Eindämmung gesundheitsschädlicher Bakterien weit voran. Es dauerte jedoch bis 1928, als Alexander Fleming (1881–1955) mit dem Penicillin durch Zufall ein wirksames Gegenmittel entdeckte. Für Dedo gab es kein Mittel, das einen bakteriellen Befall und eine Entzündung der Operationswunde geheilt hätte.

So starb der Markgraf der Lausitz am 16. August 1190 infolge der Operation, mit der man das Bauchfett wegschneiden wollte. Ob er dabei an einer Über- oder Unterdosierung der Narkose verstarb oder sich die Wunde im Bauchraum entzündete, wissen wir nicht. Die Chronik gibt nur an, dass er infolge des Einschnittes in den Bauch verstarb (Chronicon Montis Sereni, S. 163).

Heutzutage entfernt man Körperfett durch das »Fettabsaugen«, bei dem man mit einer Kanüle ein Gemisch in die entsprechende Region einspritzt, mit der sich das Fett leichter vom Bindegewebe lösen lässt. Dieses wird dann abgesaugt. Dass dieser Vorgang auch nicht ungefährlich ist, zeigt der Fall des ersten Fettabsaugens im Jahre 1928. Der Chirurg Charles Dujarier (1870–1931) wollte einem französischen Model, das seine Beine zu dick wähnte, an besagter Stelle das Fett entfernen. Einen Monat nach dem Eingriff musste ein Bein aufgrund des entstandenen Wundbrandes amputiert werden. Das Model mit Namen Suzanne Geoffre hatte nun statt zweier dicker Beine nur noch ein schlankes (Glicenstein, 1989). Da im gleichen Jahr Fleming seine Entdeckung machte, mit der der Wundbrand hätte wirkungsvoll bekämpft werden können, wurde das französische Model zu einer tragischen Pionierin der Schönheitschirurgie. Ihr mahnendes Beispiel dagegen ist bekanntermaßen verpufft. Auch Markgraf Dedo, dem die Geschichtsschreibung den Beinamen »der Fette« verpasste, ist ein tragischer Held im Kampf um den perfekten Körper. Die Operation, die den Markgrafen wieder fit machen sollte für die Heerfahrt nach Italien, ging gründlich schief. Ihm darf man im Gegensatz zu dem französischen Model aber wenigstens zugutehalten, dass er weniger aus ästhetischen Gründen als vielmehr aus Pflichtgefühl für seinen König und Kaiser in spe gehandelt hatte.

Ein Kaisersohn, eine junge Frau und eine Brustwarze: Ein früher Fall von #metoo! – Konrad II. von Schwaben

Es ist nicht erst eine jüngere Erscheinung, dass sich Söhne berühmter Herrschaften, seien diese Künstler oder Politiker, gerne so einiges herausnehmen. Nicht selten eifern sie dabei ihren Eltern nach oder wollen sich durch besonders unkonventionelles Verhalten von ihnen abgrenzen. Auch kein Geheimnis ist, dass sich jene Rebellion gegen den guten Geschmack oftmals im sexuellen Bereich abspielt. Die Anziehungskraft auf das andere Geschlecht (oder auch dasselbe) wird durch die Nähe zur Macht gesteigert. Im Bannkreis der Herrscher befinden sich stets diejenigen, die vom Versprechen nach einem Teil der Macht angezogen werden wie die sprichwörtlichen Motten vom Licht – die Gefahr sich zu verbrennen inbegriffen. Gerade in der streng hierarchisch gegliederten Gesellschaft des Mittelalters konnte es also nichts Verführerischeres für die Damenwelt geben, als in den Fokus des Fürsten oder seines Sohnes zu geraten. Jene waren sich dessen bewusst und verfuhren oftmals wie selbstverständlich mit der ihnen Dargebotenen. Was ist aber, wenn sich das weibliche Pendant ihnen nicht nur verweigerte, sondern sich gar heftig wehrte?

Einer, der dies mit tödlichen Folgen erfahren musste, war Konrad II., Herzog von Schwaben (1172–1196). Als fünfter Sohn des mächtigen Kaisers Friedrich I. Barbarossa stand er in Sachen Thronfolge nicht in der ersten Reihe. Doch da das Herrschaftsgebiet der Staufer schier grenzenlos schien und beständig erweitert wurde, sollte auch der junge Konrad seinen Machtbereich erhalten.

Bevor wir uns dem Leben Konrads zuwenden, muss zunächst geklärt werden, ob dieser überhaupt ein Konrad war, weil die Namen der Barbarossasöhne einige Verwirrung stifteten. In einer Zeit, in der es keine Taufurkunden gab, von Standesämtern ganz zu schweigen, konnte man gerade in Herrscherfamilien die Namen der Söhne oder Töchter hin und wieder »anpassen«. Damit gemeint ist die Kenntlichmachung einer bestimmten Traditionslinie. In der Familie der Staufer war dies nicht anders. Als Friedrich IV. von Rothenburg (ca. 1144–1167), der Herzog von Schwaben, im August 1167 verstarb, erhielt der älteste Sohn Barbarossas im Alter von drei Jahren das Herzogtum als künftige Herrschaft. Die Zeichen für diesen in der Zählung fünften (V.) Friedrich (1164–1170) standen jedoch schlecht. Das allem Anschein nach kränkliche Kind verstarb bereits früh. Seine Nachfolge trat auch in der Namensgebung der drittälteste Sohn Barbarossas an, der eigentlich ein gebürtiger Konrad war und nun als Friedrich VI. (1167–1191) ebenfalls als Dreijähriger das schwäbische Erbe antrat (Baaken, S. 75). Die Verwirrung ob der Friedriche und Konrads hielt lange an und erst in den 1960er-Jahren konnte die Forschung eindeutig klären, wer Friedrich war und wie viele es wirklich gab (Oppl, S. 105). Das gilt auch für den Namen Konrad, sodass die Geburt unseres Konrads als fünftem Sohn von Friedrich Barbarossa und Beatrix von Burgund (1143–1184) in dieser Hinsicht nicht besonders hilfreich erscheint. Doch unser Konrad ist definitiv ein Konrad und wurde auch später kein Friedrich.

Geboren wurde er im Februar oder März 1172 wahrscheinlich in Worms (Assmann, S. 459). Dafür sprechen nicht nur die zu der Zeit ausgestellten Urkunden, sondern auch die Tatsache, dass sich die Grablege des salischen Herzogs Konrad des Roten (ca. 922 – 955) in Worms befindet. Auf die Salier verwies man als Staufer ganz gerne, da man sich als legitime Nachfolge dieser Herrscherfamilie sah. Die Namensgebung war damit politisches Programm, weshalb die Auswahl – wie dargestellt – verwirrend begrenzt war. Im März hielt Barbarossa in Worms einen Reichstag ab, wo eine abermalige Heerfahrt nach Italien beschlossen wurde. Das Land im Süden sollte auch den neugeborenen Konrad, wie jeden anderen Staufer, zeitlebens beschäftigen.

Bereits unmittelbar nach der Geburt regelte der Vater, der sich mit vier lebenden Söhnen in einer dynastisch glücklichen Situation befand, deren künftige Aufgabenverteilung. Eine im Beisein des Erzbischofs von Magdeburg und des Bischofs Reinhard von Würzburg ausgestellte Urkunde übertrug die Burg Rothenburg im Frühjahr 1172 als Erbe auf Konrad (Schwarzmaier, S. 18). Seine Erziehung und Kinderjahre hat er wahrscheinlich in Würzburg verbracht. Gesichert ist nur, dass er seinen Vater nicht auf seinen Italienzügen in jenen Jahren begleitete. Für das Jahr 1180 ist eine Urkunde des Würzburger Bischofs Reinhard für die Abtei Bronnbach belegt, in der Konrad als Zeuge aufgeführt wird. Es liegt also nahe, dass Bischof Reinhard als Erzieher der beiden *filii imperatoris Otto et Cunradus*, »der Kaisersöhne Otto und Konrad«, so die Urkunde, fungierte. Im Sommer 1183 finden wir Konrad mit seiner Mutter Beatrix in der Grafschaft Burgund, wo er wiederum als Zeuge auf Urkunden Erwähnung findet. Interessanterweise wird ebenfalls ein Erzieher genannt, »magister Manegauldus«, der wohl ein burgundischer Lehrer war. Aber auch ein deutscher Lehrer namens Gunther ist für das Jahr 1188 belegt (ebd.). Als Sohn eines deutschen Vaters und einer romanischen (französischen) Mutter musste der kleine Konrad in beide Kulturkreise eingeführt werden. Dies war in jener Zeit nichts Ungewöhnliches.

Genauso gewöhnlich war für Konrad die Tatsache, dass sich sein Vater bereits früh um eine geeignete Ehefrau für ihn umsah. Natürlich spielte Liebe dabei keine Rolle. Vielmehr standen politische Interessen im Vordergrund, was nichts anders hieß als, dass der staufische Machtbereich durch eine Eheverbindung erweitert werden sollte. Barbarossa selbst hatte sich infolge seiner Hochzeit mit Beatrix die Freigrafschaft Burgund einverleiben können. Dies hatte die Macht des Kaisers immens gesteigert. Sein zweiter Sohn Heinrich wurde mit der rund zehn Jahre älteren Konstanze (1154–1198) verheiratet, der Tochter König Rogers II. von Sizilien (1095–1154).

Damit sollten dem späteren Kaiser Heinrich VI. ungeahnte Möglichkeiten entstehen (Csendes, S. 52).

Auch mit Konrad hatte der Vater ähnlich ehrgeizige Pläne. Im Frühjahr 1188 wurde Konrad zum Herzog von Rothenburg erhoben, genauso wie es kurz nach seiner Geburt geplant worden war. Unmittelbar danach wurde in Seligenstadt ein Ehevertrag mit der ältesten Tochter König Alfons' VIII. von Kastilien (1155–1214) geschlossen (Rassow, S. 59). Diese Eheverbindung mit Berengaria (1180–1246) geschah zu dem Zeitpunkt, als Friedrich Barbarossa in Mainz das Kreuz nahm, um seinen schicksalshaften Kreuzzug vorzubereiten. Dabei sollte ihn nur sein Sohn Friedrich VI. begleiten, während die restlichen Söhne ihre Aufgaben im Reich hatten.

Konrads erste Amtshandlung bestand darin, nach Spanien zu reisen, um die Ehe zu vollziehen. Ende April machte sich der 16-Jährige auf den Weg nach Burgos. Am 24. Juni 1188 hielt König Alfons VIII. in Carrión nahe Burgos einen Hoftag ab, bei dem die vertraglichen Regelungen der Ehe nochmals besprochen wurden. Konrad wurde mit allen Ehren empfangen und vom König zum Ritter geschlagen. Laut Vertrag sollte Berengaria innerhalb zweier Jahre nach Eheschluss mit 42 000 Goldstücken zu Konrad ins Reich reisen (ebd.). Mit dieser Verbindung bestand für die Staufer die Möglichkeit, das spanische Königreich zu erben. Eine Vorstellung, die dem Papst in Rom, Coelestin III. (ca. 1106 – 1198) schlaflose Nächte bereitete. Von daher dürfte ihn die Nachricht erfreut haben, dass Konrad, ohne die Ehe vollzogen zu haben, sich im April 1189 in Hagenau einfand, um seinen Vater und älteren Bruder zum Kreuzzug zu verabschieden. Währenddessen erhielt König Alfons VIII. doch noch den erhofften Thronfolger, sodass die Bereitschaft sank, die ehevertraglichen Verpflichtungen einzuhalten. Konrad war mit seinen 16 Jahren derweil bewusst geworden, dass er in Spanien nur ein Spielball ehrgeiziger Herrscher war, die ihn fallen ließen wie eine heiße Kartoffel, als sich die Machtverhältnisse zu seinen Ungunsten verschoben (Schwarzmaier, S. 27). Inwieweit er menschlich enttäuscht und verbittert zurückkehrte und inwiefern dies zu seiner charakterlichen Entwicklung beitrug, ist natürlich Spekulation. Dennoch dürfte es auf ihn nicht den allerbesten Einfluss gehabt haben.

Die wenigen Quellen, die wir über Konrad haben, schildern seinen Charakter – gelinde gesagt – als äußerst schwierig. Der Chronist Otto von St. Blasien nennt ihn *ferox* (»wild«) mit einer *agrestis natura*, einem »bäurischen Wesen«, das ihn zum Schrecken aller ihm nah oder fern Stehenden werden ließ (Otto von St. Blasien, S. 323). Er galt »als kräftig und wild im Krieg und freigiebig gegenüber seinen Freunden« (Burchardi et Cuonradi, S. 364, Übers. d. Autors). Seine staufischen Brüder wurden in den Quellen ähnlicher Charakterzüge bezichtigt. Auch Friedrich Barbarossa wurde von Zeitgenossen der *furor teutonicus*, »deutsche Raserei«, zugeschrieben (Johannes von Salisbury). Jedoch scheint sich Konrad in einer ganz bestimmten Hinsicht einen Namen gemacht zu haben, den man vielleicht sogar in Beziehung zu seiner enttäuschenden Verlobung sehen kann. Diese wurde um 1191/92 endgültig und mit dem Segen des Papstes aufgelöst. Seine Braut hatte nie den Weg ins Reich angetreten. Damit war auch der Anspruch auf Kastilien erloschen. Nunmehr wurden ihm »Hurerei« und »Ehebruch« nachgesagt (Burchardi et Cuonradi Urspergensium Chronicon, S. 364). Damit konnte nicht der nach heutigen Moralvorstellungen übliche außereheliche Geschlechtsverkehr gemeint sein, da er ja nicht verheiratet war. Generell wurde mit zweierlei Maß gemessen. Eine verheiratete Frau, die sich mit einem Fremden einließ, galt als Ehebrecherin, während ein Mann im gleichen Fall nur der Unzucht bezichtigt wurde (Shahar, S. 113). Bei einem Kaisersohn und ab 1191 Herzog von Schwaben dürfte die Beurteilung noch wohlwollender ausgefallen sein. Von daher müssen uns die Urteile über Konrad besonders hart vorkommen. Dennoch scheint eine Sache bestätigt. Im Umgang mit dem weiblichen Geschlecht war er äußerst rücksichtslos und schien die Frauen oftmals als Freiwild zu betrachten.

Mit seinem Bruder Heinrich zog er 1191 nach Italien, wo dieser nach dem Tod des Vaters zum Kaiser gekrönt wurde. Da im gleichen

Jahr auch sein Bruder Friedrich VI., der Herzog von Schwaben, vor Akkon gestorben war, übertrug Kaiser Heinrich VI. das Herzogtum Schwaben am Wormser Pfingsthoftag 1192 auf Konrad. Zuvor hatte er die Schwertleite erhalten (Csendes, S. 131). Darüber hinaus erhielt er noch den welfischen Besitz in Bayern und Schwaben und war damit nach dem kaiserlichen Bruder zweitmächtigster Mann im Reich, konnte also beim Tode Heinrichs dessen Nachfolge als König und Kaiser antreten. Als solcher stand er treu zur staufischen Sache und war bestrebt, die Macht der Dynastie zu mehren. Deswegen geriet Herzog Berthold V. von Zähringen (ca. 1160 – 1218) in den Fokus des jungen Staufers.

Während sein Bruder als Kaiser Heinrich VI. nach dem Tod des Vaters die Dinge in Italien 1194/95 im staufischen Sinne regelte, blieb Konrad im Norden. Er muss dabei den Auftrag bekommen haben, einen Kriegszug gegen den Zähringer Berthold V. durchzuführen. Erst 1196 war Konrad bereit und zog mit einem beträchtlichen Heer nach Durlach, das seit einiger Zeit in staufischem Besitz war. Hier wurde ihm im Alter von nur 24 Jahren am 15. August 1196 seine (kriminelle) Leidenschaft zum Verhängnis. Beim Versuch, eine verheiratete junge Frau zu vergewaltigen, wurde er vom Ehemann oder der Frau selbst erschlagen. So die Version des Chronisten Burchards von Ursberg (Burchardi et Cuonradi, S. 364). Dagegen schmückt der Chronist Konrad von Scheiern diese Episode etwas stärker aus (Chounradi Schirensis, S. 631). Hier fehlt der Ehemann, stattdessen wehrt sich die Frau heftig, indem sie dem Vergewaltiger in die linke Brustwarze beißt. Danach bildete sich an dieser Stelle eine »anschwellende schwarze Blase« (*vesica crescente nigra*, ebd.), die ursächlich für den Tod des jungen Herzogs drei Tage später gewesen sei. Ob nun das Schwert oder der Biss der Frau Konrad dahinraffte, werden wir nicht mit Sicherheit klären können. Die Ursache für seinen Tod bildete jedoch die charakterliche Eigenschaft, anzunehmen, man dürfe sich als Spross des mächtigsten Herrschers nehmen, was man wolle. Dies muss so auffällig gewesen sein, dass es selbst im nicht zimperlichen Mittelalter so große Aufregung verursachte, dass die Chronisten nicht umhinkamen, den Tod besonders unehrenhaft zu schildern. Fortan verlor auch kein Staufer mehr auch nur ein schriftliches Wort über Konrad, nur sein Bruder Philipp (1177–1208) gedachte seiner in einer späteren Stiftungsurkunde (Schwarzmaier, S. 35). Jedoch fehlte hier der sonst übliche Hinweis auf eine Stiftung zugunsten von Konrads Seelenheil.

Dass nur ein Jahr nach Konrad sein Bruder Kaiser Heinrich VI. verstarb, machte die Sache dynastisch gesehen noch dramatischer. Die auf Barbarossas Söhnen basierende Ordnung der staufischen Herrschaft war in wenigen Jahren im wahrsten Sinne des Wortes gestorben. Hätte Konrad sein Laster stärker im Griff gehabt, er wäre mit 25 Jahren zum mächtigsten Herrscher des damaligen Europas aufgestiegen. Oder er hätte nur lernen müssen, dass ein Nein auch Nein bedeutet. Diese Lektion hatten seine Erzieher ihm allem Anschein nach nicht nahebringen können. So aber ging die sexuelle Belästigung einer im Rang unter ihm stehenden jungen Frau tödlich für ihn aus.

Wie die Frau nach dieser für sie schockierenden Erfahrung weiterlebte, ist nicht dokumentiert. Wurde sie zur lokalen Heldin einer kleinen feministischen Bewegung? Das dürfte für damals zu weit gegriffen sein, doch in unserer heutigen Zeit wäre sie mit der Reichweite der Sozialen Medien zweifellos zu einer Gallionsfigur der #metoo-Bewegung geworden. Und die immer noch sehr mächtige Familie der Staufer hätte ein gewaltiges Imageproblem bekommen. So aber konnte der Neffe Konrads, Kaiser Friedrich II. (1194–1250) die Staufer als *stupor mundi*, »Staunen der Welt«, nochmals zu großem Ansehen führen.

Ein König von Jerusalem, ein kleingewachsener Hofnarr und ein Fenster zum Hof: Warum Zwerge schlechte Bodyguards sind – Heinrich II. von Champagne

Hofzwerge waren bei Herrschern in vielen Epochen sehr beliebt. Bereits bei den Alten Ägyptern finden wir diese. Sie hatten nicht nur die Aufgabe, den Pharao zu belustigen, sondern hatten nicht selten sehr machtvolle Positionen inne. So ist uns beispielsweise der Zwerg Seneb bekannt, der um 2500 v. Chr. lebte und Vorsteher aller Priester und Aufseher über die Garderobe des Herrschers war. Im Gefolge der Götter befanden sich ebenfalls Zwerge, wie bei Neith und Bastet. Und auch reiche Privatleute wollten sich mit Kleinwüchsigen schmücken und konnten damit sogar den Neid des Pharaos hervorrufen, wie der Brief Pepis I. (reg. 2295 – 2250 v. Chr.) zeigt: »Meine Majestät wünscht diesen Zwerg zu sehen, mehr als Gaben des Sinai oder Punts« (zit. n.: Kubisch, S. 146). So finden wir in nahezu allen Kulturen Hofzwerge, männliche wie weibliche, die verschiedene Ämter bekleideten. Dass aber ein kleinwüchsiger Mensch nicht unbedingt dazu taugt, einen König vor einem Fenstersturz zu bewahren, zeigt das Schicksal Heinrichs II. von Champagne (1166–1197), seines Zeichens König von Jerusalem.

Er wurde am 29. Juli 1166 als ältester Sohn Graf Heinrichs I. von Champagne (1126–1181) geboren. Seine Mutter war Marie (1145–1198), die Tochter König Ludwigs VII. (1120–1180) und Eleonores von Aquitanien (ca. 1122 – 1204), einer der wirkmächtigsten Frauen des Mittelalters. Heinrich II. war somit über seine Großmutter mit Richard Löwenherz (1157–1199) verwandt, mit dem er später auf dem Dritten Kreuzzug kämpfen sollte (Runciman, S. 800). Zuvor starb sein Vater, während er selbst noch zu jung für die Regierungsgeschäfte war. Bis zum Jahr 1186 führte deshalb die Mutter die Regentschaft in der Grafschaft Champagne, die sich grob gesagt zwischen Paris und dem heutigen Belgien befand. Heute erinnert vor allem der Schaumwein, der nach strengen Vorgaben aus in der Champagne angebauten Trauben hergestellt wird, an die Landschaft. Während des Mittelalters gehörten die Grafen von Champagne zu den mächtigsten Adligen in Frankreich. Als hoher Adliger des 12. Jahrhunderts stand man außerdem in der Pflicht, an einem Kreuzzug teilzunehmen. Und als im Jahr 1187 Jerusalem von Sultan Saladin (ca. 1137 – 1193) eingenommen worden war, erscholl im ganzen christlichen Europa der Ruf nach einem weiteren Kreuzzug. Diesem konnte sich kaum jemand entziehen.

Jerusalem war 1099 von den christlichen Truppen Gottfrieds von Bouillon (ca. 1060 – 1100) und Raimunds von Toulouse (ca. 1041 – 1105) erobert worden, was zur Gründung des Königreiches Jerusalem führte. Zunächst lehnten beide Anführer die Krönung zum König mit der Begründung ab, dass sie dort, wo Jesus Christus die Dornenkrone getragen habe, keine goldene tragen wollen. Jedoch hatte bereits im Jahr 1100 Balduin von Boulogne (ca. 1060 – 1118) damit keine Probleme mehr. Balduin I. gilt somit als erster König des Königreiches Jerusalem, das grob gesagt – zumindest zu Beginn des 12. Jahrhunderts – die Größe des heutigen Israels hatte. Schon 30 Jahre nach der Gründung geriet das Reich allerdings in die Defensive und verlor aus den vielfältigsten Gründen immer weiter an Territorium und Macht. Im Reich selbst kam es zur Herausbildung einer eigenen Lebensweise, die sich von derjenigen in den Herkunftsländern der Kreuzfahrer unterschied, wie auch der arabische Chronist Usāma (1095–1188) schreibt: »Es gibt unter den Franken einige, die sich im Lande angesiedelt und begonnen haben, auf vertrautem Fuße mit den Muslimen zu leben. Sie sind besser als die anderen, die gerade neu aus ihren Heimatländern gekommen sind […]« (Usāma, S. 121).

Gerade jene Spannung aus mittlerweile alteingesessenen und mit der Lebensweise der Araber vertrauten christlichen Bewohnern und neu aus dem Westen eintreffenden und ideologisch aufgeputschten »Hardlinern« destabilisierte das Reich ab Beginn der 1180er-Jahre. Als schließlich mit Balduin IV. (1161–1185) ein äußerst junger und von der Lepra gezeichneter König den Thron bestieg, wirkten sich vor allem die Machenschaften Rainalds von Châtillon (ca. 1125 – 1187) besonders verheerend aus, da dieser immer wieder mühsam ausgehandelte Friedensverträge des Königs mit dem neuen starken Mann der Muslime, Sultan Saladin, brach und diesen provozierte, wo es nur ging. Als Höhepunkt dieser Aktionen darf sicherlich der Angriff auf Mekka gelten, den Rainald vom Roten Meer aus im Herbst 1182 führte und einige Städte an der Küste verheerte (Runciman, S. 731 f.). Militärisch zwar sinnlos, verstärkte dieser aber das Bestreben Saladins, die christlichen Reiche in der Levante zu vernichten, und auch die Bereitschaft der anderen Muslime, dabei zu folgen.

Die Schlacht bei Hattin am 4. Juli 1187 besiegelte das Schicksal des Königreiches Jerusalem, das in der folgenden Belagerung mit dem freien Abzug und der Übergabe der Stadt wenigstens eine humanitäre Katastrophe verhindern konnte. Dennoch war die Heilige Stadt nun für die Christenheit verloren, und im europäischen Westen machte sich Entsetzen breit. 1189 folgten die meisten christlichen Könige dem Ruf, Jerusalem zurückzuerobern. Darunter auch der Kaiser, der noch auf dem Hinweg im Fluss Saleph in der heutigen Türkei starb. Was genau die Ursache des Todes Friedrichs I. Barbarossa war, ist aus den Quellen nicht eindeutig herauszulesen, jedoch war der Kreuzzug im Juni 1190 damit seines wichtigsten Anführers beraubt. Sultan Saladin atmete wohl erst einmal erleichtert auf. Doch eine längere Verschnaufpause war ihm nicht gegönnt.

Bereits seit August 1189 belagerte ein Heer die wichtige Hafenstadt Akkon, die zuvor im Zuge des Zusammenbruchs des Königreichs Jerusalem von Saladin erobert worden war. Im Sommer 1190 stieß Heinrich II. mit seinem Heer dazu, dem weitere Ritter aus Frankreich sowie die restlichen deutschen Truppen unter Friedrich VI. von Schwaben aus Kleinasien folgten. Die Aussicht stand für die Belagerer nicht zum Besten, da Saladin selbst dazu übergegangen war, die Christen zu belagern. Lebensmittelknappheit, Krankheiten und wechselnde Kämpfe, die keiner Seite einen entscheidenden Durchbruch brachten, beherrschten den Alltag Heinrichs II. In jener Eintönigkeit breitete sich am 25. Juli 1190 die Nachricht wie ein Lauffeuer aus, dass die Königin von Jerusalem, Sibylle (ca. 1160–1190), und ihre Tochter verstorben seien. Wahrscheinlich war dies den hygienischen Bedingungen des Lagers geschuldet. Die unmittelbare Folge war, dass damit die zumindest symbolische Führung mit einem Schlag abhandenkam. Rasch übertrug man deshalb die Krone Jerusalems auf ihre Schwester Isabella (1170–1205). Der Kampf um Akkon konnte somit weitergehen.

Zu Beginn des Jahres 1191 sah es für die Belagerer dennoch düster aus. Saladin konnte den Belagerungsring durchbrechen und die Truppen in der Stadt austauschen, während die Christen schwer unter Seuchen zu leiden hatten. Demnach hatte es der Sultan nicht eilig und konnte abwarten, bis die Krankheiten die Arbeit für ihn erledigten. Doch im Frühling kam die Hoffnung über das Meer. Bald trafen die beiden Onkel Heinrichs II., König Philipp II. von Frankreich (1165–1223) und König Richard Löwenherz von England, vor Akkon ein. Die Belagerung nahm Schwung auf und Saladins Chance auf einen raschen Sieg war verflogen. Immer wieder wurden neue Breschen in die Stadtbefestigungen hinein geschlagen, die fortlaufend notdürftig repariert wurden, während Saladin von außen Entlastungsangriffe führte. Dennoch musste Akkon am 12. Juli kapitulieren, und die Stadt wurde den Christen übergeben (Mayer, S. 139). Während der Zeit der Belagerung ruhte auch die Politik im Lager der Kreuzfahrer nicht.

Heinrich II. hatte sich in der Partei engagiert, die sich gegen den Ehemann Isabellas positionierte und auch gegen den nominellen König von Jerusalem, Guido von Lusignan (ca. 1150 – 1194). Dieser besaß keinen großen Rückhalt bei den Adligen in der Levante und ihm wurde der Anspruch auf die Königskrone mit dem Tod Sibylles aberkannt. Humfried IV. von Toron (ca. 1166 – ca. 1192) war mit Isabella seit 1183 verheiratet und deshalb eigentlich der naheliegendste König von Jerusalem – die Kreuzfahrer vor Akkon bevorzugten jedoch den in der Verteidigung von Tyros erfolgreichen Konrad von Montferrat (ca. 1146 – 1192). Die Ehe wurde gegen den Willen des Paares geschieden, und Isabella heiratete Konrad, der damit zum neuen König Jerusalems gekrönt wurde. Dies alles geschah zu Beginn des Jahres 1192. Der neue König von Jerusalem konnte sich an seiner Krone aber nicht lange erfreuen. Im April 1192 weilte er in Tyros und wurde auf dem Weg zum Abendessen von zwei Assassinen erstochen. In welchem Auftrag diese mythenumrankten Attentäter handelten, ist nicht geklärt (Runciman, S. 838). Das Ergebnis war jedoch, dass man nun einen neuen Ehemann für Isabella brauchte; zumal dieser der designierte König von Jerusalem werden sollte. Man erinnerte sich an einen jungen, dynamischen Franzosen, der zwischenzeitlich die Belagerung von Akkon mit großem Einsatz geleitet hatte: Heinrich II. von Champagne.

Natürlich gab es auch Stimmen, die dem Ganzen skeptisch gegenüberstanden, vor allem weil Isabella von Konrad mit der späteren Königin Maria Montferrat (ca. 1192 – 1212) schwanger war. Aber ein Königreich, das um das Überleben kämpfte, brauchte einen jungen, vitalen König. Dies war spätestens nach der kurzen Herrschaft des leprakranken Balduin IV. eine wichtige Erkenntnis. Demnach bot sich Heinrich II. fast schon zwingend an, zumal – was jedoch in dieser Zeit niemals eine Rolle spielte – Isabella von ihm angetan war. Letztlich arrangierten sich die Adligen des Königreiches mit ihm, wozu ebenfalls der Kompromiss beitrug, dass Heinrich II. formal auf den Königstitel verzichtete. Am 5. Mai 1192 zog das Paar in Akkon ein und in der Stadt wurde prächtig Hochzeit gefeiert (ebd., S. 839).

Kurz vor der Rückkehr Richard Löwenherz' wurde mit Saladin ein Friedensvertrag ausgehandelt, der beinhaltete, dass den Christen freier und ungehinderter Zugang zu den Heiligen Stätten gewährt wurde (Mayer, S. 141). Damit endete der Dritte Kreuzzug, und Heinrich II., der den Eid auf den Vertrag geleistet hatte, machte sich daran, sein Reich von Akkon aus zu regieren. Das Königreich Jerusalem, das nach dem Dritten Kreuzzug wieder auferstand und ein knappes Jahrhundert überdauern sollte, war klein, und Jerusalem selbst gelangte niemals wieder in seinen Besitz. Als Saladin 1193 starb, bemühte sich Heinrich II. weiterhin um Frieden mit dessen Nachfolgern und um die innere Stabilität seines Reiches. Dazu gehörten auch die ewigen klerikalen Streitigkeiten um und in Jerusalem und den Einfluss der italienischen Seefahrerstädten, allen voran Pisa (vgl. Lilie, S. 149 f.).

1197 schien es, als wäre es mit der kurzen Ruhe vorüber. Die Vorboten eines neuen Kreuzzuges erreichten bald die Levante, und wie jedes Mal, wenn neue westliche Truppen in das feine Gleichgewicht der verschiedenen Kulturen im Osten eindrangen, richteten sie nur Unheil an. Diesmal war die neue Gallionsfigur der Kreuzfahrer der Sohn Friedrich Barbarossas, Heinrich VI., der nach der Inbesitznahme des Königreiches Sizilien über eine ungeheure Macht verfügte (Csendes, S. 189). Im August traf das erste Kontingent unter Führung Herzog Heinrichs von Brabant (ca. 1165–1235) in Akkon ein und stiftete sogleich im Umland Unruhe, was die lokalen muslimischen Herrscher provozierte. Heinrich II. war alles andere als begeistert von den Neuankömmlingen. Jedoch hatte er dasselbe Problem, das vor ihm schon andere Könige Jerusalems gehabt hatten: Er war auf den Nachschub frischer Männer angewiesen, aber wollte gleichzeitig den Frieden mit den Muslimen aufrechterhalten. Gerade das Vorpreschen der deutschen Ritter provozierte den neuen starken Mann der muslimischen Welt al-Adil (1145–1218), der ohne Mühen die Eindringlinge vertrieb und nun seinerseits auf Akkon zumarschierte (Runciman, S. 867). Heinrich II. musste wohl oder übel die fliehenden Deutschen mit seinen eigenen Leuten und ihm unterstellten italienischen Truppen unterstützen. Al-Adil zog daraufhin nach Jaffa. Die Stadt hatte kaum

Verteidiger, da diese nach Akkon geeilt waren. Jetzt musste Heinrich II. Truppen in den Süden schicken.

Im Hof der Residenz in Akkon hatten sich die Krieger versammelt. Heinrich II. begutachtete diese von einem Fenster aus, das sich in einem oberen Stockwerk befand. Ein Abgesandter der Pisaner, die in der Stadt lebten, betrat den Raum. Um ihn zu begrüßen, drehte sich Heinrich II. um. Was dann geschah, ist nicht gesichert. Entweder lehnte er sich an das Fenstergitter, das nicht gut befestigt war, oder das Fenster hatte keinen entsprechenden Schutz und Heinrich trat einen Schritt zurück – Scharlach, sein Hofzwerg, der ihm bei allen Audienzen und Empfängen folgte, versuchte noch, seinen Herrn an einem Tuch, das dieser um die Schultern trug, festzuhalten (ebd., S. 868). Sein beherztes Eingreifen war vergebens. Beide stürzten »aus dem Fenster des stromabwärts gelegenen Turmes« (Bernard Ernoul, S. 306, Übers. d. Autors) und starben.

Heinrich II. wurde attestiert, dass er kein überragender, aber ein durchaus vernünftiger und umsichtiger Herrscher in seiner kurzen Zeit gewesen sei (Runciman, S. 869). Vielleicht hätte mit ihm ein dauerhafter Ausgleich mit den muslimischen Herrschern in der Levante stattfinden können? Immerhin wird er vom muslimischen Chronisten Ibn al-Atīr (1160–1233) als »ein verständiger Mann großer Liebenswürdigkeit und Duldsamkeit« (Ibn al-Atīr, S. 298) geschildert. Wir wissen nicht, wie sich die christlich-muslimischen Beziehungen im Heiligen Land mit ihm weiterentwickelt hätten. Wir wissen nur, dass er sich besser einen starken Leibwächter an seine Seite hätte stellen sollen statt eines Hofzwerges. Auch wenn der kleine Scharlach totalen Einsatz gezeigt hatte, als ein Bodyguard war er ungeeignet.

Feuchte Tücher, allerlei Giftmischerei und ein böser König: Der Wein-Brand Karls II. von Navarra

Ein »Lebenswasser« in einem Buch über Todesfälle scheint zunächst ein Widerspruch zu sein. Dass aber das *aqua vitae* (»Lebenswasser«) seine Tücken hat, mussten schon viele erfahren. Doch zu Beginn der Einführung des hochprozentigen Alkohols im Mittelalter war man voller guter Hoffnung, was sich auch an der Namensgebung widerspiegelt, denn *aqua vitae* galt als gesunde und lebenserhaltende Medizin. Dementsprechend war es in den ersten Jahrhunderten die Angelegenheit der Apotheker oder derjenigen, die sich dafür hielten, dieses an Erkrankte zu verkaufen.

Im 11. Jahrhundert war die Technik des Destillierens bereits im abendländischen Europa bekannt. Wer sie jedoch tatsächlich entwickelt hatte, ist bis heute ungeklärt. Griechen, Araber, Iren, Chinesen, Inder – alle kommen infrage. Jedenfalls war man bis zu dieser Erfindung nur in der Lage gewesen, Getränke bis maximal 20 Vol.-% Alkohol herzustellen. Spätestens an diesem Punkt stoppte der natürliche Gärungsprozess. Um diese Grenze zu überwinden, musste man das Wasser vom Alkohol trennen. Die bewährteste Methode dafür ist das Destillieren bzw. Brennen. Zunächst geschah dies zum Herstellen von Rosenwasser (Spode, 1999, S. 53). Doch schon bald wurde Wein auf die gleiche Weise destilliert. Und das geschah in Europa zunächst durch die Alchemisten, die dieses Geheimnis streng hüteten. Hierbei können wir diesen eine wissenschaftliche Absicht unterstellen, da die Alchemisten herausfinden wollten, was »die Welt im Innersten zusammenhält«.

Dass der Wein dabei besondere Aufmerksamkeit erhielt, hatte bestimmte Gründe, die nicht nur am Genuss desselben lagen. Wein war und ist symbolisch höchst aufgeladen, man denke nur an die jüdische oder christliche Religion (Spode, 1993, S. 47). Jedenfalls dachten die Alchemisten nach einigen Destillationsverfahren und Zugaben verschiedener weiterer Stoffe, sie hätten ein Mittel gefunden, das alle Krankheiten besiegen und das Leben verlängern könnte. Ein wahres »Lebenswasser« also. Seine Herstellung machte es zum Luxusartikel, und die Obrigkeit hatte ein genaues Auge darauf, wer es herstellte. Die Apotheker erhielten die Lizenz zum Herstellen von »geprent wyn« in den meisten Städten in der Mitte des 14. Jahrhunderts, während zeitgleich Mönche in Klöstern Kräuterliköre herstellten. Knapp 100 Jahre später war der »geprant wein« ein bei jedermann beliebtes Getränk, wie der Nürnberger Arzt und Dichter Hans Folz (ca. 1440 – 1513) feststellen musste (ebd., S. 54). Die weitere Geschichte des Branntweinkonsums sparen wir aus und widmen uns stattdessen einem König, der nicht nur tragischerweise versuchte, das »Lebenswasser« zu seinem ursprünglichen gesundheitsfördernden Zweck zu verwenden, sondern der auch »der Böse« genannt wurde.

Karl II. von Navarra (1332–1387) erbte im Oktober 1349 die Krone des nordspanischen Königreiches von Navarra. Doch damit nicht genug. Sechs Jahre zuvor war er zum Grafen von Evreux erhoben worden, das in der nordfranzösischen Normandie liegt. Da sich zwischen diesen beiden Besitztümern das Königreich Frankreich und das englische Aquitanien befanden, fühlte sich der ehrgeizige Karl dazu berufen, in den Hundertjährigen Krieg einzugreifen. Natürlich zu seinen Gunsten. Sein ambitioniertestes Ziel war die französische Krone, auf die er eigentlich von mütterlicher Seite her einen Anspruch gehabt hätte – wenn diese nicht schon vor seiner Geburt 1317 auf ihren Anspruch verzichtet hätte. Dafür wurde sie mit dem Königreich Navarra und weiteren kleinen Besitztümern entschädigt. Karl war das jedoch zu wenig, er wollte den französischen Thron. Dies und die Mittel, wie er diesen zu erlangen suchte, brachten ihm bei den Chronisten den Beinamen »der Böse« ein (Tuchman, S. 168). Damit war er erst der zweite nach dem sizilianischen König Wilhelm I. (1122–1166), der sich diesen zweifelhaften Zusatz in der Nachwelt erwarb. Doch es schien für den Navarresen zu passen.

Karl II. geizte nicht mit unlauteren Mitteln, um seine Macht auszudehnen. Seine Methode dabei war uralt, effizient und erregte normalerweise wenig Aufsehen: Gift. So soll er dem französischen König Karl V. (1338–1380), als dieser noch Herzog der Normandie und Thronerbe war, mit vergiftetem Fleisch derart zugesetzt haben, dass ihm Haare und Nägel an Händen und Füßen ausfielen. Abgemagert bis auf die Knochen war es nur eine Frage der Zeit, bis der Dauphin starb, doch sein Onkel, Kaiser Karl IV. (1316–1378), schickte ihm einen Arzt, der ihn heilen konnte (Favyn, S. 434). Karl II. war sein Leben lang bestrebt, die Herrschaft Navarras nach Spanien und Frankreich hin auszudehnen. So beschäftigte er drei französische Könige und ließ Frankreich nicht zur Ruhe kommen. Gemeinsam mit den Engländern zog er durch die Ländereien und plünderte und verwüstete, wo es ihm ratsam erschien. Dabei spannte er ein Netz heimlicher Verbündeter, und seine Anschlagspläne sollten der Geduld seiner französischen Verwandtschaft – sofern sie jemals da gewesen war – ein Ende setzen. Der Vater Karls V., Johann II. (1319–1364) – sinnigerweise »der Gute« genannt – ließ ihn, seinen Schwiegersohn Karl II., »der Böse«, in Rouen bei einem Gastmahl verhaften. Bevor er ihn jedoch nach Paris ins Gefängnis bringen ließ, gab er ihm noch folgende Worte mit: »Ah, wohlan du Verräter, du bist nicht wert, an der Tafel meines Sohnes zu speisen. Nicht essen noch trinken will ich, solange du lebst!« (zit. n.: Lewin, S. 263).

Damit waren die Tage des Unruhestifters gezählt. Eigentlich. Doch kurz darauf verlor der gute Johann in der Schlacht bei Maupertuis (19. September 1356) gegen die Engländer seine Freiheit und wurde seinerseits Gefangener in London. Karl II. konnte diese Situation augenblicklich ausnutzen und aus der Pariser Haft entkommen (Tuchman, S. 210). Auch wenn Johann recht schnell freigekauft wurde, war ersichtlich, dass sein Sohn den Kampf mit Karl II. weiterführen musste. Im Jahr 1377 gelang Karl V. ein Coup, indem er die beiden engsten Vertrauten des Königs von Navarra, Jacques de Rue und Pierre du Tertre, gefangen nehmen konnte und im folgenden Jahr hinrichten ließ (Palacio, S. 530). Zuvor unterzog er beide noch einer zeittypischen Befragung, über deren Ablauf wir uns keinerlei Illusionen hingeben sollten. Allein schon die Androhung der Folter bewirkte, dass beide ihr Wissen über die Pläne und geheimen Machenschaften ihres Herrn preisgaben. Dabei kam heraus, dass Karl II. einen Arzt namens Augel anwerben wollte, um den König von Frankreich vergiften zu lassen. Doch der Arzt besann sich und verschwand, nachdem er zunächst versprochen hatte, die Tat auszuführen (Lewin, S. 263). Diese Aussage wurde vor das Parlament gebracht und löste Empörung aus. Und nicht nur das. Fortan wurden alle Todesfälle am französischen Königshof mit Karl II. von Navarra in Verbindung gebracht. Während der Befragung Tertres verstarb die Königin Jeanne (1338–1378) und die Tochter Marie (1370–1377). Auch hier verdächtigte man Karl II., wobei Tertres angab, von einem Anschlag nichts zu wissen (ebd., S. 264).

Im Jahr 1380 starb der französische König Karl V. und sein Sohn Karl VI. bestieg den Thron. Dabei erbte er nicht nur den Krieg mit England, sondern auch die Feindschaft Karls II. von Navarra, der sein Vorhaben, die Königsfamilie auszulöschen, wieder aufnahm. Hierfür konnte er zunächst einen im ganzen Land beliebten Spielmann namens Wourdreton gewinnen, der Zugang zu den Höchsten des Landes hatte. Nachdem der Spielmann sich das Gift Arsenik besorgt hatte, wurde er verhaftet. Ob der Apotheker ihn verriet, ist nicht gesichert, jedenfalls wurde er verurteilt und geköpft. Weitere Attentäter flogen auf, wie zum Beispiel der Engländer Jean D'Elstein, der das Schicksal Wourdretons teilte (ebd., S. 265 f.). Karl II. von Navarra war seinem Ziel, König von Frankreich zu werden, kein Stück nähergekommen. Stattdessen hatte seine Gesundheit gelitten. Mit seinen nun 56 Jahren war er im Mittelalter in einem recht stolzen Alter. Auch die ständigen Kämpfe und Intrigen dürften nicht gesundheitsfördernd gewesen sein. Der »böse« Karl war ein kranker Mann. Aber da gab es ja noch das »Lebenswasser« oder – wie es auch genannt wurde – das »brennende Wasser« (*eau ardente*)!

Um seinen Körper zum Schwitzen zu bringen, was die Ärzte ihm als Kur verordnet hatten, wurde er jeden Abend in Tücher gewickelt. Diese waren zuvor in Lebenswasser, also Weinbrand getränkt worden, was zusätzlich wärmen sollte. Ein dem Chronisten Jean Froissart (ca. 1337 – ca. 1405) zufolge übliches Verfahren. Damit die Tücher nachts nicht verrutschten oder abfielen, ließ Karl sie von seinem Diener zusammennähen. Nunmehr kam es, wie es kommen musste, »als ob auch Gott und der Teufel es so wollten« (Froissart, S. 663, Übers. d. Autors). Feuer brach aus, so »dass der König, der dort eingewickelt in Leinentüchern lag und schlief, durch die Flammen erreicht wurde« (ebd.). Nach den Chroniken von Saint-Denis soll ein Diener ihm mit seiner Kerze unglücklicherweise zu nahe gekommen sein (Chronique du religieux de Saint-Denys, S. 473). Karl II. lebte noch »zwei Wochen in großem Schmerz und in großer Misere. Weder Chirurg noch Arzt konnten ihm Abhilfe schaffen, sodass er daran starb« (Froissart, S. 664, Übers. d. Autors).

Nicht umsonst sahen die zeitgenössischen Chronisten in seinem qualvollen Ende die gerechte Strafe für all seine verübten und geplanten Anschläge. Gerade deswegen sollten wir stutzig werden, ob nicht tatsächlich die Fantasie dem ein oder anderen die Geschichte mit den in Weinbrand getränkten Tüchern und einem tollpatschigen Diener mit Kerze diktiert hatte. Immerhin diente sein furchtbares Ende Moralisten in den folgenden Jahrhunderten als Mahnung. Da half auch nicht, dass als offizielle Todesursache in den Archiven Navarras ein natürliches Ende des Königs zu finden ist (Palacios, S. 449). Wir können für beide Seiten Gründe finden, dass man die Wahrheit – die wir wohl nicht mehr herausfinden werden – in eigenem Interesse vertuscht haben könnte. Der Wunsch nach einer Exhumierung, insofern eine solche nach vielen hundert Jahren noch Sinn machen würde, dürfte auf wenig Gegenliebe stoßen, sollte diese denn nur dem historischen Erkenntnisgewinn dienen. Und so liegt das Geheimnis um den Tod des »bösen« Karls durch das »brennende Wasser« weiterhin zusammen mit seinen Gebeinen in der Grablege der Könige von Navarra in der Kathedrale von Pamplona.

Eine Hofdame, ein Polterabend und ganz viel Karneval im Kopf: Der Ball der Brennenden 1393

Der Auslöser und der Hergang des Unglücks beim Polterabend einer Hofdame der französischen Königin Isabeau (ca. 1370 – 1435) waren prinzipiell dieselben wie bei Karl II. von Navarra. Nur die Motivation war eine andere. War es bei diesem (wie im vorangegangenen Kapitel geschildert) eine vermeintlich gesundheitliche Angelegenheit, war es am 28. Januar 1393 eine kulturelle. Das Resultat verstörte die Zeugen gleichermaßen.

Die Hofdame der Königin von Frankreich sollte zum dritten Mal heiraten. Bereits zwei Ehegatten waren ihr verstorben (Luce, S. 327). Dies war im 14. Jahrhundert nicht nur von der Kirche aus nicht gern gesehen, sondern auch ein Grund zum Spott. Gewissermaßen wurde dieser zum Programm erhoben und institutionalisiert. In Frankreich nannte man solche abermaligen Polterabende *Charivari*. Der Begriff kommt aus dem griechischen *karêbaría* und bedeutet so viel wie »nicht mehr ganz klar im Kopf«. Im Vordergrund stand dabei der Dialog zwischen der menschlichen Gesellschaft und der Natur, der in einem symbolischen Rahmen stattfinden sollte (Claude/Gokalp, S. 695). Dies erinnert recht stark an die dionysischen Rituale der antiken Griechen. In Frankreich war zudem das Gegenteil des guten Geschmackes gefragt, was sich an den Kostümen und dem Benehmen der Teilnehmenden zeigte. Diese Mischung kommt uns bekannt vor.

Der heutige Karneval hat nämlich seine Anfänge im alten Griechenland und wurde über das Mittelalter hinweg fortgeführt, woran sich das Charivari orientierte. Im attischen Kalender der antiken

Griechen hatten die Anthesterien eine große Bedeutung, die je nach Jahr unseres heutigen Kalenders Ende Februar oder Anfang März stattfanden. Nicht nur was die Jahreszeit betrifft, ähnelten die Anthesterien also unserem heutigen Karneval, sondern auch was den Ablauf der Festlichkeiten angeht. Es wurden Umzüge durch die Stadt veranstaltet, zu denen sich die Menschen verkleideten. Dazu gab es eine Art Jahrmarkt, auf dem man die für diese Anlässe eigens gefertigten Tongefäße erwerben konnte, die *pithoi*. Zu Trinken gab es den Wein der letzten Ernte, der den Winter über gereift war. Das Fest dauerte drei Tage, wobei jedem Tag eine besondere Bedeutung zukam. Der erste Tag, Pithoigia genannt, brachte das Öffnen der Weinfässer. Bevor dies geschah, wurden alle Tempel der Stadt abgesperrt, außer einem, der sonst das Jahr über zugehängt war: Der Tempel des Dionysos. Die Choen, das war der zweite Tag, brachten eine Art Umzug mit sich. Auf einem Schiff auf Rädern wurde ein Priester vom Hafen Athens zum Dionysos-Tempel gezogen. Um dieses herum herrschte ein wildes Treiben, an dem auch die Kinder teilnahmen. Diese bekamen an jenem Tag ein eigenes Choenkännchen geschenkt, während die Erwachsenen aus ihren eigenen massiveren *Chous* Wein tranken. (Deubner, S. 106 f.) Bald vermischten sich die öffentlichen Gelage, die unter anderem im Amtslokal des Stadtverwalters stattfanden, mit privaten Zechereien. Nachts zogen dann die Betrunkenen durch die Straßen und sangen zotige Lieder. Der dritte Tag, die Chytren, brachte die Katerstimmung zum Ausdruck, die sich im Andenken an die Toten zeigte. Den Toten wurden Opferspeisen dargebracht und es wurden Vorkehrungen gegen böse Geister getroffen, die man an diesem Tag besonders aktiv wähnte (vgl. Mommsen, S. 384 ff.).

Unschwer lässt sich erkennen, dass viele mittelalterliche (und auch heutige) Rituale antik-heidnische Ursprünge haben, was von der Kirche nicht immer gerne gesehen wurde. Doch die Kleriker konnten diese zumeist nicht verbieten; zumindest nicht mit erfolgversprechendem Ergebnis. So war es auch mit dem Charivari. In den kirchlichen Verboten wird es als »chalvaricum« bezeichnet, das als bestimmte Art von Tumult sich gegen Witwer und Witwen richtete, die zum zweiten Mal heiraten wollen. Hierbei zog nachts ein Aufzug von Trommlern und sonstigen Lärmenden durch die Gassen. Zu Beginn noch aus dem Grund der anstehenden Hochzeit, später lag die Begründung im Spektakel selbst (Johannsmeier, S. 7). Schräge Musik, furchterregende Kostüme, dazu reichlich Alkohol – dies waren im Großen und Ganzen die Zutaten des Charivaris (Otto, S. 74). Ein gesteuerter Wahnsinn, den der zum Wahnsinn neigende König Karl VI. von Frankreich als hoher Ehrengast besuchen sollte. Gerade im Sommer des vorangegangenen Jahres hatte der König, getrieben von der Paranoia, ermordet zu werden, und einem angeborenen Hang zur psychischen Erkrankung, einen Zusammenbruch erlitten. Von diesem hatte er sich nur langsam erholt und bei Hofe war man gewillt, mit einem schönen Fest zu Beginn des Jahres dem Monarchen wieder Lebensmut zu geben (ebd., S. 72). Ein Charivari schien dafür das Passende zu sein.

Um das Gespött auf die Spitze zu treiben, hatte man sich für besagten Abend etwas ganz besonders Abstruses einfallen lassen. Nach dem festlichen Abendmahl sollte eine Aufführung furchterregender, aneinander geketteter Satyren erfolgen. Zu sechst, inklusive des Königs, sorgten sie als wilde Waldbewohner verkleidet für grässliche Stimmung, indem sie mithilfe von Gesichtsmasken und Kostümen unkenntlich gemacht wurden. Ihre Verkleidung bestand aus Leinen, die in Pech getränkt waren, damit ein Fell und allerlei Federn daran haften blieben (Tuchman, S. 593). »Und sie hatten entstellte Gesichter, damit sie nicht erkannt werden« (Luce, S. 327, Übers. d. Autors). Man nannte jene Maskierten, die im Charivari mitzogen »Buffones«. Auch der König sollte so in ein Ungeheuer mit Teufelskopf oder ähnlichem verwandelt werden (Johannsmeier, S. 7).

Eine besondere Rolle fiel dabei dem Wald zu – oder besser dem Waldbewohner, wie man ihn sich vorstellte. Dort lebten der Fantasie nach nicht nur die wilden, tierähnlichen Barbaren, sondern auch ganz real die Ausgestoßenen oder Gescheiterten der Gesellschaft.

Wer es sich nicht mehr leisten konnte oder nicht mehr durfte, musste die zivilisierte Welt der Stadt oder des Dorfes verlassen. Die Wildnis, also der Wald, fing bereits hinter dem Stadttor an. Jene Ausgestoßenen tauchen in vielen Epen des Mittelalters auf, wie zum Beispiel in den »Haimonskindern«, und dienen dabei als Mahnung, Erbauung oder schlichtweg gruselige Unterhaltung. Dabei kann nicht nur der Mann wild im Wald leben, sondern auch die Frau. Die mittelalterliche Sagengestalt »Wolfdietrich« wird beispielsweise von der »Rauen Else« geliebt, einer Waldfrau (Johannsmeier, S. 91 ff.). Den von ihr nicht sehr angetanen Wolfdietrich belegte Else mit einem Zauber, sodass er zur Strafe seiner Abweisung wie sie auf allen Vieren kriechend und haarig ein halbes Jahr im Wald leben musste (ebd., S. 101). Das Motiv des Waldmenschen war im 14. Jahrhundert in ganz Europa ein geläufiges und tauchte beim Charivari wie selbstverständlich auf.

Auch an jenem Abend im Januar 1393 sollten die Männer aus dem Wald ihren Auftritt haben. Sicherheitshalber war es während des wilden Tanzes verboten, sich den Tanzenden mit Fackeln zu nähern. Die Diener sollten an der Wand mit diesen so lange stillstehen, bis der Tanz vorüber war. Ob sich die Organisatoren an das vermeintliche Schicksal Karls II. von Navarra erinnerten? Jedenfalls wurde es wild; sehr wild. Gegen Mitternacht war es im Saal plötzlich dunkel und ein entsetzliches Geheul begann. Einige der Diener hatten mit ihren Fackeln den Raum verlassen und ließen ihn nur spärlich beleuchtet zurück. Dem König gefiel es außerordentlich, als kaum wahrnehmbarer Schatten vor den jungen Damen herumzuhüpfen und Obszönitäten von sich zu geben. Diese wiederum versuchten kichernd herauszufinden, wer sich unter den Masken verbarg. Bald schon war der ganze Saal in Aufruhr und wildem Durcheinander, als der Herzog von Valois, Ludwig (1372–1407), ein jüngerer Bruder des Königs, den Saal betrat. Zusammen mit anderen war er in einer Gaststätte gewesen. Dort hatte er den Beginn des Charivaris verpasst und war allem Anschein nach nicht eingeweiht worden, wer da unter den Kostümen steckte.

Die Neugierde obsiegte, und der Herzog kam auf den gefährlichen Einfall, mit einer Fackel, die er einem der an der Wand stehenden Diener aus der Hand nahm, genau nachzusehen (Tuchman, S. 594). Viel zu nahe kam er damit den wild Umherhüpfenden. Es reichte ein Funke, und das Unglück war geschehen. Zunächst brannte das Bein eines Tänzers. Die Flammen wuchsen rasch empor, und da an dem Unglücklichen fünf weitere angekettet waren, sprang das Feuer schnell über. Königin Isabeau, die genau wusste, wo ihr Mann angebunden war, schrie heftig auf und fiel in Ohnmacht. Hilfreicher für den sich in lebensgefährlicher Situation befindenden Monarchen war da die Herzogin von Berry, Johanna II. (1378 – ca. 1424). Diese zog geistesgegenwärtig ihren Rock aus und umhüllte den König damit. So verhinderte sie, dass sich sein pechgetränktes Kostüm ebenfalls rasch entzündete (Otto, S. 75). Auch andere Gäste hatten sich mittlerweile auf die brennenden Männer gestürzt und versuchten mit allem, was sie zur Hand hatten, diese zu löschen. Dabei verbrannten sich viele Helfer. Letztlich konnten von den sechs wilden Waldgestalten nur zwei gerettet werden. Neben dem König war dies Ogier de Nantouillet, der sich mit einem Sprung in ein Wasserfass rettete. Der Graf von Joigny, Jean III., starb noch am Unglücksort an seinen schweren Verbrennungen. Yvain de Foix und Aimery Poitiers hatten weniger »Glück« – sie starben erst nach zweitägigem Todeskampf (Tuchman, S. 594). Huguet de Guisay, der letzte der »wilden Männer« und Hauptinitiator des Charivaris, »durfte« einen Tag länger heftige Qualen erleiden, was ihm noch erlaubte, alles und jeden zu verfluchen (Luce, S. 328).

Die Auswirkung auf die seelische Gesundheit des Königs war verheerend. So knapp dem Tod entronnen zu sein und dabei zusehen zu müssen, wie enge Freunde furchtbar starben, dies vermag auch ein gefestigteres Gemüt als das von Karl VI. zu zerrütten. Aber auch politisch hatte der »Ball der Brennenden«, wie er schon bald vom Volksmund genannt wurde, seine Folgen. Vorwürfe wurden laut, die dem Bruder des Königs Absicht unterstellten (Otto, S. 75). Immer wieder hatte sich Ludwig zuvor als Regent ins Spiel gebracht, wenn sein königlicher Bruder aufgrund seiner geistigen Verfassung nicht in der Lage war, seine Amtsgeschäfte auszuüben. In Paris wuchs dagegen die Empörung, wie man es bei Hofe erlauben konnte, nicht nur den König »wie einen dummen Bauernburschen herumhüpfen zu lassen«, sondern auch dessen Leben so aufs Spiel zu setzen. Der König war immerhin das personifizierte Volk und hatte gefälligst dieses in Würde und Anstand zu vertreten – so die zeitgenössische Auffassung. Karl VI. musste sein Volk mit einer feierlichen und feuerfreien Prozession zur Kirche Notre-Dame beschwichtigen, die er hoch zu Ross anführte. Hinter ihm gingen barfuß und im Büßergewand sein Bruder und sein Onkel (Tuchman, S. 595).

Es war offensichtlich geworden, dass die alten heidnischen Traditionen einerseits gut für das Volk waren, andererseits dem König als höchstem Würdenträger des Staatswesens nicht gut zu Gesicht standen. Für diese Erkenntnis hätte es eigentlich keiner Toten bedurft.

Eine Frau namens Troffea, der heilige Veit und der Urahn des Flashmobs: Die Tanzwut 1518

Es begann recht harmlos an einem heißen Julitag des Jahres 1518 im elsässischen Straßburg. Eine Frau namens Troffea tanzte wie in Trance durch die Straßen zu einer Musik, die nur sie hören konnte. Bald schon schlossen sich ihr weitere Straßburger Bürgerinnen und Bürger an. Auch wenn ihre Zahl stetig anwuchs, belästigten sie niemanden und störten nicht, obgleich sie für großes Aufsehen sorgten. Die Einzigen, die das seltsame Treiben alarmierte, waren die Ärzte und die Stadtobrigkeit (Waller, S. 1). Denn diesen war bekannt, dass es sich bei diesem kollektiven Herumtanzen nicht um einen harmlosen Spaß handelte, sondern um eine Epidemie, die seit fast 150 Jahren immer wieder ausbrach.

Im 19. Jahrhundert schildert der Medizinhistoriker Justus Hecker (1795–1850) einen der ersten überlieferten Ausbrüche jenes seltsamen Verhaltens in Aachen im Jahr 1374: »Hand in Hand schlossen sie Kreise, und ihrer Sinne anscheinend nicht mächtig, tanzten sie stundenlang in wilder Raserei, ohne Scheu vor den Umstehenden, bis sie erschöpft niederfielen; dann klagten sie über große Beklemmung und ächzten als stände ihnen der Tod bevor, bis man ihnen den Unterleib mit Tüchern zusammenschnürte, worauf sie sich erholten und frei blieben bis zum nächsten Anfalle« (Hecker, S. 2). Neben dem unbeugsamen Drang zu tanzen, sahen die Betroffenen den Himmel mit der darin thronenden Gottesfamilie. Meist begannen diese Visionen mit einem Zusammenbruch, wilden Zuckungen, Schaum vor dem Mund, dem dann der wilde Tanz folgte. Zeitgenossen nannten diese fragwürdige Darbietung den

»Tanz des heiligen Johannes« oder den »Tanz des heiligen Veit«, die Tänzer damit »Johannistänzer« oder »Veitstänzer« (Rohmann, S. 16). Gerade letzterer Ausdruck findet sich in der Medizingeschichte als alter Name für die Huntington-Krankheit, eine erbliche Erkrankung des Gehirns. Folge dieser sind bei den Betroffenen unter anderem unkoordinierte Bewegungen durch fehlerhafte Muskelsteuerung. Im Endstadium erkrankt der Patient noch an Demenz, die man eventuell mit dem verwirrten Eindruck der betroffenen Tänzer in Verbindung setzen kann. Wahrscheinlich geht der Name »Veitstänzer« auf die anschließend geschilderten Ereignisse zurück. Jedoch haben diese nichts mit der von George Huntington (1850–1916) zuerst beschriebenen Erberkrankung zu tun (Biller-Andorno, S. 1438). Es musste also irgendeine andere Ursache geben. Nur welche?

Zunächst griff das Phänomen der Veitstänzer auf die nicht weit von Aachen entfernten Städte, wie Lüttich oder Utrecht, über. Dem anfänglichen Erstaunen und der neugierigen Belustigung folgte alsbald das Entsetzen. Nur der Teufel konnte die Menschen in solcher Raserei bis zum Tode wild und ekstatisch tanzen und hüpfen lassen – da waren sich die Menschen in den betroffenen Städten sicher. Heilige Messen wurden abgehalten und Priester machten sich daran, die Besessenen von ihren Dämonen zu heilen. In Lüttich mussten dabei sogar die Priester um ihr Leben fürchten, denn die Johannistänzer versuchten sie zu töten (Hecker, S. 4). Auch Köln am Rhein machte bald Bekanntschaft mit den Veitstänzern und mit Menschen, die diese nachahmten. Warum allem Anschein nach gesunde Menschen dieses seltsame Benehmen imitierten, ist bis heute ein Rätsel. Jedenfalls ebbte nach einigen Monaten die wilde Tanzerei ab.

Doch die Ereignisse in und um Aachen waren nicht die letzten und auch nicht die ersten dieser Art. Bereits 1237 sollen in Erfurt über 100 Kinder singend und tanzend nach Arnstadt gezogen sein, ohne dass ihre Eltern davon wussten. Immer wieder brachen sie erschöpft zusammen, schliefen tief und fest, und nach dem Aufwachen verlangten sie nach Essen und begannen abermals seltsam zu tanzen. Die Botschaft, dass die Kinder im nahen Arnstadt waren, erreichte bald die Eltern in Erfurt. »Darauf so bald die Eltern so ihre Kinder verlohren hingezogen und diesselben auf Karren und Wagen wieder geholet deren etliche bald verstorben etliche hätten davon ein Zittern bekommen und bis in die Grube behalten« (Beckmann, S. 467). Bei der Klosterkirche von Kolbig bei Bernburg soll es schon 1021 zu einem solchen Tanz einer Gruppe Erwachsener gekommen sein (ebd., S. 465). Diese Schilderung beinhaltet aber einen zu offensichtlich religiös motivierten Duktus, als dass wir sie zweifelsfrei glauben können. Jedoch scheint die Tanzwut ein gängiges Phänomen gewesen zu sein, als besagte Frau Troffea damit ihrerseits in Straßburg begann.

Ohne irgendeinen Anlass, von Musik ganz zu schweigen, trat Frau Troffea auf die Straße und tanzte. Als der heiße Tag sich zum Ende neigte, brach sie erschöpft zusammen und schlief auf der Straße. Am nächsten Tag tanzte sie wieder bis zur abendlichen Erschöpfung. Ihr Körper zeigte am dritten Tag erste blutige Verletzungen an den Füßen, was sie jedoch nicht von ihrem Tanzen abhielt. Um sie herum versammelten sich mittlerweile die Neugierigen der Stadt, Händler, Bürger, Arbeiter, Gaukler; und sie begannen zu spekulieren, wie groß die Sünden dieser Frau sein mussten, damit der Teufel sie so hart bestrafte. Jedoch einigte man sich bald darauf, dass es vielmehr ein Geschenk Gottes sei, was die Frau empfing. Zwischen diesen beiden Polen schwankten in der Folge die Meinungen über den Ursprung jenes Verhaltens. Endlich beschloss man nach weiteren Tagen, der Frau zu helfen, indem man sie an einen Wagen band und in die Berge der Vogesen zu einem heiligen Ort brachte. Dort sollte sie von ihrem »Geschenk« befreit werden. Doch es half nichts.

Mittlerweile waren rund 30 weitere Personen vom Tanzen »infiziert« (Waller, S. 4). Auch sie sprangen, jauchzten und verrenkten sich, ohne dabei auf ihre teilweise schweren Verletzungen zu achten. Sehnen rissen, Füße bluteten und die Gelenke wurden in Mitleidenschaft gezogen. Der Stadtrat war verzweifelt. Nur die Ärzte der Stadt waren sich einig. Es handelte sich um zu viel »heißes Blut« bei den Betroffenen, und der Ratschlag, die Menschen sollen sich austanzen, wurde mit einem Holzpodest und einer Musikkapelle unterstützt. Nur wie lange sollte dieses Austanzen des heißen Blutes eigentlich dauern?

Anfang August eskalierte die Lage völlig. Über 100 Personen tanzten wie verrückt durch die Stadt (Rohmann, S. 63). Am Ende des Monates sollen es 400 gewesen sein, von denen rund 15 Personen pro Tag verstarben. Der heiße Sommer forderte seinen Tribut (Waller, S. 4). Als allerletzte Maßnahme wurden die Tanzwütigen aus der Stadt zu einem Schrein zu Ehren des heiligen Veit gebracht. Um diesen Schutzpatron der Tänzer herumtanzend sollen sich die Betroffenen langsam beruhigt haben. Dabei halfen auch die roten Schuhe, die man ihnen anzog und mit einem Kreuz auf der Sohle dem heiligen Veit geweiht hatte. Bereits 100 Jahre zuvor (1418) war es in Straßburg zu einem solchen Phänomen gekommen. Dort begegnete man diesem »St. Vits Tanz ward genannt die Plag« (Königshoven, S. 1090) auf ähnliche Art und hatte damit einigermaßen Erfolg.

Soweit die Überlieferung, die einen guten Einblick in den noch vorherrschenden Aberglauben der damaligen Zeit gibt. Egal, wie es gewesen sein mag, zum Monatswechsel August auf September war der Spuk plötzlich vorbei. Doch die Hinterbliebenen standen unter Schock. Unzählige Schriftstücke, Augenzeugenberichte oder einfache Mitteilungen von Personen, die sich sonst mit solchen Dingen nicht beschäftigten, wurden den Nachfahren hinterlassen. Viele sind leider beim Beschuss der Stadt während des Deutsch-Französischen Krieges 1870 zerstört worden. Wir haben dennoch genügend Beweise, um von einer Erfindung oder Wahnvorstellung der Augenzeugen abzusehen. Doch was war nun in Straßburg und anderswo eigentlich geschehen?

Theorien gibt es viele. Die beiden plausibelsten seien hier nur kurz umrissen. Seit einiger Zeit weiß man von der psychedelischen

Wirkung des Mutterkorns, einer Schlauchpilzart, die aus Getreideähren hervorwachsen kann. Jedoch sind die hauptsächlichen Folgen des Genusses von verunreinigtem Getreide vor allem Durchfallkrämpfe und Durchblutungsstörungen. Die beim mittelalterlichen Krankheitsbild des Antoniusfeuers, das eben durch den Verzehr von mit Mutterkorn verunreinigtem Getreide hervorgerufen wurde, auftretenden Wahnvorstellungen unterscheiden sich von den geschilderten Johannistänzern (Rohmann, S. 30). Auch ist von diesen kein Gewebszerfall mit Geschwüren überliefert, wie sie beim Antoniusfeuer vorkommen. Ein vom Mutterkornpilz befallener Mensch dürfte kaum die Kraft gehabt haben, tagelang durchzutanzen (Vgl. Clemetz, S. 161).

Eine weitere Erklärung ist die einer Massenhysterie. Gerade in der Zeit der Straßburger Ereignisse durchlebten die Menschen eine Krisenperiode. Hungersnot und unterschiedlichste Krankheiten wechselten sich ab. Als ein ungemein populärer Heiliger und Helfer in der Not galt den Menschen der Heilige Veit. Diesen ehrte man, indem man im Reigen bis zur vollständigen Erschöpfung um seinen Schrein herumtanzte. Was aber die Straßburger Geschehnisse betrifft, wurde erst später um einen Schrein getanzt, während das Tanzen anfangs auf einer alltäglichen Straße mitten in der Stadt geschah (Hecker, S. 8). Auch die Tatsache, dass die Hysterie, über die Jahrhunderte verteilt, immer wieder an verschiedenen Orten ausbrach, spricht nicht unbedingt für diese Theorie. Ebenfalls macht es stutzig, dass gerade in der Zeit der großen Pestepidemie in der Mitte des 14. Jahrhunderts keine glaubhaften Berichte über Veits- oder Johannistänze überliefert sind (Rohmann, S. 62).

Bis heute rätseln die Forscher über das, was die Tanzwut hervorrief. Die Theorien reichen von bloßer Einbildung bis zum Biss einer Spinne. So soll die Tarantel aus Apulien Ursache sein (Königshoven, S. 1090). Doch das jahrhundertelange Auftreten einer bis zum Tode tanzenden Menschenmenge können alle nicht schlüssig erklären. Jedenfalls war es irgendwann mit dem Spuk vorbei. Ab dem 17. Jahrhundert sind keine Fälle von Tanzwut mehr überliefert.

Dafür tauchte im 20. Jahrhundert das Phänomen des »Flashmobs« auf. Da dieser zumeist organisiert und nach bestimmtem vorher besprochenem Muster abläuft, passt er nicht zur Tanzwut. Auch dass niemand dabei zu Tode kam, lässt beide als zwei völlig unterschiedliche Arten von Menschenauflauf erscheinen. Würde ein Mensch des 21. Jahrhunderts so die Kontrolle über sich verlieren, dass er so lange herumtanzt, bis er stirbt?

Eine katholische Majestät, ein Präsident und schwindende Manneskraft: Ferdinand II., Félix Faure und der stimulierende Käfer

Einen Thronfolger zu zeugen, war mitunter das Wichtigste während der Regentschaft eines Königs. Mit ihm war die Herrschaft der Familie für die nächste Generation gesichert. Besonders hart schlug deshalb das Schicksal zu, wenn der Sohn eines Königs noch vor seinem Vater starb. Zu der persönlichen Trauer kommt in diesem Falle der abermalige dynastische Druck hinzu, die Ahnenreihe fortzuführen. Der Herrscher muss es also auf eine erneute Vaterschaft anlegen, wozu er gegebenenfalls in Erwägung ziehen muss, sich von seiner älteren Ehefrau zu trennen. Wie allgemein bekannt, können zwar Männer bis ins hohe Alter Kinder zeugen, bei Frauen ist dies jedoch biologisch nicht möglich. Von daher lag für solche Monarchen nichts näher, als eine junge Frau zu ehelichen. Wenn die alte Gattin verstirbt, war dies – dynastisch gesehen – umso besser. Die neue und junge Ehefrau kann dem alternden Monarchen schließlich den Kinderwunsch erfüllen. Nur manchmal benötigt dieser dafür etwas Hilfe, die dem Alter angemessen dosiert sein sollte. Und genau hier liegt die Gefahr. Auch für einen »katholischen König«.

Dieser Ehrentitel wurde das erste Mal von Papst Alexander VI. (1431–1503) im Jahr 1493 durch die Bulle *Inter caetera* verliehen. Papst Alexander VI. selbst, der gebürtige Spanier Rodrigo Borja (ital.: Borgia), war alles andere als ein Vorbild in christlichen Tugenden. Bereits seine Wahl ging mit Ämterkäufen und Bestechungen einher, sein Pontifikat sollte dabei keine Ausnahme machen. Gerade sein Nepotismus, also das Verleihen kirchlicher Ämter und Pfründe an Verwandte, brachte ihm in Kombination mit einem ausschweifenden Lebensstil den Ruf des »Teufels mit der Tiara« ein. Alexander VI. handelte jedoch prinzipiell nicht anders als andere Renaissancepäpste, die ihr Papsttum wie ein weltliches Königtum interpretierten. Dennoch ging er mit der öffentlichen Anerkennung seiner Kinder und der offensichtlichen Lebensgemeinschaft mit seiner Geliebten Giulia Farnese (1474/75–1524) für die Zeitgenossen etwas zu weit (Neumahr, S. 39 f.).

Ganz andere Probleme sollte Ferdinand II. von Aragón (1452–1516) in seinem späteren Leben bekommen – trotz seines von Alexander VI. verliehenen Ehrentitels. Geboren wurde er am 10. März 1452 als einziger Sohn König Johanns II. von Aragón (1398–1479). Mit 14 Jahren ernannte man ihn zum Mitregenten und krönte ihn 1468 zum König Siziliens. Im Jahr darauf heiratete er Isabella von Kastilien (1451–1504), sodass er nach dem Tod seines Schwiegervaters ab 1474 die Herrschaft über León und Kastilien übernehmen konnte. Ferdinands großer Plan war die Vereinigung mit Portugal, die Eroberung des muslimischen Granadas und die Erweiterung der italienischen Besitztümer (Heimann, S. 50). Zweifelsohne war Ferdinand ambitioniert, doch was tatsächlich während seiner Herrschaft geschah, sollte seine kühnsten Träume übertreffen.

Als der König die letzten Anstrengungen unternahm, das südliche Granada zu erobern, sprach ein windiger Abenteurer, der wohl aus finanziellen Gründen aus Lissabon geflohen war, wiederholt bei der Königin vor. Der aberwitzige Plan, nach Westen zu segeln, um im Osten anzugelangen, wurde sowohl von den Portugiesen als auch von einer spanischen Kommission zunächst als undurchführbar abgewiesen. Jedoch konnte der gebürtige Italiener die Zusage erhalten, dass nach der Eroberung Granadas ihm Mittel für seine Fahrt zur Verfügung gestellt werden sollten. Als Granada schließlich im Januar 1492 fiel, wurde alles in die Wege geleitet, und Christoph Kolumbus (ca. 1451 – 1506) konnte im Oktober desselben Jahres jene karibischen Inseln entdecken, die er für westindische hielt. Nachfolgenden Seefahrern wurde dagegen bald klar, dass sich hinter diesen ein ganzer und bisher unbekannter Kontinent verbarg, der in den Besitz der spanischen Krone übergehen sollte (Venzke, S. 19). Die Portugiesen, die keinerlei Anstalten machten, sich mit dem restlichen Spanien irgendwie zu vereinen – woran vor allem frühe Tode diverser Thronfolger und -inhaber schuld waren –, sahen nun ihre eigene Weltmachtstellung gefährdet. Auch sie wollten ihren Anteil an jener immensen Landfläche, deren Konturen den Europäern so langsam klar wurden. Zwischen den beiden iberischen Mächten lag Ärger in der Luft, und so wurde der Papst in Rom als Streitschlichter hinzugezogen. Im *Vertrag von Tordesillas* teilte er 1494 die Welt zwischen den Mächten Portugal und Spanien auf, um einen bewaffneten Konflikt zu verhindern. Das ist der Grund, warum in jedem südamerikanischen Land außer Brasilien Spanisch gesprochen wird; dort spricht man Portugiesisch, weil es auf der portugiesischen Seite der päpstlichen Zirkellinie lag.

1504 starb Königin Isabella, und die gemeinsame Tochter wurde als »wahnsinnig« und demnach für regierungsunfähig erklärt (Kohler, S. 46). Ferdinand war damit nun der alleinige Herrscher aller drei spanischen Königreiche: Aragón, Kastilien und León. Navarra sollte erst 1512 folgen. Jedoch fehlte der männliche Thronfolger. Neben den Töchtern hatte er mit Isabella zwar einen Sohn namens Johann gezeugt. Dieser war aber bereits 1497 im Alter von 19 Jahren verstorben. Auch wenn Ferdinand mittlerweile den Ehrentitel »Katholische Majestät« führte und damit eine besonders fromme Lebensweise suggeriert wurde, war es aus dynastischen Gründen notwendig, dass er nicht zu lange trauerte, sondern sich abermals vermählte. Deshalb heiratete er 1506 die Französin Germaine de Foix (ca. 1488 – 1536), eine Nichte des französischen Königs, die gerade 18 Jahre alt war. Zumindest das Alter der neuen Königin machte Hoffnung, die Manneskräfte des Königs wohl nicht. Ferdinand zählte bereits 54 Jahre – im beginnenden 16. Jahrhundert ein stattliches Alter. Deshalb war Ferdinands Körper nicht mehr in der Lage, alle an ihn gestellten Anforderungen zur vollsten Zufriedenheit zu erfüllen, da mochte die Gattin noch so jung und hübsch sein.

Schließlich entsann man sich eines kleinen geflügelten Käfers in grün-metallischer Farbe. Dieser sollte die wunderbare Fähigkeit besitzen, dem alternden König die nötige Potenz zu geben, um mit Germaine de Foix einen männlichen Thronfolger zu zeugen. Prinzipiell hatte Ferdinand das Mittel gut gewählt, denn der Käfer, der auch »Spanische Fliege« genannt wurde, steigerte wirklich die Potenz. Jedoch war die Gefahr immens groß, die Dosis zu hoch anzusetzen. Der Wirkstoff Cantharidin, der sich in dem Käfer befindet, ist eigentlich ein starkes Gift. Es ist nicht zu belegen, ob er zuerst als Potenzmittel oder als Todesstrafe Anwendung fand – in der Antike finden wir beides. Auch den Unglücksfall. Wie schnell eine leichtfertige Vergiftung zum Tod führen konnte, musste schon Kaiser Nero (37–68) im antiken Rom erfahren, als er dem römischen Ritter Cossinus einen Trank aus Ägypten verordnete. Cossinus litt an Flechten, und der Inhaltsstoff des Trankes »quum cantharidum« (Plinius d. Ä., zit. n.: Lewen, S. 76) tötete ihn. In diesem Falle können wir davon ausgehen, dass Nero den Tod durch die Spanische Fliege unbeabsichtigt herbeigeführt hatte, was bei ihm nicht selbstverständlich war.

Die römische Obrigkeit ging schon vorher mit dem Verkauf des Giftes sensibel um und hatte die Händler strengen Bestimmungen unterworfen, beispielsweise den *Leges Corneliae*, einer Reihe von Gesetzen am Ende der Republik (ebd., S. 55). Das war allem Anschein nach notwendig gewesen. Denn Mordanschläge mit Cantharidin sind deswegen gut durchzuführen, weil bereits eine leichte Überdosierung, also mehr als 30 Milligramm, zu Lebervergiftung, Kreislaufkollaps und Nierenversagen führt. Bei Kontakten mit der Haut bilden sich Blasen und Gewebe stirbt ab. Deshalb war es für einen verborgenen Anschlag zweckmäßig, das Gift irgendwie in den Körper zu bringen. Sehr wahrscheinlich wurde Herzog Heinrich III. von Schlesien-Breslau (ca. 1230 – 1266) durch ein mit Cantharidin präpariertes Messer vergiftet, das er zum Brotschneiden benutzte (ebd., S. 111). Doch es gab ja noch den anderen Effekt, für den sich die Männer der Weltgeschichte begeisterten.

Zunächst sollte mit dem Mythos aufgeräumt werden, dass die »Spanische Fliege« das sexuelle Verlangen steigert. Weder bei Männern noch bei Frauen ist eine solche Zunahme nachweisbar. Was jedoch tatsächlich funktioniert, ist die Steigerung der männlichen Potenz. Durch die Reizung der Harnwege dank des Giftes kommt es zu einer Erektion. Dabei ist auch hier festzustellen, dass eine Überdosierung große gesundheitliche Probleme mit sich bringt: Verätzung der Harnröhre und schmerzhafte Dauererektion. Gelangt Cantharidin in die Blutbahn, kommt es zu den bereits beschriebenen lebensgefährlichen Symptomen. Das muss in Zeiten, in denen der Wirkstoff als solcher nicht extrahierbar und dadurch prinzipiell unbekannt war, oft geschehen sein. Erst der Pariser Apotheker Pierre Jean Robiquet (1780–1840) konnte Cantharidin im Jahr 1811 isolieren und die giftige Wirkung des Stoffes zweifelsfrei beweisen (Emsley, S. 166). Dies war im Grunde nicht notwendig, weil man von der tödlichen Gefahr aus bitteren Erfahrungen bereits wusste. Auch Ferdinand der Katholische hätte dies wissen können.

Zehn Jahre lang war er bereits mit Germaine de Foix verheiratet und es fehlte immer noch ein Thronfolger. Zu allem Unglück war der gemeinsame Sohn Johann bei der Geburt im Jahre 1509 verstorben. Nun mit 63 Jahren unternahm der König nochmals einen Versuch, jedoch nicht ohne vorher sein Testament aufzusetzen, in dem er auf Druck der spanischen Adligen seinen Enkel Karl (1500–1558) als Erben des Reiches einsetzte. Der Wunsch nach einem männlichen Nachkommen dauerte also bis zum letzten Tag von Ferdinands Leben an. Und es gab im Umfeld des Königs Vorahnungen, dass dies das letzte sein könnte, was er auf Erden vollbringen würde. So schreibt der Chronist Petrus Martyr von Anghiera (1457–1526): »Wenn unser König sich nicht von seinen Begierden löst, wird seine Seele bald zum Herrn wandern und sein Körper zur Erde; er steht schon im 63. Lebensjahr und bemerkt nicht, daß seine Frau sich von ihm abwendet, und sie genügt ihm nicht, zumindest nicht in seinen Wünschen« (zit. n.: Kohler, S. 33).

Der Chronist Alonso de Santa Cruz (1505–1567) berichtet in seiner *Crónica de los Reyes Católicos*, dass der König und die Königin zu diesem Vorhaben in Carrioncillo, unweit Medina del Campo zusammenkamen, wo die Königin ihn veranlasste, »einige Getränke mit Stierhoden und anderen Medizinprodukten zu nehmen, die dabei halfen, Nachkommen zu zeugen« (zit. n.: Martín, S. 53, Übers. d. Autors). Zu diesen »Medizinprodukten« gehörte auch Cantharidin (Gargantilla, S. 75). Die Wirkung muss so verheerend gewesen sein, dass einige annahmen, die Königin habe ihm Gift gegeben. Im Grunde stimmt das, jedoch war es nicht ihre Absicht gewesen, den Gatten zu töten. Wir wissen natürlich nicht, inwiefern bestimmte Vorerkrankungen des Königs eine Rolle spielten, oder ob das Aphrodisiakum zu hoch dosiert war. Jedenfalls starb er am 13. Januar 1516 nach dem missglückten Versuch, mit seiner Frau ein Kind zu zeugen.

Weniger nobel und keinesfalls mit dynastischen Hintergedanken waren die Absichten des siebten Präsidenten der Französischen Republik Félix Faure (1841–1899). Dieser starb in seinem Büro infolge eines Schlaganfalles. Ursache war eine Dame mit dem Spitznamen »la pompe funèbre« – ein Wortspiel aus dem französischen Wort für Bestattungsunternehmen »pompes funèbres« und dem Verb »pomper«, das umgangssprachlich für Oralsex steht. Besagte Dame hieß jedenfalls Marguerite Steinheil (1869–1954) und war die Geliebte des Präsidenten. Am 16. Februar 1899 wurde sie von Faure angerufen und gebeten, um 17 Uhr zu ihm zu kommen. Der Präsident hatte infolge der Dreyfus-Affäre allerhand zu tun und beschloss, sich von der verheirateten Madame Steinheil auf andere Gedanken bringen zu lassen. Dafür nahm er eine große Dosis Cantharidin ein. Er verschwand mit der Geliebten im »blauen Zimmer« des Elysée-Palastes. Kurz darauf vernahm der Kabinettschef einen Schrei und eilte in das Zimmer. Er sah den Präsidenten auf einem Diwan liegen mit nichts anderem an als seiner Weste, während er Madame Steinheil an den Haaren festhielt. Diese löste sich von dem Griff, zupfte sich ihre Kleider zurecht und verschwand rasch, während Félix Faure noch bis gegen 22 Uhr vergeblich um sein Leben kämpfte (Deloire/Dubois, S. 56). Als offizielle Todesursache wurde ein Schlaganfall angegeben, aber bald schon war in den Gazetten zu lesen, wodurch er ausgelöst worden war. Marguerite Steinheil wurde später noch des Mordes an ihrem Ehemann beschuldigt, letztlich aber freigesprochen (Cosseron, S. 109).

Félix Faures Amtszeit wurde von der Dreyfus-Affäre überschattet, die Frankreich in eine große Krise führte. Die Bilanz seiner Amtszeit ist – gelinde gesagt – einigermaßen überschaubar, während man dies über die »Allerkatholischste Majestät« Ferdinand II. nicht sagen kann. Dieser legte während seiner Regierung den Grundstein für das spanische Weltreich seines Nachfolgers Kaiser Karl V., in dem die Sonne niemals unterging. Dieser hatte genügend männliche Nachfahren, sodass er die »Spanische Fliege« nicht nötig hatte. Stattdessen trank er zu viel Bier. Aber das ist eine andere Geschichte …

Warum Lachen nicht immer gesund ist II.: Martin I. von Aragón, Pietro Aretino und ein schlüpfriger Witz

Wenn man die Mächtigen seiner Zeit zum Lachen bringen kann, ist dies zumeist ein Vorteil für einen selbst. Hofnarren jeder Couleur haben von dieser simplen Tatsache profitiert und eine Profession daraus gemacht, dass viele Herrscher gerne auf lustige Art unterhalten werden wollten. Doch es gab Regeln hinsichtlich der Themen und der Vortragsweise. In der Welt des Mittelalters wurde streng zwischen den Gesellschaftsschichten getrennt. Ein Adliger ließ sich normalerweise nicht dazu herab, selbst wenn er die Gelegenheit gehabt hätte, über ländlich-bäurische Darbietungen zu lachen. Gaukler und Possenreißer mussten sich also auf ihr jeweiliges Publikum einstellen. Jedoch standen Obszönitäten zu jeder Zeit und in jeder Schicht ganz hoch im Kurs. Manchmal waren diese so lustig, dass der Monarch Gefahr lief, sich totzulachen.

So wird über das Ende von König Martin I. von Aragón (1356–1410) Folgendes berichtet: Der Hofnarr namens Borra wollte seinen Herren aufheitern. Dieser lag mit Verdauungsstörungen im Bett, weil er eine ganze Gans zu gierig und schnell verschlungen hatte. Als Borra den Raum betrat, fragte der König, wo er herkomme. »Vom nächsten Weinberg,« so der Narr, »wo ich einen jungen Hirschen an seinem Schwanz an einem Baum hängen sah, als ob er von jemanden so bestraft worden sei, weil er Feigen stahl« (zit. n.: Doran, S. 318, Übers. d. Autors.). Die Schlüpfrigkeit dieser Antwort entfaltete zu Beginn des 15. Jahrhunderts auf Aragonesisch ihre Wirkung. Der junge Hirsch, der an seinem Schwanz aufgehängt wurde, was natürlich seit Menschengedenken nur eine Assoziation zuließ, und die Feige, die dank ihrer Ähnlichkeit zum weiblichen Geschlecht als Fruchtbarkeitssymbol galt – dies waren die Zutaten des Witzes. Der König soll am folgenden Lachanfall gestorben sein. Der Witz an sich ist natürlich Geschmackssache und nach fast 600 Jahren nicht einfach zu verstehen. Aber uns machen vor allem zwei Dinge hinsichtlich des vermeintlichen Todes durch Lachen stutzig: Erstens die schwere Verdauungsstörung eines alten Mannes nach einem opulenten Gänsemahl, und zweitens die Feige. Bereits bei den Alten Griechen soll die Verbindung Feige und Tier den tödlichen Lachanfall ausgelöst haben (vgl. Warum Lachen nicht immer gesund ist I.). Ob der König durch diesen schlüpfrigen Witz starb, darf bezweifelt werden. Vielleicht starb König Martin eher aufgrund der Aufregung nach der Entdeckung, dass sein Narr Borra für den Kaiser Sigismund (1368–1437) an seinem Hof spionierte (Amelunxen, S. 17)?

Doch selbst wenn der König von Aragón tatsächlich dank des witzigen Narren verstorben sein sollte, bedeutete dies nicht das Ende der Kultur der Gaukler und Possenreißer und ihren schlüpfrigen Darbietungen. Im Gegenteil. Am Ende der Epoche, die wir als Mittelalter bezeichnen, schleichen sich in die derben Späße und Bloßstellungen erste Sentenzen, welche die Ritter und damit die Adligen verhöhnten (vgl. Borst, S. 301). Das sozialkritische Element gewann immer mehr an Raum, sodass die Grenze zwischen bloßer Unterhaltung und Kritik zu verschwimmen begann. Das alles war noch recht vorsichtig und fern jener Frivolität, die sich in der Renaissance Bahn brechen sollte. Hier am Ende der Epoche der Ritter und ihrer Kultur aber wurde es schlüpfriger und obszöner als jeder Feigen klauende Hirsch es je sein konnte. Und mit dieser neuen Art des kritischen Spottes, der die Grenze der Pornografie oftmals überschritt, ist ein Name ganz fest verbunden: Pietro Aretino (1492–1556).

Wie sein Name sagt, stammte er aus Arezzo (*aretino* = »aus Arezzo stammend«). Wahrscheinlich war er der Sohn eines Schusters, wobei sich die Forschung hierüber bis heute uneins ist. Klar ist, dass er keine besondere Bildung in jungen Jahren genossen hatte. Dies wurde er nie müde zu betonen (Thiele-Dohrmann, S. 18). Er behauptete, er habe die Schule nur so lange besucht, bis er das Kreuzeszeichen beherrschte. Dementsprechend lästerte er über die »Pedanten«, die nur mit stupidem, antrainiertem Wissen ohne eigene Lebenserfahrung glänzen konnten. Reine Reproduktion sei dies. Irgendwann als Teenager lebte er in Perugia, wo er erste literarische Texte schrieb. Diese fanden Gefallen, und seine Sonette wurden in Venedig erstmals 1512 veröffentlicht. Auf Vermittlung des toskanischen Bankiers Agostino Chigi (1466–1520) ging er 1517 nach Rom, wo er für Giulio de' Medici (1478–1534) arbeitete, den späteren Papst Clemens VII. (ebd., S. 24).

Die Liste der Künstler und Schriftsteller, mit denen er fortan verkehrte, ist lang. Es seien hier nur Giulio Romano (1499–1546), Raffael (1483–1520) und Paolo Giovio (1483–1552) erwähnt. Nach einiger Zeit der Eingewöhnung und des Fuß-Fassens in Rom kam seine große Stunde, nachdem Papst Leo X. (1475–1521) gestorben war. Die ausschweifende, genusssüchtige Art des Klerus hatte er aus nächster Nähe kennenlernen dürfen. Während dem Konklave richtete sich nun all sein schriftstellerisches Können gegen diese. Hierzu diente ihm die Statue des Pasquino, die 1501 bei Pflasterarbeiten gefunden und an der Piazza Navona aufgestellt wurde. Die Reste der hellenistischen Skulptur waren seit ihrer Entdeckung für die Studenten der Stadt der Ort, an dem sie Spottgedichte anbrachten. Warum sie das taten, darüber gibt es viele Vermutungen und Legenden. Unter anderem soll Pasquino ein Lehrer gewesen sein, der mit seiner Kritik an der römischen Obrigkeit nicht sparte. Dabei hatte dieser – wenn es ihn denn gegeben haben sollte – mit der Figur an sich nichts zu tun. Wo die ursprüngliche Statue im Altertum stand oder wer sie wann anfertigte, darüber ist sich die Fachwelt bis heute uneins. Jedenfalls soll dieser legendäre Lehrer mit kunstvollen lateinischen Epigrammen, die sich an den antik-römischen Versen orientierten, Politiker aufs Korn genommen haben. Als Pasquino verstarb, rissen die Stadtherren sein Haus ab, um die Erinnerung an ihn zu tilgen. Dabei entdeckte man, dass die Türschwelle nichts anderes war als eine umgedrehte antike Statue. Man stellte sie an besagtem Ort auf, und nach kurzer Zeit trug sie einen frechen Vers. Fortan brachten die Gymnasiasten der Stadt immer wieder Spottverse an ihr an (Thiele-Dohrmann, S. 31). Ein Ort, wie geschaffen für den Aretiner mit der spitzen Feder, der sich auch die Form des Spottgedichtes zu eigen machte. Das Besondere war nun, dass Pietro Aretino gewissermaßen »aus dem Nähkästchen« plaudern konnte. Er war in die engsten Kreise der gehobenen Gesellschaft eingeführt worden und bekam unmittelbar deren Betragen und Skandale mit. Aretino war der Erste, der seine Einsichten schriftstellerisch unverhohlen ausnutzte und Persönliches enthüllte. Er gilt damit sozusagen als Urvater des Enthüllungsjournalismus.

Aretinos Spottgedichte waren zumeist nicht jugendfrei. Dies hing vor allem daran, dass es das Leben der Kardinäle, Künstler und Bankiers auch nicht war. Als das Lieblingstier des Papstes, ein Elefant, 1516 starb, verfasste Aretino eine Art »Trostschrift« für Leo X., in der er den letzten Willen des Tieres auf witzige Art wiedergibt. In »Das Testament des Elefanten« beschreibt er mit den Worten eines Kenners alle möglichen Laster des römischen Volkes und des Klerus. Dass dies dem Papst und den kirchlichen Würdenträgern neu war, darf bezweifelt werden, jedoch konnte es nun jeder in der Stadt und darüber hinaus nachlesen. Mit dem allzu sorglosen Umgang mit seinen Worten war es aber vorbei, als Leo X. starb (Ebd., S.28).

Das neuerliche Konklave begleitete Aretino noch mit seinem Spott, den er in der Nähe der Piazza Navona am Pasquino anbringen ließ. Diese, schlicht als »Pasquino« bezeichneten Verse, ließen keinen Kardinal aus. »Colonna ist ein größeres Schwein als jeder Franzose, ein größerer Sodomit als Kardinal Monte […]« (zit. n.: Zwecker, S. 73 f.). Nur einer blieb ohne Spott: Giulio de' Medici. Das hatte natürlich einen besonderen Grund. Ihm räumte Aretino große Chancen ein, der nächste Papst zu werden. Doch es kam anders, und der sittenstrenge Adrian von Utrecht bestieg als Hadrian VI. (1459–1523) den päpstlichen Thron (Schimmelpfennig, S. 277). Für Aretino ein Rückschlag, da es nun vorbei war mit der finanziellen Unterstützung und dem prunkvollen Leben im Vatikan, wo er so viel Stoff für seinen Spott gefunden hatte.

Doch es kam noch schlimmer. Bald schon gerieten er und seine Pasqinaden in den Fokus des päpstlichen Zorns. In den Tiber wolle der Papst ihn werfen lassen, drang es aus dem Vatikan. Aretino hatte vorerst genug gehört, um sich der Gefahr bewusst zu sein, in der er sich befand, und zog sich in den Machtbereich der Medici nach Florenz und schließlich nach Mantua zurück. Hier fand er am Hofe des Markgrafen Federico II. Gonzaga (1500–1540) genau jenes Mäzenatentum und die Prachtliebe, die er brauchte (Noack, S. 8). Doch Mantua war ihm zu klein. Hinzu kam, dass seine Spottgedichte über den Papst diesen im nicht allzu fernen Rom erreichten und dessen Zorn ihn auch hier treffen konnte. Für die Stadt war dies ebenfalls eine sehr unangenehme Situation, da sie keinesfalls den päpstlichen Unmut auf sich ziehen wollte. Deshalb entzog Mantua ihm seinen Schutz, und Aretino musste sich eine neue Bleibe suchen. Diese fand er beim Söldnerführer Giovanni dalle Bande Nere (1498–1526). Bei ihm, einem gebürtigen Medici (weshalb man ihn in der Literatur auch als »Giovanni de' Medici« findet), war er sicher und konnte mit Versen über dessen Tapferkeit gefallen (Thiele-Dohrmann, S. 54). Hier begann Aretino auch seine Komödie zu schreiben, die ihn bei den großen Herrschern begehrt machen sollte. *La Cortigiana* – »Die Kurtisane«.

Als Hadrian VI. schon 1523 starb, trennte sich Pietro von seinem liebgewonnenen Lagerleben der Krieger und kehrte nach Rom zurück, obgleich er mit dem Condottiere in ständiger Verbindung stand. Hier setzte sich bei der Papstwahl Giulio de' Medici endlich durch und damit die Hoffnung, dass es mit der sittenstrengen Zeit vorüber sei (Ebd., S. 56 f.). Für Aretino wurde die Lage jedoch deswegen kompliziert, weil er offen für den Medici Position bezogen hatte und nun schlechterdings mit seinen Pasquinaden über ihn spotten konnte. Er stand bei Papst Clemens VII. – wie sich Giulio de' Medici nannte – nun hoch in der Gunst. Der Aretiner musste sich also einen anderen Stoff suchen. Diesen fand er in den »Wollüstigen Sonetten«. Auch wenn er diese als ein Loblied auf die Geschlechtlichkeit konzipiert hatte, muten sie aufgrund ihrer Primitivität eher wie die gereimten Sprüche an, die man auf Wänden diverser Etablissements schon im antiken Rom finden konnte. Im folgenden eine kleine Kostprobe dieser »Kunst«:

»Komm vögeln! Schnell! Komm vögeln, liebe Seele!
Zum Vögeln sind wir Menschen ja geboren.
Du liebst den Schwanz, ich liebe deine Möse.
Denn ohne diese wär' die Welt verloren.«
(Zit. n.: Ebd., S. 65)

Es ist nicht verwunderlich, dass jene Sonette nicht bei allen gut ankamen. Aretino schaffte es zugleich, seine einflussreiche Stellung beim Papst einzubüßen. Jedoch weniger – wie man zunächst vermuten könnte – durch die zotigen Verse, sondern durch politische Ratschläge. Darüber hinaus hatte er anscheinend noch andere Personen gegen sich aufgebracht, die ihn gänzlich aus dem Weg schaffen wollten. Am 25. Juli 1525 überlebte er einen Mordanschlag in den Gassen Roms nur knapp (Noack, S. 9). Es war offensichtlich, die Stadt am Tiber war für ihn nicht mehr sicher.

Im März 1527 nahm er ein Angebot Venedigs an und zog in die Lagunenstadt, die ihm all das garantieren konnte, was er benötigte. Hier blieb er bis zu seinem Tod und verkehrte unter anderem mit Tizian (ca. 1490–1576) und Tintoretto (1518–1594). Venedig war das Druckereizentrum Europas, und Aretino bezog den Palazzo Bollano am Canale Grande. Mit viel Unterstützung durch Mäzene konnte er in der liberalen Republik Hof halten wie ein Fürst. Neben den erwähnten Künstlern gingen auch viele Kurtisanen ein und aus, die man bald »Aretinerinnen« nannte (Zwecker, S. 74). In dieser Umgebung entfaltete er seine ganze Schaffenskraft, und es buhlten bald Kaiser Karl V. (1500–1558) und der französische König

Franz I. (1494–1547) um ihn. Es hatte sich nämlich herausgestellt, dass Aretinos Worte Gewicht hatten. Nicht nur konnte das spöttische Wort Schaden anrichten, auch das Lob konnte Aufstiege ermöglichen und bedeutete Prestige, selbst für die Allerhöchsten.

Hier in der Lagunenstadt verfolgte Aretino einen gänzlich neuen Ansatz bei den gelehrten Zusammenkünften. Er wollte nicht die akademische Gelehrsamkeit im Vordergrund wissen, sondern die natürliche Empfindung. Die Natur solle den Dichter und den Maler lehren, nicht die verstaubten Bücher der alten Meister. »Wandelt immer auf den Wegen, die die Natur Euerm Streben weist, wenn Ihr wollt, daß Eure Schriften sogar von dem Papier, auf das ihr sie schreibt, bewundert werden, und spottet der hungrigen Wortjäger, denn zwischen Nachahmen und Plagiieren besteht ein großer Unterschied.« (Zit. n.: Thiele-Dohrmann, S. 175)

Er kümmerte sich also nicht nur um die fleischlichen Gelüste und das Verspotten von Zeitgenossen, sondern übte sich auch in der Kunstkritik. Dennoch galt er immer noch als gefürchteter Verfasser von Texten im Stile der Pasquinaden. Um möglichst von der spitzen Feder verschont zu bleiben, zahlte ihm Kaiser Karl V. gar eine Art Rente aus, während König Franz I. ihm eine kostbare Goldkette zukommen ließ. Von Aretino wollte wahrlich niemand, sei er Kaiser oder König, verspottet werden.

Sein Haus wurde zum Treffpunkt derer, die Rang und Namen hatten. Manchmal war es ihm gar zu viel und er sehnte sich nach etwas Ruhe. Vor allem Frauen bevölkerten seinen Haushalt, die teilweise vor ihren sie betrügenden Männern geflohen waren, was diese nicht davon abhielt, ihrerseits den Ehebruch zu vollziehen. Mit einer zeugte Aretino eine Tochter, die er Adria nannte. Ihr folgte die Tochter Austria, für die er sogar vom Kaiser persönlich eine Mitgift ergattern konnte. Ihnen gegenüber hatte er ehrliche Gefühle und sorgte sich rührend um sie und ihre Mutter, Caterina Sandella (ebd., S. 193). Auch den anderen Frauen in seinem Haus gegenüber war er sehr großzügig und oftmals zu weichherzig, wie Tizian ihm vorhielt. Den Vorwurf, dass sie sich sogar über ihn lustig machten, wollte er natürlich nicht auf sich sitzen lassen. So schrieb er seinem Malerfreund: »Weit entfernt, mich darüber zu empören, lache ich nur darüber« (zit. n.: Ebd.).

Pietro Aretino hatte gerne gelacht und andere zum Lachen gebracht. Insbesondere den einfachen, nach klassischem Ideal ungebildeten Leuten fühlte er sich verbunden. Seine zotigen Verse sind literarisch nicht anspruchsvoll. Dafür waren sie umso wirkungsvoller und im Europa des 16. Jahrhunderts weitläufig bekannt. Ein solch berühmter Mann wie Pietro Aretino durfte der Überlieferung nach natürlich nicht einfach so sterben. Dass ihn in seinem Haus in Venedig ein schnöder Schlaganfall zum Verstummen brachte, wäre ihm in dieser Banalität nicht angemessen, auch wenn es die wahrscheinliche Todesart war. Es musste etwas sein, das zu Leben und Werk passte.

Dem Gerücht zufolge, das bald nach seinem Ableben umging, saß er mit seinen Kurtisanen und Freunden beim Bankett in seinem Haus. Es war der 21. Oktober 1556. Pietro Aretino war 64 Jahre alt. Einer der Anwesenden (je nach Legende war es die Schwester selbst) flüsterte dem Gastgeber einen Witz ins Ohr. Bei diesem ging es um seine Schwester, die in einem Bordell in Arezzo arbeitete. Pietro Aretino musste darüber so sehr lachen, dass er rückwärts vom Stuhl fiel. Dabei soll er sich das Genick gebrochen haben (Mazzuchelli, S. 76).

Wie als Memento und Zusammenfassung seines Lebens sagt er Jahre vor seinem Tod über sich selbst: »Ich lache über die Pedanten, die sich einbilden, die ganze Bildung beruhe nur auf der griechischen und der lateinischen Sprache, und die behaupten, wer diese nicht verstehe, könne überhaupt nicht mitreden« (zit. n.: Thiele-Dohrmann, S. 20). Vielleicht wäre er noch älter geworden, hätte er an diesem Tag über jene gelacht statt über seine Schwester.

Drei Franzosen, zwei Bälle und eine zerbrochene Lanze: Arnaud de Montaigne, Karl VIII., Heinrich II. und der tödliche Sport

Nicht nur der eigene Tod hat logischerweise einen maßgeblichen und finalen Einfluss auf unser Leben, sondern auch der Tod unseres Nächsten. Das ist keine besonders tiefsinnige Erkenntnis. Wenn es uns aber gelingt, aus dem sinnlosen und skurrilen Tod unseres Nächsten heraus eine Wende in unserem Leben zu vollführen, sodass wir noch Jahrhunderte später andere Menschen damit beeinflussen können, dann verlassen wir das Reich der Allgemeinplätze. Dies gelang dem Politiker, Gutsbesitzer und philosophischen Schriftsteller Michel de Montaigne (1533–1592), der im betagten Alter an den Folgen eines Schlaganfalles nach einer langen Leidenszeit infolge einer Nierenkolik verstarb (Bakewell, S. 348). Doch der Tod, der philosophisch bis heute nachhallt, war nicht sein eigener. Er drang in einem unbeschwerten Moment ohne Vorwarnung in seinen engsten Familienkreis ein und veränderte auch sein Leben für immer.

Der Vater, Pierre Eyquem de Montaigne (1495–1568), war der Erbe der Eyquem, einer recht wohlhabenden Handelsfamilie. Sie residierten seit dem 15. Jahrhundert auf dem Schloss Montaigne, rund 60 Kilometer östlich von Bordeaux. Pierre heiratete die ebenfalls aus einer reichen Handelsfamilie stammende Antoinette de Louppes de Villeneuve (1514–1603). Ihre Ehe sollte kinderreich werden, wobei nicht alle Nachkommen das Erwachsenenalter erreichten. Michel wurde als drittgeborener Sohn der erste, der die gefährlichen Kinderjahre überstand. Nach ihm kamen die Schwester Jeanne (geb. 1536) und der Bruder Thomas (geb. 1537), bis im Jahr 1541 Arnaud Eyquem de Montaigne (1541 –ca. 1569) geboren wurde. Doch nur bei Michel können wir uns anhand der Schilderungen in seinen *Essais* ein Bild davon machen, wie seine Erziehung vonstattenging. Wir gehen aber davon aus, dass jene seiner Geschwister ähnlich verlaufen sein dürfte.

Die Säuglingsjahre verbrachten die Kinder bei einer Amme abseits des heimatlichen Herdes. Das waren Bauern der Umgebung, die kein Französisch sprachen, sondern den landesüblichen Dialekt des Périgord (Bakewell, S. 64). Diese Vorgehensweise sollte die Kinder dem elterlichen Haus entwöhnen und sie damit abhärten. Dies war für die französischen Adligen im 16. Jahrhundert sehr wichtig. Ein anderer Aspekt für die Art und Weise der Erziehung speiste sich aus der intellektuellen Aufbruchsstimmung der Zeit. Pierre Eyquem de Montaigne hatte als Soldat mit König Franz I. in Italien gekämpft. Hier war er wie so viele andere Teilnehmer des Feldzuges auch mit der italienischen Renaissance und dem Humanismus in Berührung gekommen. Fasziniert und inspiriert nahmen sie viele Ideen aus Italien mit nach Frankreich. Dazu gehörte insbesondere die Vorstellung, dass man möglichst perfekt Latein beherrschen müsse, um die alten Klassiker im Original zu verstehen. Erst so werde man zum Menschen. Von daher bestand der Unterricht der adligen Zöglinge zunächst darin, Latein zu pauken. Dies geschah im Hause Montaigne durch einen deutschen Arzt namens Horst, der sich zeittypisch latinisiert Horstanus nannte. Dabei erscheint es recht modern, wenn man die Motivation des Kindes, mit Freude zu lernen, zur Regel machte. Das änderte jedoch nichts am langweiligen Auswendiglernen der grammatikalischen Regeln (ebd., S. 66). Die Neugierde und zwanglose Beschäftigung mit allem, was interessierte, sollte zumindest bei Michel schriftstellerische und damit geistige Früchte tragen. Wie es bei seinen Brüdern war, wissen wir indes nicht.

Über Arnaud wissen wir nur, dass er – wie sein älterer Bruder auch – das Collège de Guyenne in Bordeaux besuchte (Malvezin,

S. 145). Hauptsächlich wurde hier das Latein weiter vertieft, indem man tagein tagaus auswendiglernte. Hauptunterschied zum Unterricht im Hause Montaigne war die strenge Disziplin und mangelnde Freiheit. Morgens literarische Klassiker, die penibel ausgelegt wurden, nachmittags Grammatikübungen und abends das Lesen weiterer Texte – so sah der Schulalltag aus (Bakewell, S. 72). Erst in den höheren Klassen lockerte sich diese stupide Paukerei etwas auf, indem die Schüler miteinander debattieren durften; auf Latein selbstverständlich. Nach oder kurz vor Ende der Schulzeit wurde Arnaud in Bordeaux Land mit Weinanbaufläche übertragen. Dieses befand sich im Médoc auf der Flussinsel Macau (Malvezin, S. 147). Von seinem Onkel Gaujac, dem einige Ländereien gehörten, bekam er den kleinen Adelssitz mit dem Namen »Saint Martin« übertragen. Infolgedessen benannte sich Arnaud danach (ebd. S. 148). Als wohlsituierter Adelssohn hatte Arnaud genügend Zeit, sich sportlichen Aktivitäten hinzugeben. Eine davon trieb bereits seit einigen Jahrhunderten ihr Unwesen in Frankreich und tut es auf der ganzen Welt bis heute: Tennis.

Schon im Hochmittelalter betrieb man in den Klöstern im Norden Frankreichs das Spiel mit einem Ball und ersten bescheidenen Regeln. Zeitgenössische Quellen sprechen von einer »Unsitte« (vgl. Gillmeister, S. 9 f.). Dies hielt die Mönche aber nicht davon ab, das Ballspielen weiter zu kultivieren und die Regeln zu erweitern, die zunächst wenig mit unserem heutigen Tennis gemein hatten. Im 13. Jahrhundert wurden zwei Mannschaften gewählt und der Kreuzgang zur Spielfläche erhoben. Mit einem Handschuh versuchte der jeweilige Angreifer an den Verteidigern vorbei, den Ball ins Tor zu schlagen. Dieses konnte der Torbogen sein oder einfach die gegenüberliegende Mauer (ebd., S. 55 f.). Die Regeln der klerikalen Spiele hoben sich von den Ballspielen des einfachen Volkes ab, wo eine Vorform des Fußballs mehr Ähnlichkeit mit dem heutigen Rugby hatte und meistens in wilde Schlägereien ausartete. Erst im 15. Jahrhundert entwickelte es sich zum *Calcio storico* (ital.: »historischer Fußball«), bei dem auch die Adligen mitmachten und der mit großartigen Inszenierungen zwar nicht weniger brutal war, jedoch bis heute gepflegt wird (Bredekamp, S. 43 f.). Das weniger blutige Spiel mit der Hand wurde in Frankreich *jeu de paume* genannt, »Handflächen-Spiel« (Gillmeister, S. 125; auch: *jeu de la paume*).

In welchem Jahr das schicksalhafte Spiel für Arnaud stattfand, ist nicht ganz gesichert. Es muss auf jeden Fall vor dem 23. Mai 1569 geschehen sein, da für diesen Tag belegt ist, dass eine kostbare Goldkette aus Arnauds Besitz an die Mutter übergeben wurde (Marlet, S. 149). Zu diesem Zeitpunkt war er also bereits tot. Gelebt hatte er wohl noch am 22. August 1568, als das Erbe des Vaters aufgeteilt wurde (Dowden, S. 119). Er erhielt Ländereien und eine große Summe Geld. Zwischen diesen beiden Daten muss Arnaud wie so oft eine Partie gespielt haben und bekam dabei einen Ball an den Kopf. Vielleicht auch nicht zum ersten Mal. Immerhin zeigte er unmittelbar darauf keine besonderen Reaktionen, was nicht für eine große Heftigkeit des Aufpralles spricht. Oder er war als *capitaine* eines Regimentes einfach darauf trainiert, keine Schmerzen vor anderen Menschen zu zeigen. Jedenfalls konnte Arnaud einige Stunden später nicht mehr verbergen, dass mit ihm etwas nicht stimmte. Kurz darauf verlor er plötzlich das Bewusstsein und verstarb (Bakewell, S. 22). Das war natürlich ein Schock. Besonders bei seinem älteren Bruder Michel löste dies eine tiefe Krise aus, die er philosophisch für sich zu lösen versuchte. Der kerngesunde 27-jährige Bruder, in der Blüte seines Lebens durch eine solche Banalität wie das *jeu de paume* plötzlich aus dem Leben gerissen, das musste verarbeitet werden. Michel schrieb später Sätze wie: »Man kann den Wert eines Lebens nicht nach der Länge messen; er ist vom Inhalt abhängig. Manches lange Leben ist inhaltlos. Nutzt es, solange ihr es in den Händen habt: von eurem Entschluß, nicht von der Lebensdauer hängt es ab, ob ihr euch mit dem Gedanken abfindet: wir haben genug gelebt« (Montaigne, Essais, S. 69).

Ob Arnaud im Sinne seines Bruders genug gelebt hatte, können wir nicht sagen. Michel jedenfalls zog sich wenig später ins Private zurück, wo er in einem eigens eingerichteten Turmzimmer seine

Studien betrieb und seine *Essais* schrieb. Dem Leben einen Sinn geben und anderen dabei helfen, ihren Lebenssinn zu finden, dies nahm er sich als große Aufgabe vor. Nur selten verließ er das Anwesen, unter anderem für eine Italienreise und eine Amtszeit als Bürgermeister von Bordeaux. Ob er jemals selbst den Vorläufer des heutigen Tennis gespielt hat, ist nicht belegt. Immerhin bezeichnete er sich selbst gerne als Faulpelz und gab zu, dass er nicht die Körperlichkeit seines Vaters geerbt hatte (vgl. Blakewell, S. 80 f.).

Dass das *jeu de paume* auch für Könige gefährlich sein konnte, zeigt das Schicksal König Karls VIII. (1470–1498). Dieser stieß sich auf dem Weg zu einer Partie *jeu de paume* den Kopf so heftig an einem Türsturz an, dass er kurz darauf an den Folgen verstarb. Wahrscheinlich war es aufgrund des Schädel-Hirn-Traumas zu einer Hirnblutung gekommen, wie vielleicht bei Arnaud de Montaigne auch. Jedenfalls erlosch mit dem Tod Karls VIII. der ältere Stamm der Valois. Die ihm folgende Nebenlinie brachte mit König Franz I. einen äußerst tatkräftigen und populären Herrscher hervor, der zumindest in sportlicher Hinsicht kein Unglück auf sich zog. Leider kann man dies von seinem Sohn und Nachfolger Heinrich II. (1519–1559) nicht behaupten. Auch wenn er nicht beim Ballspielen das Unglück heraufbeschwor, so jedoch als Bewahrer alter, mittlerweile altmodischer Ritterspiele. Beim Lanzenstechen am 30. Juni 1559, das zur Feier des *Vertrages von Cateau-Cambrésis* abgehalten wurde, war Heinrich II. schon mehrmals erfolgreich gewesen. Gegen Ende des langen Tages wollte er bei einem letzten Tjost (ritterlicher Zweikampf zu Pferd mit Lanze) seine Erfolge des Tages krönen. Sein Gegner war Gabriel de Lorges, Graf von Montgomery (1526–1574), ein schottisch-stämmiger Hauptmann der königlichen Garde. Als die Schlachtrösser aufeinanderprallten, hielten die Anwesenden den Atem an. Der König saß wie sein Gegner nach dem Zusammenstoß auf dem Pferd, aber er zitterte und rutschte schließlich am Ende der Arena langsam vom Sattel. Man eilte zu Hilfe und sah, dass die Lanze des Grafen vom Schild abgeprallt war. Der Schild hatte also scheinbar seine Aufgabe erfüllt, den

Reiter zu schützen. Ein großer Splitter der am Schild zerbrochenen Lanze war jedoch durch den Schlitz des Visieres des königlichen Helmes eingedrungen. Vorsichtig nahmen die Ersthelfer diesen nun ab und mussten sehen, dass der große Splitter unterhalb der Augenbraue tief ins Auge gedrungen war (Marlet, S. 15). Die herbeigerufenen Ärzte, allen voran der berühmteste Chirurg seiner Zeit, Ambroise Paré (1510–1590), konnten den Splitter nicht entfernen. Wahrscheinlich war er bis ins Gehirn hineingedrungen. Bevor der König ins Delirium des unabwendbaren Todeskampfes fiel und am 10. Juli starb, konnte er dem Grafen von Montgomery noch vergeben. Dieser Sportunfall hatte immense politische Folgen, denn er löste eine lange Zeit politischer Instabilität in Frankreich aus, die erst gegen Ende des Jahrhunderts überwunden werden sollte. Vielleicht wäre es besser gewesen, wenn Heinrich lieber *jeu de paume* gespielt hätte? Hier ist das Risiko, trotz unserer beiden Beispiele, wohl als geringer einzuschätzen als beim Lanzenstechen.

Ein Däne in Prag, Astronomie und zu viele Getränke: Tycho Brahes zeremonielle Unterdrückung der Bedürfnisse

Die Ehre genießen, beim größten Herrscher seiner Zeit mit seiner Familie und allerlei Privilegien leben und an Banketten der hohen Adligen teilnehmen zu dürfen, während man auf dem Höhepunkt seines Schaffens in Ruhe und ausgestattet mit nahezu unbegrenzten Mitteln seinen Forschungen nachgehen kann. Was könnte einem Wissenschaftler zum perfekten Glück noch fehlen? Wahrscheinlich nicht so etwas Banales wie eine Toilette. Doch die natürlichsten Bedürfnisse nehmen keine Rücksicht auf kulturelle oder wissenschaftliche Anforderungen und zeigen sich gar als stärker – mit drastischen Folgen. Der Däne Tycho Brahe (1546–1601) musste das schmerzlich erfahren.

Geboren wurde er am 14. Dezember 1546 auf dem Schloss Knutstorp in eine altadlige dänische Familie. Er wuchs bei seinem Onkel auf, der ihn mithilfe eines Hauslehrers auf das Studium an der Universität Kopenhagen vorbereitete, die er im Alter von 12 Jahren besuchte. Dort studierte er ab 1559 Rhetorik und Philosophie. Bereits im folgenden Jahr faszinierten ihn eine Sonnenfinsternis und deren genaue Vorhersage so sehr, dass er sich der Astronomie zuwandte (Thoren, S. 6 f.). Das war im Sinne der Familie und der allgemeinen Auffassung der Zeitgenossen nicht unbedingt das, womit sich ein Adliger zu beschäftigen hatte. Unmut und Unverständnis seines Onkels waren die Folgen. Deswegen schickte dieser ihn 1562 nach Leipzig, um Recht zu studieren, damit er etwas – in seinen Augen – Sinnvolles lernte. Aber das hielt den jungen Tycho

Brahe nicht davon ab, der Leidenschaft, die ihn gepackt hatte, weiter nachzugehen.

Zu Beginn des Jahres 1565 musste er wieder zurück nach Dänemark. Grund war der Schwedisch-Dänische Krieg, der sieben Jahre lang toben sollte. Doch nur kurz hielt es ihn dort. Nachdem sein Onkel verstorben war und er ein recht ansehnliches Vermögen geerbt hatte, zog es ihn wieder in die Fremde. Diesmal um andere Himmelsforscher um sich zu scharen und von ihnen zu lernen. In Leipzig, Wittenberg und Basel trieb er seine Forschungen voran und tauschte sich mit etablierten Astronomen aus (Boerst, S. 49 f.).

In seine Zeit in Rostock fällt eine denkwürdige und folgenreiche Begebenheit, die nur bedingt etwas mit Wissenschaft zu tun hat, obwohl sie allem Anschein nach der Auslöser war. Beim Theologen Lucas Bacmeister (1530–1608) fand am 10. Dezember 1566 eine Feier statt, die zur Begrüßung der neuen Studenten veranstaltet wurde. Bei dieser floss – wie auf Studentenpartys üblich – reichlich Alkohol. Berauscht begann Brahe mit dem dänischen Kommilitonen Manderup Parsberg (1546–1625), der darüber hinaus sein Cousin war, einen Streit über eine mathematische Formel (Thoren, S. 22). Bei diesem ersten Aufeinandertreffen konnten die Anwesenden die beiden Streithähne noch voneinander trennen. Doch das letzte Wort war wohl noch nicht gesprochen, und so sollte es auf der nächsten Studentenparty eine Fortsetzung des Disputes geben. Am 29. Dezember war es soweit und die beiden Streithähne trafen in ähnlich berauschtem Zustand wieder aufeinander, zusätzlich mit einer gewaltigen Ladung unverdauter Wut im Bauch. Dieses Mal waren keine Schlichter zur Stelle und beide beschlossen, sich im Dunkeln zu duellieren. Alles ging viel zu schnell, und bevor die hinzugeeilten Kommilitonen sich dazwischenwerfen konnten, waren auf dem Kirchhof bereits die ersten Schwertstreiche ausgeführt worden. Mit Folgen für Brahe. Die Spitze seiner Nase war abgetrennt und eine klaffende Wunde zog sich über seine Stirn, auf der eine Narbe zurückblieb (Boerst, S. 34 f.). Jedoch war die fehlende Nase das weitaus größere und augenscheinlichere Übel. Was nun?

Ein Freund Brahes erzählte dessen erstem Biografen: »Da Tycho es nicht gewohnt war, ohne Nase herum zu laufen, und dies nicht mochte, wollte er sich eine neue kaufen. Er war jedoch nicht damit zufrieden, wie es andere gewesen wären, eine aus Wachs aufzusetzen, aber, weil er ein Adliger mit Vermögen war, bestellte er eine Nase, die aus Gold und Silber fein bemalt war und passte sie so an, dass sie natürlich erschien« (zit. n.: ebd., S. 35, Übers. d. Autors). Damit hätte er sich in einer Reihe mit dem byzantinischen Kaiser Justinian II. befunden (vgl.: Wer schön sein will, muss sterben?), wenn es der Wahrheit entsprochen hätte, dass Brahes Nase wie die kaiserliche aus Gold war. Daran gibt es jedoch nicht nur mutmaßliche Zweifel, sondern mittlerweile widersprechen auch wissenschaftliche Belege dieser Annahme. 300 Jahre nach Brahes Tod öffnete man sein Grab, um sich nochmals bezüglich seiner Todesumstände zu vergewissern. Dabei wurde auch jene Stelle untersucht, an der die künstliche Nase angebracht gewesen war. Die Forscher fanden an der Stelle der fehlenden Nase Rückstände von Kupfer und Zinn. Die Wissenschaftler, die 2010 erneut die Totenruhe störten, kamen zu dem Schluss, dass die goldene bzw. silberne Nase aus Messing bestanden hatte (Gannon, 2012). Die chemischen Untersuchungen an den Knochen ließen also den Rückschluss zu, dass seine Alltagsprothese nicht aus Gold oder Silber war, sondern aus weniger wertvollem Material. Das schließt aber nicht aus, dass er eine solche besessen haben könnte, die er zu besonderen Anlässen trug. Gewissermaßen eine Ausgeh- oder Vorzeigenase aus Gold.

Jedenfalls studierte Tycho Brahe mit neuer Nase weiterhin den Sternenhimmel, bis er im Jahre 1570 an das Sterbebett seines Vaters gerufen wurde. Nunmehr begann er sich in der dänischen Heimat der Alchemie zu widmen, als ihn am 11. November 1572 ein hell aufleuchtender Stern wieder zur Astronomie zurückführte (Christianson, S. 17). Ein weiterer Onkel unterstützte ihn nach dem Tod seines Vaters in seiner Leidenschaft und selbst der dänische König Friedrich II. (1534–1588) förderte ihn, da er vom Talent des Wissenschaftlers überzeugt war. 1576 wurde ihm vom König gar die

Insel Hveen als Lehen übertragen, wo er sein Observatorium Uraniborg (»Himmelsburg«) erbaute (ebd.). Dies war keine völlig selbstlose Tat des Königs, denn auch andere hohe Adlige, wie der Landgraf von Hessen-Kassel, waren mittlerweile auf den jungen Gelehrten aufmerksam geworden, und man schmückte sich in jener Zeit gerne mit der Anwesenheit eines Künstlers oder Wissenschaftlers am Hofe. So wurde Uraniborg gelehrter Mittelpunkt und geistiges Zentrum der Astronomen mit Verbindungen nach ganz Europa. Doch mit dem Tod des Königs im Jahre 1588 war es damit vorbei. Immer mehr wurde Brahe die finanzielle Unterstützung entzogen und ihm gar ein Verwalter zur Seite gestellt. Für den mittlerweile durchaus selbstbewusst und oftmals herrisch auftretenden Brahe war dies eine schwer annehmbare Situation.

Um dieser Aufsicht und den daraus entstehenden Konflikten zu entgehen, siedelte er 1597 nach Rostock über und bezog anschließend im Schloss Wandsbek bei Hamburg sein Domizil. Den Höhepunkt seiner Karriere erreichte er schließlich 1599 mit der Ernennung zum kaiserlichen Hofastronomen bei Kaiser Rudolf II. (1552–1612) in Prag (ebd., S. 274).

Was die Unterstützung und die Möglichkeiten anbelangte, war der Kaiser ein Hauptgewinn für Brahe und seine Familie. Hier wurden sie wie hohe Adlige behandelt, was sie von Dänemark so nicht gewohnt waren. Zunächst baute Brahe in Benatky, das sich rund 50 Kilometer von Prag entfernt befand, ein Observatorium, doch bereits nach einem Jahr berief ihn der Kaiser auf den Hradschin, den Burgberg in Prag (Boerst, S. 120). Hier war er im Mittelpunkt einer im Wandel begriffenen Welt, in der das Wunderbar-Mythische und das Rational-Wissenschaftliche noch im Einklang waren und besondere Blüten trugen. So wurde beispielsweise intensiv nach der Alraune gegraben, jener Pflanze, die schon den Erzählungen der Antike nach Liebe entfachen und Reichtum einbringen sollte. Während man dieser nachstellte, führte der Arzt Johannes Jessenius (1566–1621) die erste öffentliche Autopsie durch (Dauxois, S. 181 f.). In jenem Spannungsfeld bewegte sich Brahe.

Prag war wenige Jahre vor dem Ausbruch des Dreißigjährigen Krieges ein einziges Laboratorium voller dampfender Destillierkolben, wo Alchemisten, Künstler, Quacksalber und allerlei Scharlatane ihrem Glück oder dem Unglück der anderen nachjagten. Kaiser Karl IV. (1316–1378) hatte die Stadt nach den Regeln der Astrologie erbauen lassen, indem die Straßen nach den Sonnenzyklen ausgerichtet wurden. So führte beispielsweise die Jerusalemstraße Richtung Sonnenuntergang genau auf den Punkt der Wintersonnenwende zu (ebd., S. 166). Niemand füllte diese kosmologischen Affinitäten in der Architektur so sehr mit Leben wie Kaiser Rudolf II. Er lockte Künstler, Mathematiker, Astronomen, Wunderheiler und Alchemisten in die Stadt. Nicht mit militärischem Ruhm wollte er in die Geschichte eingehen, sondern als großer Förderer mannigfaltigster Forschungen. Doch nicht nur das. Er selbst begnügte sich bald nicht mehr damit, einfach nur bei den Experimenten zuzusehen, sondern nahm die Phiolen, Mörser und Kräuter selbst in die Hand und mischte kräftig mit. In seiner Hexenküche braute er Zaubertränke und beschwor Geister. Er gründete eine »Akademie der Alchimie«, in die er nicht nur bekannte Alchemisten einlud, sondern auch hohe Adlige seiner Zeit (ebd., S. 170). Um die Jahrhundertwende hatte der Kaiser bereits einige Erfahrungen mit Männern gemacht, die aus allerlei Stoffen und mithilfe zweifelhafter Vorgänge Gold herstellen wollten. Resultat war meist, dass der Goldvorrat Rudolfs II. stetig abnahm und die Scharlatane auf Nimmerwiedersehen verschwanden. Enttäuscht – oder eher ernüchtert – wandte sich der Kaiser nun vermehrt der Mathematik und der Astronomie zu, auf die mehr Verlass zu sein schien als auf die undurchsichtigen chemischen Experimente.

Tycho Brahe war zu dieser Zeit bereits eine Berühmtheit in Europa. Auf die Beobachtung der Supernova im Jahr 1572 hin verfasste er die Schrift *De nova et nullius ævi memoria prius visa Stella*, mit der er jene nicht nur erstmals im europäischen Abendland beschrieb, sondern auch die These aufstellte, wonach es in der Fixsternsphäre Veränderungen gebe (Thoren, S. 55). Nach antiker Auffassung, wie beispielsweise bei Claudius Ptolemäus (ca. 100 – 160 n. Chr.), waren die Sterne in ihr, im Gegensatz zu den Planeten, unveränderlich und ewig. Damit widersprach Brahe auch *der* Institution der mittelalterlichen Wissenschaft, Aristoteles. Dieser war davon ausgegangen, dass jenseits des Mondes der Orbit unveränderlich sei (ebd., S. 56). Mit seinem wissenschaftlichen Widerspruch zur größten Autorität wurde Brahe in Europa schlagartig berühmt. Mit dieser ersten Schrift war auch sein lebenslanges Interesse an den Sternen geweckt worden, und sie veranlasste viele europäische Wissenschaftler, sich mit dem jungen Dänen auseinanderzusetzen. Es folgten Briefwechsel mit anderen hochrangigen Wissenschaftlern seiner Zeit, wie beispielsweise mit dem Hofastrologen Nicolaus Reimers (1551–1600). Dessen Nachfolge sollte Brahe in Prag antreten, auch wenn die kollegiale Beziehung zwischen beiden alles andere als harmonisch geraten war. Reimers, genannt der »Bär«, war entschiedener Gegner Brahes geworden, während der Däne ihn wiederum des Plagiates bezichtigte. Doch Tycho Brahe ließ sich von der Gegnerschaft Reimers nicht beeindrucken und legte 1588 in seinem Werk *De mundi aetherei recentioribus phaenomenis* seine Vorstellung vom Sonnensystem und damit des Universums dar. Hierbei nahm er eine Position zwischen der Auffassung Aristoteles' und Ptolemäus' einerseits und Nikolaus Kopernikus (1473–1543) andererseits ein (Freely, 2014, S. 284). Letzterer, im Kulmerland geborene Wissenschaftler hatte kurz vor seinem Tod seine Schrift *De revolutionibus orbium coelestium* veröffentlicht, die ausdrücklich nicht nur für die Fachwelt geschrieben war, und postulierte, dass die Erde sich um die Sonne drehe. Brahe sah dagegen die Erde immer noch als stillstehendes Zentrum der Welt an, während sich die anderen Planeten um die Sonne drehten (ebd., S. 261). Wissenschaftlich wurde diese bereits bei Zeitgenossen mit großer Skepsis aufgenommene Theorie im Jahre 1851 mit dem Foucaultschen Pendel widerlegt, mit dessen Hilfe der französische Physiker Léon Foucault (1819–1868) die Erdrotation bewies.

Jedoch tat diese posthume Widerlegung seinem Ruhm zu Lebzeiten keinen Abbruch, und so gelangte der abergläubische Brahe im Jahr 1599 zu dem nicht minder abergläubischen Rudolf II., wo er einen verheerenden Einfluss auf den Kaiser ausübte (Dauxois, S. 257).

Nicht nur als Astrologe, der dem Kaiser den Tod weissagte, sondern auch als Arzt betätigte sich Brahe. Aus Melasse, Korallentinktur und Blattgold braute er dem kranken Monarchen einen Heiltrank, der Rudolf II. offensichtlich kurierte und von der Heilkunst des Astrologen überzeugte. Im Umfeld des Herrschers war man ob der Steigerung seines ohnehin schon seltsamen Verhaltens durch die Gesellschaft Brahes mehr als besorgt. Nicht nur, dass dieser sich vermehrt den Geheimwissenschaften und damit den von der Kirche nicht tolerierbaren Handlungen hingab, er ließ auch noch das vermissen, was die katholischen Herrscher seiner Zeit aus dem Hause Habsburg hauptsächlich ausmachte, nämlich den Kampf gegen Ungläubige jeder Art zu führen. Als Sohn Maximilians II. (1527–1576), der mehr oder weniger offensichtlich vom Protestantismus angetan war, ließ Rudolf nicht nur bei den Anhängern Luthers die entschiedene Gegnerschaft vermissen, sondern sah auch noch tatenlos zu, wie die türkischen Osmanen recht ungestört in die Ländereien der Habsburger einfielen (ebd., S. 250). Dass er obendrein die Tributzahlung an letztere einstellte, gleichzeitig jedoch nicht die Folgen dieser Weigerung bekämpfte, zeigte seinen chronischen Mangel sowohl an Geld als auch an politischer Weitsicht. Für das Auftreiben der finanziellen Mittel hätte er den protestantischen Kurfürsten entschiedener entgegentreten müssen, die in den türkischen Plünderungszügen die gerechte Strafe Gottes für den verdorbenen Katholizismus sahen (ebd., S. 246). So gesehen war es nur konsequent, dass Rudolf sich eine Scheinwelt im Hradschin erschuf. Seinen Untertanen und der Nachwelt signalisierte er damit aber seine Untauglichkeit, für die Probleme jener Zeit Lösungen zu finden. Um nicht allzu einseitig zu urteilen, sei angemerkt, dass Rudolf nicht nur in völliger Sorglosigkeit handelte, sondern auch aus berechtigter

Furcht vor einem verheerenden Krieg (Leick, S. 95). Das Aufstellen von Söldnerheeren, das dafür nötig gewesen wäre, war nicht nur für den Gegner eine bedrohliche Angelegenheit, sondern gefährdete vielmehr auch die innere Sicherheit, da die Lohnkrieger bei ausbleibenden Bezahlungen sich am Land und seinen Bewohnern bedienten. Zumindest in dieser Hinsicht sollte das Handeln oder besser Nicht-Handeln Rudolfs durch die Schrecken des Dreißigjährigen Krieges nachträglich eine Art Legitimation finden.

Um den Kummer zumindest körperlich und in Ansätzen geistig zu überstehen, floh der Kaiser einerseits zu seinen Phiolen und Kolben, andererseits gab er sich dem besonders strengen burgundischen Hofzeremoniell hin. Als junger Mann hatte Rudolf II. es am Hofe Philipps II. (1527–1598) kennengelernt. Der spanische König hatte dieses an Mariä Himmelfahrt 1548 in Spanien verpflichtend eingeführt (Hofmann-Randall, S. 43). Zunächst war der junge Kronprinz verwirrt, dann verstand er, wie er sich dies für sein eigenes Leben und Herrschen zunutze machen konnte. Er brachte es schließlich nach Böhmen mit.

So war ganz Prag zur Jahrhundertwende nicht nur Experimentierstube, sondern auch eine durchchoreografierte Stätte vielfältigster Verpflichtungen für Diplomaten, die oftmals groteske Züge annahmen. Zum Beispiel begegneten sich zwei Diplomaten italienischer Stadtstaaten, die am Hofe Rudolfs II. lebten, an einem Sommertag auf der Moldaubrücke. Sie standen sich den ganzen Tag in der prallen Sonne gegenüber, weil keiner dem anderen ausweichen wollte. In der Nacht wurde eine Lösung gefunden, die wahrscheinlich im Sinne der damaligen Zeit undiplomatisch war, denn sie ist nicht überliefert worden (Lohmann, S. 239 f.). Auch bei den Mahlzeiten, die zeittypisch mehr waren als reine Nahrungsaufnahme, ging es streng geregelt zu. Die Maßstäbe wurden bereits am burgundischen Hof im 15. Jahrhundert gesetzt, wo man aus dem Festessen eine hohe Kunst kreierte. Beim Mahl sollte sich die Herrschaft und Gesellschaft des jeweiligen Staates abbilden. Kein Detail wurde dem Zufall überlassen, alles war minutiös geplant. Wer an welchem Platz saß und was dieser von welchem Geschirr aß – dies alles spiegelte die Mächtekonstellation wieder. Wer sich zum Essen begab, erkannte die Hierarchie an. Der Esstisch wurde so zur Bühne, auf dem das zeremonielle Theater stattfand, das auch aus dem kunstvollen Tranchieren des Fleisches, dem Falten der Servietten und dem Garnieren der Speisen bestand. Das Kochen selbst wurde ritualisiert, bei dem ein Kochlöffel schwingender Koch in einem Sessel saß, von dem er alles überblicken und Anordnungen geben konnte (Huizinga, S. 54).

Das Tafelzeremoniell wurde ebenfalls entwickelt, um emotionale Ausbrüche zu verhindern. »Ziel war es hier gerade, Affekte bis zu einem Maße an Künstlichkeit zu beherrschen und zu unterdrücken« (Lötzen, S. 102). Dennoch war es mehr als bloßes Ritual, Etikette oder allgemeine Tischmanieren. Es war vielmehr eine Übertragung der Herrschaftsverhältnisse auf eine grundsätzliche Alltäglichkeit und damit das Eindringen der Herrschaft in den kleinsten Winkel des Privaten. Dies galt auch umgekehrt. Speiste der Kaiser öffentlich, so hatten nicht nur die ausländischen Gesandten Zutritt, sondern auch das Volk. Es handelte sich hierbei um einen Staatsakt (Hofmann-Randall, S. 72).

Aßen Gäste mit dem Herrscher, gab es strenge Regeln. So war es laut den unterschiedlichsten Ordnungen verboten, sich von Tisch zu Tisch zu unterhalten. Schreien und lautes Diskutieren, Werfen von Knochen und Übergießen von Wein oder Bier wurden genauso sanktioniert wie das Erscheinen am Tisch ohne Rock oder Mantel. Geahndet wurden diese Verfehlungen unter anderem mit dem Fasten am nächsten Tag oder einer Geldstrafe. Laut dem späteren Erzherzog von Österreich und Kaiser Ferdinand III. (1608–1657) durfte man auch nicht mehr angetrunken bei solchen Anlässen erscheinen (Lötzen, S. 126). Überwacht wurde die Einhaltung des Tafelzeremoniells vom Oberhofmeister oder Oberhofmarschall. Eine Ausnahme dahingehend waren Tafeln auf Reichsebene. Hier mussten nach den Regeln der »Goldenen Bulle« die Kurfürsten die jeweiligen Dienste übernehmen (ebd., S. 130).

Es galt also eine Fülle von korrektem Benehmen zu beachten, die lange Übung erforderte. Das korrekte zeremonielle Verhalten muss dem dänischen Forscher – um zu unserem Protagonisten zurückzukommen – bereits ins Blut übergegangen sein, da er seit vielen Jahren mit den höchsten Repräsentanten seiner Zeit verkehrte. Der Umzug nach Prag war nicht erst der Anfang, sondern schnürte das zeremonielle Korsett nur enger. Tycho Brahe wusste also, worauf er sich einließ, als er am 13. Oktober 1601 zu einem Bankett im Haus des Adligen Peter Wok von Rosenberg (1539–1611) eingeladen wurde, wohin ihn der kaiserliche Kanzler Ehrenfried von Minckwitz (1550–1613) begleitete. Hier war er in nobelster Gesellschaft, was natürlich ein hohes Maß an Etikette verlangte. Insbesondere das Aufstehen bei Tisch war streng geregelt. Denn die »[…] Herrschaft macht den Anfang, sich von der Tafel wieder zu erheben […]« (Moser, S. 549). Jener Tag war auch für Brahe ein Tag, »an dem diesem das Schamgefühl zu einem ungünstigen Zeitpunkt wiederauflebte« (Jessen, De vita, B3, Übers. d. Autors), womit der Biograf sagen möchte, dass der ansonsten nicht sehr zurückhaltende Däne das Tafelzeremoniell besonders ernst nahm. Trotz des heftigen Dranges, die Blase zu entleeren, erhob er sich nicht vom Tisch. Die üblichen Trinksprüche, die bei solchen Banketten in hohen Häusern unerlässlich waren, leisteten der gefüllten Blase einen weiteren Bärendienst. Wie lange er den nötigen Gang zur Toilette hinauszögerte, ist nicht überliefert. Irgendwann musste der Gelehrte schließlich entgegen der Etikette die Tafel verlassen und unter großen Schmerzen nach Hause zurückkehren. Dort quälte er sich die folgenden Tage mit Schlaflosigkeit, Fieber und der Unfähigkeit, Wasser zu lassen (vgl. u. a. Brewster, S. 167).

Am 24. Oktober wurde Brahe plötzlich schmerzfrei und ganz ruhig. Er sprach mehrmals die Worte: *Ne frustra vixisse videar* – »Lass mein Leben nicht vergebens gewesen sein« (Özelt, S. 81). Dies sollten seine letzten Worte und auch eine Art letzter Wille sein. Zu diesem gehörte auch die Aufforderung an Johannes Kepler (1571–1630), seine Aufzeichnungen zu benutzen und zu veröffentlichen. Das war leichter gesagt als getan, da Kepler als bisheriger Assistent Brahes gelinde gesagt nicht immer einer Meinung mit dem Dänen war. Besonders im persönlichen Umgang miteinander hatte sich gezeigt, dass der berühmte und ältere Astronom vom jüngeren, aufstrebenden eine Unterordnung erwartete, die sich auch in der Forschung ausdrücken sollte. Eine solche Beziehung wird dann zu einem besonders großen Problem, wenn der Jüngere den Älteren mit wissenschaftlichen Fakten von dessen Fehlern überzeugen kann. Recht stur bestand Brahe jedoch darauf, dass die Erde weiterhin im Mittelpunkt stehen soll, sodass er Kepler auf dem Sterbebett darum bat, die Ergebnisse seiner Arbeit zurückzuhalten. Das Weltbild solle nicht aus den Fugen geraten (Dauxois, S. 263).

Acht Jahre nach Brahes Tod wird Kepler auf der Grundlage der Beobachtungen des Dänen aber ein Werk veröffentlichen, das endgültig die verstörende Wahrheit von der Sonne als Mittelpunkt wissenschaftlich darlegt. Dies reizte zu Spekulationen, ob der Tod Brahes tatsächlich durch einen Blasenriss und die damit verbundenen Begleiterscheinungen eingetreten war, oder ob Kepler nicht doch seine Finger mit im Spiel hatte (Gannon, 2012). Immerhin wurde er Brahes Nachfolger als Hofastronom des Kaisers und konnte auf Basis von dessen Beobachtungen seine eigenen mathematischen Theorien hervorragend stützen. Ein wahrer Krimi wurde aus diesem Verhältnis und den scheinbar einleuchtenden Motiven gesponnen.

Das Buch *Der Fall Kepler. Mord im Namen der Wissenschaft* des Autorenduos Ann Lee und Joshua Gilder erregte im Jahr 2005 große Aufmerksamkeit. Grundlage der Behauptung eines Mordes waren Haare, die bei der Graböffnung Brahes im Jahre 1901 entnommen worden waren und die Spuren von Arsen und Quecksilber enthielten. Daraus wurde ein Kriminalfall konstruiert, der mit pseudowissenschaftlichen Beweisen Johannes Kepler den Mord an Tycho Brahe in die Schuhe schob. Fünf Jahre nach Veröffentlichung des Buches wurden das Grab Brahes abermals geöffnet und weitere Proben entnommen. Es wurde bestätigt, dass sich eine hohe, wenn auch für die damalige Zeit normale Quecksilberkonzentration nachweisen ließ. Dabei sollte man stets bedenken, dass Quecksilber zur Zeit Brahes als Heilmittel galt und der Forscher selbst einige Experimente mit dem Element durchführte. Was aber die Todesursache anbelangte, kam man zu einem unspektakuläreren Ergebnis. Hier wurde eine schwere Infektion infolge eines Blasenrisses attestiert (Vellev/Rasmussen, 2017).

Tycho Brahe wurde also nicht Opfer eines ungeduldigen Nachfolgers, der sich seiner Forschungsergebnisse bemächtigen wollte, sondern des strengen Tafelzeremoniells seiner Zeit. Wahrscheinlich war er hinsichtlich seiner Blase bereits vorgeschädigt und hätte beim Kaiser durchaus Verständnis gefunden, wenn er die Tafel kurz verlassen hätte. Immerhin war er einer der berühmtesten Forscher seiner Zeit. Doch wie sein Biograf schrieb, hatte er zu Unzeiten seine vornehme Zurückhaltung wiedergefunden. Kaiser Rudolf II., dem er noch dessen Tod geweissagt hatte, beauftragte Johannes Kepler, seine Arbeit weiterzuführen. Gerade der frühe Tod Brahes erweist sich deshalb als wissenschaftlicher Glücksfall, weil Kepler die Forschungsergebnisse veröffentlichen konnte, ohne dabei Gefahr zu laufen, in den Verdacht der Ketzerei zu kommen. Kurz nach Kaiser Rudolfs II. Tod im Jahre 1612 steigerte sich der religiöse Fanatismus im ganzen Reich. Da Tycho Brahe seine Ergebnisse, die Kopernikus' Thesen belegten, nicht hatte veröffentlichen wollen, berief sich Kepler auf den toten Kollegen. Und diesem konnte man nichts mehr anhaben.

Empirismus, ein Bestechungsskandal und die Erfindung des Gefrierschrankes: Francis Bacons Hühnchen mit Schnupfen

Lange Zeit galt Salz als einzige zuverlässige Methode, um Fleisch haltbar zu machen. Hierzu wurden Fleisch und Fisch jahrhundertelang mit Pökelsalz das Wasser entzogen, um damit die Verwesung zu verlangsamen. Es verwundert demnach nicht, dass Salz wertvoll war und oftmals als Zahlungsmittel Verwendung fand. Salzhändler galten als die reichsten Kaufleute ihrer Zeit, und der Abbau und Handel mit dem »weißen Gold« ist schon in der Jungsteinzeit nachweisbar (Kühnel, S. 203). Dass das Salz heute zumeist nur noch zum Würzen benutzt wird, und man Fleisch, Fisch und Wurst praktischerweise im Gefrierschrank für lange Zeit aufbewahren kann, ist unter anderem das Verdienst eines englischen Anwaltes, Politikers und Philosophen. Er hat den Gefrierschrank zwar nicht erfunden – und bereits vor ihm sind Menschen in der Antike auf die Idee gekommen, Nahrungsmittel in Eiskellern haltbar zu machen (James, S. 320) –, doch niemand vor oder nach ihm wird einen solch großen Beitrag für die Haltbarmachung von Nahrungsmitteln geleistet haben wie er. Beabsichtigt war dieses Opfer von Francis Bacon (1561–1626) zumindest nicht in diesem Ausmaß, und schon gar nicht war es absehbar.

Geboren wurde er am 22. Januar 1561 als jüngster Sohn des angesehenen Anwaltes und hohen Staatsbeamten Nicholas Bacon (1510–1579). Dieser war Großsiegelbewahrer und Lordkanzler unter Königin Elisabeth I. (1533–1603). Die Erziehung der Kinder übernahm zunächst die Mutter, Anne Cooke (1528–1610), die eine hohe Bildung besaß. Besonders in den Sprachen Latein, Griechisch, Französisch und Italienisch unterrichtete sie Francis und lebte ihm gemeinsam mit ihrem Mann das Prinzip der Pflichterfüllung vor. Schon früh erlangte der Sohn durch den Vater Einblicke in die hohe Politik und dank seiner Mutter in die religiöse Ausrichtung des Puritanismus (Krohn, S. 16).

Ab dem Alter von 13 Jahren studierte er an der berühmten Universität Cambridge Medizin und Jura. Hier am Trinity College kümmerte sich der spätere Erzbischof von Canterbury, John Whitgift (ca. 1530 – 1604), persönlich um Francis und seinen Bruder. Auf jene Art und Weise, wie seit Jahrhunderten gelehrt und gepaukt wurde, lernten die Brüder Texte von Platon, Cicero und andere Klassiker auswendig. Der Kanon, bestehend aus Philosophie, Rhetorik und Geschichte, war typisch für die humanistische Bildung der Renaissance (Vickers, S. 206). Nur wenig hatte sich daran während der letzten Jahrhunderte geändert. Dies sollte Francis Bacon später kritisieren.

Nach drei Jahren ging er nach Paris zum dortigen Botschafter Englands, wo er zumindest in Rhetorik näher an die Praxis herangeführt wurde. Auch das politische Tagesgeschäft – immerhin war es eine spannungsreiche Zeit – gewährte ihm lehrreiche Eindrücke. Reisen unter anderem nach Italien und Spanien gehörten ebenfalls dazu, wie auch das Erlernen von diplomatischen Gepflogenheiten und Manieren. Diese Zeit endete jedoch abrupt, als der Vater verstarb und der junge Francis nach England zurückkehren musste (Krohn, S. 20). Die Geldsorgen, die der plötzliche Tod des Vaters mit sich brachte, ließen ihn an der Anwaltskammer »Gray's Inn« den Beruf des Rechtsanwaltes erlernen. Ab 1582 arbeitete er als Anwalt.

Bereits 1581 war er zum Parlamentarier gewählt worden und ab 1584 war er Mitglied des House of Commons. Der Königin bot er seine Dienste als Berater an, indem er politische Expertisen verfasste. Sein ehrgeiziges Ziel war es, Hofrat zu werden (ebd.). Damit würde er in die höchsten Kreise der Juristen aufsteigen. Auf dem

Weg zu diesem Amt machte er sich einen Namen als liberaler Reformer der Gesetze. Königin Elisabeth I. nahm den Aufstieg Bacons bald wahr und ernannte ihn 1597 zum ersten Kronanwalt. Als solcher vertrat er 1601 die Königin im Prozess gegen die Grafschaft Essex, die des Verrats an der Krone bezichtigt wurde. Damit war seine Laufbahn aber noch nicht an ihrem Höhepunkt angekommen. Nach dem Tod der Königin bestieg 1603 James I. (1566–1625) den Thron. Dieser schlug Bacon aufgrund seiner Leistungen für die Krone zum Ritter (Perez, S. 14). Auch privat schien es weiter voranzugehen, als er 1604 die erst 14-jährige Alice Barnham (1592–1650), Tochter eines Parlamentariers und zeitweiligen Sheriffs von London, heiratete. Doch die Ehe sollte kinderlos bleiben, und dieser Umstand führte – genau wie die Annahme, dass Alice später Affären hatte – zur Vermutung, dass Bacon die Ehe aus finanziellen Gründen eingegangen war (ebd., S. 14). Denn Alices bereits verstorbener Vater war ein reicher Kaufmann gewesen. Das Gerücht, dass Francis Bacon eigentlich homosexuell gewesen sei, hält sich ebenso hartnäckig wie die recht fantasievolle Theorie, er sei der eigentliche Urheber der Stücke Shakespeares (vgl. hierzu u. a.: George James, »Francis Bacon, The Author of Shakespeare« von 1893).

Bis zum Jahr 1621 schien Bacons Aufstieg kein Ende zu finden. Lordkanzler, Ernennungen zum Baron und Viscount, für einen Monat lang war er sogar Regent des Reiches. Doch wer hoch steigt, kann auch tief fallen. Immerwährende Schulden hatten Francis Bacon für finanzielle Zuwendungen empfänglich gemacht. Kurzum: Er wurde der Bestechlichkeit angeklagt. Vorangetrieben wurde das Verfahren von seinem Intimfeind Sir Edward Coke (1552–1634), mit dem er bereits jahrzehntelang in Fehde lag (Perez, S. 22). Aufgrund des Bestechungsskandals entging er nur knapp der Aberkennung all seiner Titel, durfte fortan jedoch keine öffentlichen Ämter mehr im Parlament ausführen oder an Sitzungen teilnehmen. Zusätzlich wurde er zu einer Geldbuße von 40 000 Pfund und einer Kerkerhaft im Londoner Tower verurteilt. Da er sowieso kein Geld hatte, erließ man ihm die Geldbuße, und im Gefängnis musste er auch nur vier Tage bleiben. Dennoch war seine politische Karriere mit einem Schlag zu Ende (Parris, S. 8). Dafür hatte er nun Zeit, Bücher zu schreiben. Und diese wurden immerhin so wichtig, dass man später eine Marmorstatue von ihm im Trinity College von Cambridge aufstellte.

Um sein Hauptanliegen vorweg zu nehmen; er vertrat das Prinzip der Ordnung. Nach seiner Auffassung sollten die Erkenntnisse gesammelt und geordnet werden, worauf dann die weitere wissenschaftliche Vorgehensweise aufbauen sollte. Das klingt für uns heute als nicht besonders geistreiche Erkenntnis. Doch wenn man sich genau anschaut, was bis zu Bacon gemeinhin als wissenschaftlich galt, wird die Bedeutung dieses Gedankenganges klarer. Der Großteil der Verfahrensweisen bestand in der Induktion, also in der Schlussfolgerung vom Speziellen hin zum Allgemeinen. Doch er wollte der induktiven Methode nicht per se eine Absage erteilen, er wollte sie nur verbessern. Für ihn hieß dies, dass man ein angenommenes Gesetz auf möglichst viele Umstände anwenden sollte. Damit wollte er eine flexible Methode schaffen, mit der man praktisch und nachvollziehbar Forschung betreiben könnte (Krohn, S. 67). Darüber hinaus lag ihm auch die Trennung von Philosophie und Theologie am Herzen; gewissermaßen die endgültige Überwindung der mittelalterlichen Scholastik.

Damit sind wir an einem Hauptpunkt seines Denkens angelangt. In seiner Schrift *Instauratio Magna* von 1620 möchte er beispielsweise die »philologicis«, wie er sie nannte, verdrängt sehen (zit. n.: Whitney, S. 16). Hiermit meint er das reine Bücherwissen und die starren Formen des offiziellen Diskurses, in denen er immer eine Form der Macht sah. Jedoch lehnte er das Alte nicht einfach ab, sondern ging mit diesem in einen produktiven Austausch, sodass Neues entstand (Perez, S. 27). So fordert er im Vorwort zur *Instauratio Magna* den Leser auf, sein Vorwissen und seine Vorannahmen zu vergessen und seinen Geist in »seine vollkommene und ursprüngliche Lage zu versetzen« (Inst. Magna, IV, 21, zit. n.: Whitney,

S. 95). Er solle die Tradition beiseitelassen und die Erscheinungen vorurteilsfrei betrachten. »So gleicht die Zeit einem Fluß, der uns leichte und aufgeblasene Dinge herbeigetragen hat, während doch gewichtige und solide untergegangen sind« (zit. n.: ebd., S. 94).

In dem Werk, das gemeinhin als Wendepunkt des Denkens zwischen Mittelalter und Neuzeit angesehen wird, das *Novum Organum* von 1620, wendet er sich gegen Aristoteles, der gerade für das Denken im Mittelalter bzw. der Scholastik ungeheurer wichtig war. Sein wesentliches Anliegen ist die Befreiung von Denkirrtümern, die Bacon als »Idole« bezeichnet (Krohn, S. 113). Als Schlusspunkt seiner »Idolenlehre« gibt er den Weg vor, den man als »Empirismus« in der Wissenschaft bezeichnet. Hier soll die sinnliche Erfahrung an erster Stelle stehen, die mithilfe von Beobachtung und Experimenten bewiesen wird. Diese planmäßige Vorgehensweise gibt die Methode der modernen Wissenschaften vor und macht ihn zu einem Erneuerer der Wissenschaft (Whitney, S. 29).

Nach Bacon sollen neue Erkenntnisse zunächst intuitiv geschehen. So schreibt sein Biograf William Rawley (ca. 1588 – 1667) über ihn: »Er war ein unermüdlicher Leser von Büchern, doch sein Wissen entstammte nicht Büchern, sondern einigen wenigen Motiven und Vorstellungen in seinem Inneren« (zit. n.: Ebd., S. 19). Diese werden dann experimentell überprüft. In der Theorie hat Bacon oft und viel über diese Methode geschrieben, doch in der Praxis ist nur ein auf diese Weise durchgeführtes Experiment überliefert, das sogleich sein letztes sein sollte.

Der Winter 1625/26 war für den Denker mit gesundheitlichen Problemen eher schwierig verlaufen. Doch im Frühling 1626 ging es Bacon wieder gut und er fühlte sich stark genug, eine Fahrt aufs Land zu unternehmen. Einige Zeit verbrachte er in der Abgeschiedenheit von Gray's Inn. Mit dem Leibarzt des Königs, Dr. Witherborne, war er von dort am 2. April auf dem Weg nach Gorhambury (Montagu, S. 466). Als sie Highgate erreichten, wo noch etwas Schnee lag, kam ihm eine Idee. Vielleicht konnte man Fleisch mit Schnee genauso haltbar machen wie mit Salz? Vielleicht sogar noch besser? Das musste er gemäß seiner Methode – erst die Idee, dann das Experiment – herausfinden!

Sie stiegen aus der Kutsche und gingen zum Haus einer armen Frau, das sich auf der Spitze des Hügels befand. Bacon kaufte ihr ein Huhn ab, das er sofort schlachtete, um es mit Schnee zu füllen. Dabei wurde dem alten Philosophen und Forscher sehr kalt. So kalt, dass er sich recht schnell krank fühlte. Innerhalb kürzester Zeit verstärkten sich die Krankheitssymptome so stark, dass er nicht mehr in der Lage war, nach Gray's Inn zurückzukehren. Im Haus des befreundeten Thomas Howard, Earl of Arundel (1585–1646), das sich in unmittelbarer Nähe befand, wollte er sich ausruhen, bis es ihm wieder besser ging. Leider war das Haus lange nicht mehr genutzt worden, und so war es nicht nur ausgekühlt, sondern auch sehr feucht (Parris, S. 9). Es war also eine schlechte Umgebung, um sich auszukurieren. Seine Erkältung wuchs sich infolgedessen zu einer Lungenentzündung aus, die innerhalb weniger Tage seine Lebenskräfte raubte.

Sir Julius Caesar (1557–1636) war der einzige Freund, der ihn noch besuchte. Er schildert auch, wie schwach Bacon, der das Bett nicht mehr verlassen konnte, mittlerweile war. Sein Geist würde noch arbeiten, während er nicht mehr in der Lage war, einen Stift zu halten. In seinem letzten Brief an Thomas Howard bestätigte der Gelehrte dies:

»Mein lieber Lord,

Mir wurde wahrscheinlich das gleiche Glück zuteil wie Plinius dem Älteren, der sein Leben verlor, als er ein Experiment über den brennenden Vesuv vollzog. Denn ich wollte ein oder zwei Experimente machen, bei denen es um die Haltbarmachung und Verhärtung von Körpern ging. Das Experiment selbst verlief ausgezeichnet; aber auf der Reise zwischen London und Highgate wurde ich von einem heftigen Auswurf gepackt, von dem ich nicht weiß, ob ich ihn den Steinen [Nieren- oder Gallensteinen, Anm. d. Autors], oder einer Verdauungsstörung, oder der Kälte, oder allen dreien verdanke. Als

> ich zum Haus Ihrer Lordschaft kam, war ich nicht mehr in der Lage zurückzukehren, sodass ich gezwungen war, hier meine Unterkunft zu beziehen […].
> Ich weiß, wie unpassend es ist, Eurer Lordschaft mit einer anderen Hand als der meinen zu schreiben; aber wahrlich, meine Finger sind durch die Erkrankung völlig kraftlos, sodass ich keinen Stift festhalten kann.«
> (Zit. n.: Spedding, S. 550, Übers. d. Autors)

Am Ostersonntag, den 9. April, starb Bacon morgens im Beisein Sir Julius Caesars. Begraben wurde er bei seiner Mutter in der St. Michaels Church bei St. Alban.

Sein Experiment hatte keine größeren unmittelbaren Folgen für die Haltbarmachung von Lebensmitteln. Erst 1756 gelang dem schottischen Arzt William Cullen (1710–1790) zum ersten Mal eine künstliche Kühlung (Hankings, S. 86). Es sollte aber noch länger dauern, bis es eine einigermaßen taugliche Einfriermöglichkeit gab. Aber hinsichtlich des Fundamentes der modernen Wissenschaft wurde das Werk des letztlich gescheiterten Politikers und Gefrierschrankschöpfers Francis Bacon wegweisend. Dies wäre es aber auch ohne das Hühnchen und den tödlichen Schnupfen geworden. Im Übrigen ist leider nicht bekannt, wie lange jenes Hühnchen durch den Schnee haltbar gemacht werden konnte. Es wäre auf jeden Fall besser gewesen, aus dem gefrorenen Hühnchen eine heiße Suppe zu kochen. Vielleicht hätte ihm diese geholfen, die Erkältung zu kurieren?

Lachen, Drama und Hypochondrie: Molières nicht eingebildete Krankheit

Sich mithilfe einer Komödie zu einer eingebildeten Krankheit über die medizinischen Autoritäten lustig zu machen, die seit Jahrhunderten die Auffassung von der Ursache der Krankheiten bestimmten, ist durchaus innovativ für das 17. Jahrhundert. Jedoch konnte jene Komödie ihren spektakulären Charakter nicht voll entfalten, weil nur den wenigsten Zuschauern der Umstand geläufig gewesen sein dürfte, dass der Fachbegriff der eingebildeten Krankheit mit der Vier-Säfte-Lehre und der während der Renaissance äußerst populären Schwarzgalligkeit eng verflochten war (Starobinski, S. 107). Hinzu trat ein Umstand, der die Uraufführung jenes Theaterstückes trotzdem unsterblich werden ließ. Und mit ihr dessen Schöpfer, der lange vor der Entwicklung der »Tragischen Komödie« während des lustigen Schauspiels tragisch sein Leben beendet. Der Autor und Darsteller der Hauptperson, eines – wir würden heute sagen – psychisch Kranken, der sich allerlei nicht-psychische Krankheiten einbildet, bricht auf der Theaterbühne zusammen und stirbt kurz darauf, weil er eben nicht nur eingebildet krank war. Nur er konnte den Kranken, der keiner war, glaubwürdig spielen, weil er tatsächlich krank war. Gewissermaßen mit seinem letzten Tun auf Erden hatte er den Zeitgenossen somit gezeigt, was er von der Medizin hielt, die ihm außerhalb seiner Rolle nicht hatte helfen können. Ja, das klingt alles sehr verwirrend. Bringen wir also Licht ins Dunkel und wenden uns der Person zu, von der hier die Rede ist: Jean-Baptiste Poquelin, besser bekannt als Molière (1622–1673).

Über ihn ist, obwohl viele seinen Namen kennen, seltsamerweise wenig Greifbares überliefert. Er führte kein Tagebuch, es sind keine Originalmanuskripte auffindbar, kein Brief ist erhalten, nur kurze

Geschäftsnotizen und einige Unterschriften unter Verträge haben die Zeiten überdauert. Diese lassen den in Handschriften Kundigen verschiedene Stimmungen erahnen, in denen sich der Bühnenautor befand (Hartau, S. 8). Ihre veränderte Art deutet auf zeitweiligen Stress hin, was auch nicht verwundert, wenn man sich vor Augen führt, was er alles in jenen Tagen vollbracht haben soll. Vieles, was wir von Molière zu wissen glauben, wird so zwangsläufig auf seine Stücke und deren Protagonisten zurückgeführt, in denen man oftmals ein Alter Ego zu sehen glaubt. Ein Verfahren, das wenigstens der heutigen Literaturwissenschaft ein Graus ist, nach der Autor und Werk strikt voneinander zu trennen sind.

Zu Beginn seines Lebens deutete nichts darauf hin, dass der junge Jean-Baptiste einmal als »Molière« im Pantheon der großen Literaten landen sollte. »Geboren« wurde der Künstler dieses Namens am 30. Juni 1643 in Paris, in der Rue de Perle, wo er im Beisein des Notars Maître Pierre Fieffé den Gesellschaftsvertrag zur Gründung eines dritten Theaters unterschrieb. Jedoch unterzeichnete er da noch mit seinem alten Namen. Erst fast auf den Tag genau ein Jahr später am 28. Juni 1644 setzte er »Molière« unter einen Vertrag. Dennoch war jener Tag im Jahr 1643 mit der Gründung des »Illustre Théâtre« die Geburt des »Molière«, wie wir ihn heute kennen. Rein physisch erblickte er am 15. Januar 1622 in einer Familie das Licht der Welt, die recht wenig mit der Welt des Theaters zu tun hatte. Sein Vater, der ebenfalls Jean hieß und 1595 geboren wurde, war ein Handwerker und tüchtiger Geschäftsmann (Hösle, S. 8). Wie tüchtig, zeigt der Kauf eines wichtigen Hofamtes von seinem Bruder. Deshalb durfte er sich fortan *Tapissier du Roy et valet de chambre*, »königlicher Dekorateur und Raumausstatter«, nennen (Hartau, S. 12). Damit gehörte er zu den angesehensten Kleinbürgern und durfte sich als *écuyer* bezeichnen, eine antiquierte Titulatur, die ursprünglich »Waffenträger« oder »Stallmeister« bedeutete und im 17. Jahrhundert den gehobenen sozialen Status anzeigte. Das väterliche Tapeziergeschäft florierte und sollte dem heranwachsenden Molière wertvolle Einblicke in die Welt der Adligen und des gehobenen Bürgertums bieten. Gleichzeitig konnte er die Possenreißer, Marktschreier und Quacksalber an der Pont-Neuf unweit des Elternhauses beobachten. Dieses stand an der Ecke der Rue St. Honoré und der damaligen Rue de Vieille Ètude (heute Rue Sauval) und wurde »das Affenhaus« genannt, weil auf den Holzbalken der Fassade sechs an den Zweigen eines Orangenbaumes hängende Affen eingeritzt waren. Ein siebter Affe sammelte die Früchte auf dem Boden ein. Nachdem das Haus 1802 abgerissen worden war, wurden die Holzbalken noch eine Zeit lang in der École des Beaux-Arts aufbewahrt, bis ein Angestellter sie als Feuerholz benutzte. Ein mit solchen Geschichten bestücktes Haus, das offiziell »Pavillon des Singes« hieß, musste zum Komödiendichten gereizt haben (Scott, S. 16).

Mit zehn Jahren verlor Molière seine Mutter und knapp fünf Jahre später auch seine Stiefmutter. Beide starben im Kindbett. Zeitgleich besuchte er das Collège de Clermont, eine Jesuitenschule, wo er eine klassische Schulbildung erhielt. Schon mit 16 Jahren legte er den Amtseid als Nachfolger seines Vaters zum »Tapissier du Roy et valet de chambre« ab, womit sein künftiges Leben vorherbestimmt, gesellschaftlich angesehen und finanziell durchaus sorgenfrei schien. Doch es kam anders für den jungen Jean-Baptiste Poquelin. Im Collège fand er Freunde fürs Leben, die seines aus seiner vorgegebenen Bahn lenken sollten. Zunächst einmal war da »Chapelle«, Claude-Emmanuel Lhuillier (1626–1686), der Sohn eines reichen Magistratsherren und Beamten, der sich selbst »Trunkenbold des Marais« nannte (Hartau, S. 16), also nach jenem Stadtviertel, das am rechten Seineufer der damalige Hauptwohnsitz des Stadtadels war. Mit seiner Liebe zu den geistigen Getränken und dem feuchtfröhlichen Resultat im Gemüt bildete er den Gegenpol zu der hypochondrischen Melancholie des Molière. Dieser fand dennoch geistige Nahrung bei Chapelle, da dessen Vater eine Art philosophischen Zirkel in seinem Haus veranstaltete. Hier lernte der junge Molière Jean Hesnault (1611–1682) kennen, mit dem er gemeinsam Lukrez übersetzte. Ein weiteres illustres Mitglied dieser

Gesellschaft war Cyrano de Bergerac (1619–1655), der bereits eine Art Science-Fiction-Romane verfasste, in denen zum Mond geflogen wurde. Molière fand jedenfalls genug Inspiration (Scott, S. 29).

Irgendwann in jener Zeit studierte er in Orléans Jura, wohl zur Vorbereitung für sein künftiges Leben als Nachfolger im väterlichen Geschäft. Wann genau und wie lange ist jedoch nicht überliefert, nur dass es nicht allzu lange dauerte, denn wir finden ihn bald wieder mit Chapelle in Paris um die Häuser ziehen. Dabei machte er zwei weitere und entscheidende Bekanntschaften: zunächst mit dem italienischen Komödianten und Lautenspieler Tiberio Fiorelli (1608–1694) und anschließend mit der Schauspielerin Madeleine Béjart (1618–1672). Gerade letztere sollte immensen Einfluss auf den jungen Molière ausüben, sehr zum Verdruss des Vaters, weil er nicht mehr in dessen Fußstapfen als *tapissier* treten wollte, sondern dieses Amt 1643 seinem jüngeren Bruder übertrug. Stattdessen gründete er am 30. Juni 1643 das »L'Illustre Théâtre«, dessen Erfolg sich nicht nur hinsichtlich der Aufmerksamkeit des Publikums in Grenzen hielt, sondern sich gerade in finanzieller Hinsicht als desaströses Unterfangen herausstellte (Hartau, S. 19).

Nach dem Bankrott wurde Molière gar in Schuldhaft genommen, sodass es in der Folge wenig Überredungskunst brauchte, sich den Geschwistern Béjart anzuschließen. Diese gingen als Wanderschauspieltruppe vor allem in den Süden Frankreichs. Im Oktober 1645 verschwand er auf diese Art zunächst aus Paris, und bereits die Zeitgenossen hatten ihre Schwierigkeiten, herauszufinden, wo er sich eigentlich aufhielt. Doch gerade in diesen Wanderjahren nahm sein Werk eben jene Gestalt an, für die er Berühmtheit erlangen sollte. Wichtig ist dabei das Jahr 1655, als er in Lyon seine erste von ihm selbst verfasste Komödie aufführte. Diese war ein fünfaktiges Stück in Alexandrinern mit dem Namen *L'Étourdi ou Les Contretemps* (»Der Wirrkopf oder Die Hindernisse«) und war noch stark von der italienischen Komödie und ihren Berufsschauspielern beeinflusst. Gerade die Kunstform der »Commedia dell'arte« war für ihn von allergrößter Bedeutung (Scott, S. 103).

Das europäische Theater bis dato kann man grob einteilen in christliche Mysterienspiele, streng religiös aufgeführte Stücke vor den Mauern der Klöster oder Kirchen, und die griechische Klassik, die dank der Katharsis, dem Mitleiden und Durchleiden, Schrecken und Empörung beschwört. Letztere fand man vor allem an den Höfen der Könige und Fürsten, insbesondere an den französischen. Darüber hinaus gab es noch jene Stücke für diejenigen, die nicht an den Herrscherhöfen verweilen durften und die aus vielfältigen Gründen auch den Mysterienspielen nicht zugeneigt waren. Diese hatten zumindest auf den Straßen und den Marktplätzen ihre Aufführungen (vgl. Johannsmeier, S. 152 f.).

Zur Zeit des Moliére stand das französische Drama ganz im Zeichen der Poetik des Aristoteles. Einheit von Ort, Zeit und Handlung und die fünf Akte gaben die Struktur vor. Doch die vorherrschende Ansicht, dass das Lachen und damit die Komödie minderwertig seien, teilte Molière nicht und fand beim italienischen Vorbild seine Bestätigung. Es waren leichte, lustige Stücke, die von Berufsschauspielern der »Commedia dell'arte« aufgeführt wurden. *Arte* wird im ursprünglichen Sinne als Handwerk verstanden. Dies war dem Adel zunächst nicht ansprechend genug, und so finden wir Molière – so viel interpretatorische Freiheit sei gestattet –, der als *tapissier* und damit klassischer Handwerker dem Adel hätte zuarbeiten sollen, in einer Rolle, die dem Adel jene Kunstform der Straße als »Komödienhandwerker« näherbringen wollte. Ein wichtiger Schritt dahin wurde am 24. Oktober 1658 getan.

An jenem Tag erhielt Molière die Gelegenheit, vor dem König, der Königin und dem gesamten Hofstaat im alten Louvre aufzutreten. Es wurde kein eigenes Stück aufgeführt, sondern Pierre Corneilles (1606–1684) Tragödie *Nicomède*, mit der man einen Achtungserfolg errang. Es war jedoch zu wenig, um die Gunst des jungen Königs Ludwig XIV. (1638–1715) zu erlangen. In der obligatorischen Dankesrede, von Molière vorgetragen, bat dieser den König, noch ein eigenes kleines Stück aufführen zu dürfen. Dabei handelte es sich um die nicht überlieferte Farce *Le Docteur amoureux*

(»Der verliebte Doktor«), die den König samt Entourage begeisterte (Hartau, S. 34). Das Lachen war am Hofe Ludwigs XIV. angekommen. Doch warum war es mit dem Lachen eigentlich so eine schwierige Sache?

Moliére steht am Übergang von der mittelalterlichen derben Komik und des Spottes hin zum Humor, den man im europäischen Abendland erst im Zeitalter des Manierismus entdeckte und kultivierte. Hier trifft der Humor auf die Tragödie, ergänzt sie und lässt so tiefer in das Existenzielle schauen. Diese neue Zutat lässt aber auch eine neue Sichtweise zu, indem sie zu zeigen scheint, dass noch nicht aller Tage Abend ist. Eine schlimme, böse Erfahrung, eine Verletzung, ein Unglück kann durch den Humor zur Belanglosigkeit degradiert werden. Gerade die Banalitäten des Alltages, die mit ihren Widerwärtigkeiten das Leben schwer machen, werden durch den Humor zurechtgestutzt. Somit liefert dieser eine neue Perspektive, mit der man den Menschen als solchen betrachten kann. Mithilfe des Humors können wir ihn nicht nur in seiner ganzen Unzulänglichkeit entlarven, sondern ihm auch Sympathie entgegenbringen (Hauser, S. 139 f.). So gesehen bringt der Humor und damit das Lachen die Versöhnung, die Toleranz und die Nachsicht in eine Welt, die bis dato von der Tragödie dominiert wurde, in der genau das Gegenteil herrschte. Natürlich musste die Welt reif für eine solche Auffassung sein. Das Mittelalter beispielsweise konnte es nicht sein, weil diesem selbst die Tragödie nichts sagte. Eine Welt, in der das Diesseits kaum eine Rolle spielte, konnte einer Tragödie nichts abgewinnen. Tragisch war der, der von Gott verlassen wurde. Komisch war bei den mittelalterlichen Aufführungen prinzipiell gar nichts. Doch das änderte sich nun.

Molière erhielt fortan die Erlaubnis, sich mit seiner Truppe in Paris niederzulassen und gegen ein Entgelt von 1500 Livres den großen Saal des Hôtel du Petit-Bourbon nutzen zu dürfen. Dies war noch nicht der Platz an der Sonne, aber allemal besser als das Tingeln durch die Provinzen. In aller Munde war er bereits im November 1659 mit seinem Stück *Les Précieuses ridicules* (»Die lächerlichen

Preziösen«), das uns zumindest vom Titel her heute unspektakulär bis nichtssagend erscheint. Zur Zeit Molières aber war die kulturelle Strömung der Preziösen bzw. die Preziosität eine Modeerscheinung, die skurrile und bisweilen absurde Blüten trieb. Seit den Hugenottenkriegen am Ende des vorangegangenen Jahrhunderts und der mit solchen Bürgerkriegswirren einhergehenden Verrohung in der Gesellschaft, nahm das Bemühen zu, sich wieder durch Anstand, Bildung und der Hemmung des Gemütes auszuzeichnen. So weit war dies eigentlich löblich. Das Ideal des *homme honnête* (bzw. auch *femme*, »des/der ehrenhaften Mannes/Frau«) wurde gefordert, der sich durch eine größtmögliche Bildung und Gewandtheit im Umgang insbesondere am Hofe auszeichnete. Seit den Aufständen der Fronde in der Mitte des 17. Jahrhunderts nahm die Kritik an dieser Einstellung zu. Der *homme honnête* wurde nicht mehr nur als gebildeter, galanter Herr wahrgenommen, sondern nunmehr auch als »Schmarotzer« und aristokratischer Müßiggänger. Anlässe, die gestiegene Verschwendungssucht und den übermäßigen Luxus satirisch darzustellen, gab es zur Genüge. Der Adel ließ nichts unversucht, um aufzufallen. So wurde es um 1658 beispielsweise Mode, die bereits parfümierten Handschuhe mit Perlen und Diamanten zu schmücken (Hösle, S._71). Molière machte sich mit seinen *Preziösen* also nicht nur Freunde. Seinem Bekanntheitsgrad schadete es jedoch nicht. Im Gegenteil.

Was sein privates Leben angeht, gibt es noch ein Geheimnis zu lüften. Am 20. Februar 1662 heiratete er Armande Béjart (1642–1700). Dass sie erheblich jünger als Molière selbst war, ist nicht das Geheimnis, sondern ob sie die Tochter oder die Schwester seiner Kollegin und zeitweiligen Geliebten Madeleine war, ist nicht geklärt. Die Taufurkunde, die das hätte klären können, ist nicht erhalten. Jedenfalls war der Altersunterschied von rund 20 Jahren für die Zeit nichts Ungewöhnliches (Hartau, S. 72 f.). Besonders glücklich schien die Ehe nicht gewesen zu sein, was für einen Künstler nicht immer zum Nachteil wird. Wie viel Stoff er aus seinen privaten Abenteuern zog, ist im Nachhinein schwer zu sagen.

Neben den bereits erwähnten »Preziösen« fand Molière bald ein weiteres Thema, das ihn bis zu seinem Lebensende begleiten sollte. In *L'Amour médecin* (»Die Liebe als Arzt«), einer dreiteiligen Prosakomödie, rechnete er mit der Medizin seiner Zeit ab. Die vier nur Unsinn redenden Ärzte der Komödie waren die Verballhornung der großen am königlichen Hofe wirkenden medizinischen Autoritäten. Dazu gehörte unter anderem der Leibarzt des Königs, Antoine Vallot (ca. 1594 – 1671). Die in dem Stück satirisch anmutenden Diskussionen und Streitereien um die korrekte Behandlungsmethode hatten durchaus eine reale Entsprechung. Niemand geringeres als der junge König Ludwig XIV. durfte dies 1658 auf einem Feldzug in Flandern am eigenen Leib erfahren. Hier stritt ein herbeigerufenes Ärztekollegium heftig darüber, wie der ins Delirium versunkene König zu retten sei. Es gelang Vallot, dem jungen König zu helfen, nachdem die anderen Ärzten allerlei haarsträubende Kuren an ihm ausprobiert hatten (Schultz, 2018, S. 241). In Molières Stück gibt es ein anderes Happy End. Hier kommen die Mediziner zu der einträchtigen Feststellung, es sei besser, unter Aufsicht und nach den Methoden der ärztlichen Kunst zu sterben, als ohne diese zu genesen (Hösle, S. 187). Diese satirisch überspitzte Schlussfolgerung hatte jedoch einen wahren Kern. Die Ärzte waren noch ganz unter dem Einfluss der jahrtausendealten Vier-Säfte-Lehre des griechisch-römischen Arztes Galen. Laut dieser Lehre bestand die Ursache aller Krankheiten in einem Missverhältnis der vier Körpersäfte. Deshalb musste man nur herausfinden, welche Säfte im Übermaß vorhanden waren und an welchen es mangelte, und dann die gesunde Mischung wiederherstellen. Diese Ansicht war derart sakrosankt, dass sie nie bezweifelt wurde und ebenso wenig der Stand des Arztes. Demnach schließt das Stück folgerichtig mit der Feststellung der Doktoren, dass die Patienten »aus Angst vor dem Tod unseren Beruf verehren« (zit. n.: Hösle, S. 191).

Zu der Zeit, als die Königinmutter 1666 verstarb, soll auch Molière so krank gewesen sein, dass seine Schauspieler zeitweise um sein Leben fürchteten. Wie genau und wann er sich erholte, ist nicht bekannt. Am Ende dieses Jahres erschien die Komödie *Le Misanthrope*, die im Sommer uraufgeführt worden war, im Druck. Der Untertitel *L'Atrabilaire amoureux* (»Der verliebte Melancholiker/Schwarzgallige«) zeigt an, auch wenn er später weggelassen wurde, wie sehr Galens Temperamente und damit die Vier-Säfte-Lehre noch die Gedankenwelt Molières bestimmten. Obwohl er sie in seinen Stücken immer wieder aufs Korn nahm, fand er sich allem Anschein nach mit ihr als medizinischer Wahrheit ab, weil er trotz Kritik und Spott nie eine Alternative anbot.

Einen gänzlich anderen Ansatz verfolgt die Farce *Le Médecin malgré lui* (»Der Arzt wider Willen«), die auf einer mittelalterlichen Erzählung beruht. Eine von ihrem Mann verprügelte Frau rächt sich, indem sie vorbeiziehenden königlichen Herolden versichert, ihr Mann sei ein begabter Arzt. Die Tochter des Königs litt an einer verschluckten Fischgräte und deshalb wurde nach einem Arzt geschickt. Jedoch, so die Frau, ließe sich ihr Mann nur durch Prügel zur Ausübung seines Amtes bewegen. Dass der verprügelte Möchtegernarzt genau nach Molières Geschmack war, passte zu den Erfahrungen, die er in jenen Jahren selbst machen durfte. Im März 1667 lag er gerüchteweise wieder im Sterben. Gerade das vorangegangene Jahr hatte ihm mit allerlei Krankheiten und privaten Problemen arg zugesetzt. Die Lebenskräfte bzw. -säfte schienen aufgebraucht oder zumindest in Unordnung geraten zu sein (Hartau, S. 103). Doch das Leben ging weiter und bescherte ihm mit der Uraufführung des *Tartuffe* am 5. Februar 1669 nach langen Schwierigkeiten einen riesigen Erfolg. Kurz darauf wurde er selbst zur Zielscheibe des Spotts, als eine Komödie im Druck erschien, die den Namen *Elomire Hypocondre, ou Les médecins vengez* (»Der Hypochonder Elomire oder die gerächten Ärzte«) trug. Das Anagramm »Elomire« und »die gerächten Ärzte« ließen keinen Zweifel, wer und was gemeint war. Molière reagierte direkt und dünnhäutig, indem er durchsetzte, dass der Druck verboten wurde (ebd., S. 112). Doch einmal in die Welt gelangt, war die Verbindung Molière–Hypochonder schwer aus den Köpfen der Zeitgenossen zu

bekommen. Steckte womöglich ein Fünkchen Wahrheit in dieser Anschuldigung?
Die »Hypochondrische Störung« ist laut ICD-Schlüssel der WHO

> »eine beharrliche Beschäftigung mit der Möglichkeit, an einer oder mehreren schweren und fortschreitenden körperlichen Krankheiten zu leiden. Die Patienten manifestieren anhaltende körperliche Beschwerden oder anhaltende Beschäftigung mit ihren körperlichen Phänomenen. Normale oder allgemeine Körperwahrnehmungen und Symptome werden von dem betreffenden Patienten oft als abnorm und belastend interpretiert und die Aufmerksamkeit meist auf nur ein oder zwei Organe oder Organsysteme des Körpers fokussiert« (zit. n.: WHO, 2018).

Der Ursprung der Hypochondrie wurde jahrhundertelang in der Milz gesehen, die im Übrigen auch für die Produktion der schwarzen Galle verantwortlich gemacht wurde. War diese im Übermaß vorhanden, bedeutete das ein daraus resultierendes melancholisches Temperament, wie es seit der Renaissance dem Künstler zugeordnet wurde (vgl. u. a. Schiesari, S. 77 ff.). Molière war vielleicht Melancholiker/Hypochonder und damit in einer durchaus noblen Tradition, auch wenn er in dem erwähnten Text der Lächerlichkeit preisgegeben wurde.

Es gibt jedoch so gut wie keine direkten Zeugnisse von und über Molière und damit auch keine, die beweisen könnten, dass er an einer hypochondrischen Störung litt. Dass er gegen Ende seines Lebens oftmals krank war, ist dagegen belegt. Genauso wie der Umstand, dass sich ausgerechnet sein letztes Stück mit einem Hypochonder beschäftigte. Fast schon folgerichtig erscheint somit die Feststellung, dass die tragische Komödie des eigenen Lebens als solche enden musste. Diese Zwangsläufigkeit täuscht natürlich darüber hinweg, was der wirkliche Grund und vor allem die vielfältigen Ursachen des Todes von Molière waren. Da war einerseits die schwindende Gunst des Königs, der außenpolitisch ebenfalls nicht mehr die Gunst Fortunas besaß, und da waren andererseits die damit verbundenen Geldsorgen und rasch abnehmende Gesundheit auch infolge des Alters des Autors und Schauspielers (Hartau, S. 120). Dennoch erscheint sein Ende als ein groteskes Vermächtnis seines Lebens und vor allem seines Werkes, wenn er kurz nach der Aufführung seines *Le malade imaginaire* stirbt, das etwas missverständlich ins Deutsche gemeinhin als *Der eingebildete Kranke* übertragen wurde. Bereits im 18. Jahrhunderte wurde das Stück mit »Der Kranke in der Einbildung« übersetzt (Neuhaus, S. 87).

In diesem letzten Werk nimmt Molière nochmals den störrischen Charakter aufs Korn, der sich in eine bestimmte Vorstellung verrannt hat und die Wünsche der Nachkommen ignoriert. Der Protagonist Argan leidet an allerlei Krankheiten, die es nur in seinem Kopf gibt. Er ist ein wahrer Hypochonder und gibt dafür sein ganzes Geld aus, indem er sich unzählige zweifelhafte Mittelchen herstellen lässt. Doch damit nicht genug: Für einen wahren Hypochonder wie Argan könnte es nichts Besseres geben, als dass sich in seiner Familie ein Arzt befände. Und so drängt er seine Tochter Angelique, den Sohn des Arztes Dr. Diafoirus zu heiraten. Diese denkt aber nicht daran, sondern schmiedet mit ihrem Geliebten Cléante andere Pläne.

Die Uraufführung folgte zeitlich auf eine turbulente Zeit im Leben Molières. Der Jahreswechsel von 1672 auf '73 ist geprägt von dem Versuch, die Gunst des Königs wiederzuerlangen, dem Tod von Weggenossen und finanziellen Schwierigkeiten. Dazu kommt der Aufstieg Jean Racines (1639–1699) zum Lieblingsautor des Königs, Skandale am Theater und natürlich das Alter. Dennoch sammelte er alle seine Kräfte, um es dem Publikum noch einmal zu beweisen. Mit Molière musste man immer noch rechnen. Am Tag der vierten Aufführung des *Malade imaginaire*, dem 17. Februar 1673, soll er gesagt haben, ein Mensch müsse leiden, bevor er sterbe (Hartau, S. 125). Wenn er es gesagt hatte, dann bestimmt aus einem Pflichtgefühl den vielen Angestellten des Theaters gegenüber. Diesen wollte er nicht absagen, weil er sich krank fühlte. Existenzen hingen an dem Lohn. Deshalb quälte er sich auf die Bühne. Er hustete während des Stückes stark. Da er jedoch einen Kranken spielte, merkte das Publikum nichts von seinem Zustand. Nur seine eigenen Leute fragten sich bange, wie lange er noch durchhalten könne. Kurz bevor der Vorhang fiel, ausgerechnet bei der Verballhornung der Ärztezeremonie, bekam Molière einen Blutsturz. Man brachte ihn unter dem Jubel und Applaus des nichtsahnenden Publikums in die Garderobe, wo er weiter Blut spuckte. Schließlich starb er. Die letzten Momente im Leben Molières sind ungewiss. Verschiedene Berichte widersprechen sich in Einzelheiten, die aber nichts weiter zur Sache tun (Neuhaus, S. 81).

Er, den man als einen Hypochonder verspottet hatte, starb, als er trotz echter Krankheit einen Hypochonder spielte. Am 21. Februar 1673 wurde Molière auf dem Pariser Friedhof Saint-Eustache beerdigt. Heute liegt er mit weiteren Berühmtheiten auf dem Friedhof Père Lachaise. Die Ärzte seiner Zeit kennt heute kaum jemand mehr. Ihre damalige Heilkunst ist heute völlig überholt. Dagegen werden die Stücke Molières immer noch gespielt. Vor allem sein *Malade imaginaire* erfreut sich weiterhin ungebrochener Beliebtheit. Und dies hätte ihm natürlich gefallen!

Karriere, schöne Musik und fässerweise Whisky: Jean-Baptiste Lully, Jack Daniel und die Sache mit dem großen Zeh

Es mag ein wenig zu sehr bemüht anmuten, und vielleicht ist die Kausalkette von der Analfistel eines Königs zum großen Zeh eines Komponisten etwas abenteuerlich, jedoch kann man sie recht problemlos erstellen. Und da dies in einem Buch über außergewöhnliche Todesfälle geschieht, wird einer daran sterben. Die Frage ist nur, wen wird es treffen?

Am Hofe des Sonnenkönigs Ludwig XIV. tummelten sich im 17. Jahrhundert neben den großen Autoren ihrer Zeit, wie Molière (vgl. voriges Kapitel: Molières nicht eingebildete Krankheit) und Racine, auch Komponisten. Einer von ihnen war der in Florenz geborene Giovanni Battista Lulli (1632–1687). Als Nachfahre einfacher toskanischer Bauern an den glanzvollen Hof von Versailles zu gelangen, ist keine unbedingt übliche Karriere des 17. Jahrhunderts. Deshalb musste der Zufall und einiges an Talent nachhelfen. Seine Ausbildung erhielt der kleine Giovanni bei ansässigen Franziskanern, die ihn auch in die Musik einführten (Le Cerf, S. 183). Darüber hinaus zeigte er komödiantisches Talent, was er später vor dem Sonnenkönig unter Beweis stellen konnte. Dank dieser Kombination fiel er Roger de Lorraine aus dem Hause Guise (1624–1653) auf, der sich auf der Durchreise in Florenz aufhielt. Da am französischen Hof Ludwigs XIII. (1601–1643) mit Anne Marie Louise d'Orléans (1627–1693) eine Duchesse lebte, die gerne Italienisch sprach, brachte Roger de Lorraine ihr kurzum den jungen Lulli mit. Ihr diente er von 1647 bis 1652 als Kammerdiener (La Gorce,

S. 23 f.). Hier erhielt er Cembalounterricht und wurde gelehrt, wie man Stücke komponierte. Ebenso lernte er bei dem damals berühmten Tänzer und Violinisten Jacques Cordier dit Bocan (ca. 1580–1653) (ebd., S. 43).

Im Februar 1653 fiel Giovanni Battista Lulli dem jungen Ludwig XIV. auf. Dieser tanzte beim »Ballet royal de la nuit« die aufgehende Sonne, während Lulli verschiedene Nebenrollen ausfüllte (ebd., S. 57). Nicht nur die Beachtung des Königs wirkte sich auf die weitere Karriere des jungen Komponisten positiv aus, sondern gleichsam der Umstand, dass mit dem regierenden Minister, Kardinal Jules Mazarin (1602–1661), ein italienisch-stämmiger Diplomat eine einflussreiche Fraktion seiner Landsleute am Hofe etablierte (vgl. Schultz, 2018, S. 270 und 275). Überdies entstand bald eine tiefe Zuneigung des Königs zu Lulli, aus dem während dieser Zeit Jean-Baptiste Lully wurde (Beaussant, S. 97). Er gehörte zum engsten Kreis des Königs und begleitete ihn 1659 in die Pyrenäen, wo der gleichnamige Frieden mit Spanien abgeschlossen wurde (Schultz, 2018, S. 256 f.). 1661 unterzeichnete Ludwig XIV. sogar als Trauzeuge den Heiratsvertrag Lullys (Hösle, S. 147). Doch nicht die Freundschaft mit dem König sollte Lullys Name über die Jahrhunderte bekannt machen, sondern die Begegnung mit Molière.

Die Zusammenarbeit der beiden begann mit der Ballettkomödie *Le mariage forcé*, uraufgeführt am 29. Januar 1664 im Louvre, für die Lully die Musik komponierte (ebd., S. 146). Auch bei *L'Amour médecin* wurde die Musik durch den »unvergleichlichen Herrn Lully« (zit. n.: ebd., S. 185) komponiert; so im Vorwort. Der gebürtige Florentiner gehörte schließlich wie selbstverständlich zur Planung aller königlichen Feste, die nicht nur reiner Selbstzweck waren, sondern gerade in der Zeit des Barocks der Herrschaftsinszenierung dienten. Mit Prunk und Pomp wurde Politik gemacht, sodass die Planung und Durchführung eine äußerst wichtige Angelegenheit waren. Vor allem wurden außenpolitische Erfolge entsprechend dargestellt oder überhöht. So war beispielsweise der *Erste Aachener*

Friede 1668 kein ausschließlicher Erfolg Frankreichs, dennoch wurde er als ein solcher in Versailles gefeiert. Immerhin waren wichtige Festungsstädte der Spanischen Niederlande, wie Lille oder Tournai, nun in französischem Besitz, was unter der musikalischen Leitung Lullys propagandistisch zelebriert wurde (Hasse, S. 10).

Molière und Lully bildeten ein kongeniales Duo und inspirierten sich gegenseitig. Sogar Lullys pantomimische Begabung, die ihm bereits als Kind die Aufmerksamkeit Roger de Lorraines eingebracht hatte, lebte wieder auf. Nicht nur diese steuerte er zu Molières Ballettkomödie *Monsieur de Pourceaugnac* bei, sondern neben der Musik auch den italienischen Text (Hösle, S. 264). Einer der Glanzpunkte ihres gemeinsamen Schaffens fand 1669 statt. Im besagten Jahr weilte der türkische Diplomat Suleiman Aga in Versailles zu einem Besuch, was König Ludwig XIV. dazu veranlasste, an Spektakel alles aufzubieten, was er konnte. Doch der Türke zeigte sich nicht nur völlig unbeeindruckt, sondern machte sich auch noch über die Gastfreundschaft lustig. Sein unhöfliches Verhalten stieß jedem am Hofe bitter auf und führte dazu, dass der König seinem Duo Molière-Lully den Auftrag gab, ein »spezielles« Ballett zu komponieren, das den osmanischen Diplomaten zum Gespött machen sollte. Unter dem Namen *Le Bourgeois gentilhomme* lieferten sie im folgenden Jahr ein Stück, das den Hof in Erinnerung an den undankbaren Gast erheiterte (ebd., S. 284 f.). Neu an der Aufführung war vor allem das Kauderwelsch, das der Held des Stückes, Monsieur Jourdain, als angeblicher Würdenträger und Schwiegersohn des Muftis von sich gab: »Alabala crociam acci boram albamen, Catalequi tubal ourin soter amalouchan« (zit. n.: Hartau, S. 115). Neben der offensichtlichen Verunglimpfung der türkischen Sprache bewies das Duo, dass es keines verständlichen Dialoges bedurfte, um komisch zu sein. Damit wurde *Der Bürger als Edelmann* zum Höhepunkt ihrer Zusammenarbeit und ein Meilenstein der Kunstgeschichte. Die Komposition verschmolz mit dem dramatischen Geschehen auf organische Weise, sodass der Musikwissenschaftler Dietmar Fricke feststellte: »Die Maskerade des Monsieur

Jourdain wird als solche hörbar, die ›musica franca‹ des Florentiners gehorcht der französischen (Musik-) Grammatik« (zit. n.: Hösle, S. 286).

Doch kurz darauf tauchten die ersten Risse im Verhältnis der beiden Ausnahmekünstler auf. Am augenscheinlichsten für diesen entstehenden Konflikt ist die fehlende Nennung Lullys im Vorwort des von Molière im Jahr 1671 neu aufgelegten Stückes *Psyché*. Lully hatte jenen Stoff bereits als 14-Jähriger in seinem *Ballet de Psyché ou De la puissance de l'amour* am 16. Januar 1656 im Louvre verarbeitet und aufgeführt (ebd., S. 295). Brisanterweise taucht nun sein Name nicht auf. Jedoch ist es höchst unwahrscheinlich, dass Molière von der Aufführung Lullys Jahre zuvor keine Kenntnis besaß oder sich mit Lully nicht in irgendeiner Art und Weise bei der Entstehung seines neuen *Psyché* ausgetauscht hatte. Er wurde also von Molière bewusst nicht genannt. Das Stück geriet zu einem großen Erfolg und die Rivalität der beiden wuchs.

Dieser Spannung lag jedoch ein Konflikt zugrunde, der über den eben erwähnten Affront hinausging. Lully wollte nicht mehr einsehen, dass seine Musik im Schatten der Dichtung stehen sollte. In musikalischen Fragen wollte er das letzte Wort bei Hofe haben und das alleinige Privileg, Opern zu komponieren. Er holte hierfür zum großen Wurf aus (ebd., S. 302). Tatsächlich gelang es ihm, das Monopol vom König zu erhalten. Die Schilderung der Winkelzüge, die dazu nötig waren, können wir uns ersparen. Jedenfalls begann nun die glanzvolle Zeit des Jean-Baptiste Lully. Mit Molières Tod Anfang 1673 gab es keinen mehr, der ihm zumindest künstlerisch das Wasser reichen konnte. Es folgten Opern, die noch im folgenden Jahrhundert in Frankreich regelmäßig gespielt werden sollten. Gleichzeitig wurde er zum Direktor der Académie Royale de Musique ernannt, was die alleinige Erlaubnis bedeutete, Opern im königlichen Palast aufzuführen. Diese Freiheit nutzte er aus, um sich und seine Kunst weiterzuentwickeln. Das Resultat ließ nicht lange auf sich warten, mit *Cadmus et Hermione* erschuf er 1673 eine neuartige Operngattung: die »Tragédie lyrique«. Zusammen mit Philippe

Quinault (1635–1688), seinem neuen Textdichter, bot Lully mythische Stoffe in fünf Akten dar, die mit einer Arie beginnen und einer Balletteinlage enden (Warrack/West, S. 174).

Mit dem endgültigen Umzug des königlichen Hofstaates nach Versailles im Jahre 1682 schien Lullys Stern heller zu leuchten als jemals zuvor. Die Inszenierung der Macht fand in Versailles die bestmögliche Bühne. Und ihr Dirigent war Jean-Baptiste Lully. Jedoch lagen in einer solch fein inszenierten Scheinwelt wie Versailles viele zeremonielle Stolpersteine, die man leicht übersehen konnte. So erregte Lully den königlichen Unmut, indem er sich etwas herausnahm, was für einen Dirigenten notwendig, in Anwesenheit Ludwigs XIV. aber ein Sakrileg war: Er drehte dem Sonnenkönig den Rücken zu.

Dies war nicht der alleinige Grund seines plötzlichen Sturzes. Lully hatte ein sexuelles Verhältnis mit einem Pagen begonnen (Steen, S. 7). Zusätzlich beteiligte er sich an Orgien mit dem homosexuellen Bruder des Königs und an allerlei Ausschweifungen, sodass man bei Hofe bald von »italienischen Sitten« sprach (La Gorce, S. 309 ff.). Es war dem König irgendwann zu viel. Lully fiel in Ungnade, obwohl er kurz zuvor noch zum Secrétaire du Roi ernannt worden war. Somit geriet das Jahr 1685 zur großen Wende im Leben Lullys. In den folgenden beiden Jahren bemühte er sich, das alte Vertrauen des Königs wiederherzustellen. Da kam ihm das Gesäß des Sonnenkönigs zur Hilfe.

Ludwig XIV. musste sich zeit seines Lebens mit allerlei Erkrankungen herumplagen, deren Behandlungen in vielen Fällen schlimmer waren als die Krankheit selbst. Am 18. November 1686 wurde der König im Hospital zu Versailles von Charles-François Félix de Tassy (1635–1703) am After operiert. Hier befand sich am königlichen Rektum eine Fistel, deren Entfernung sehr gefährlich und äußerst schmerzhaft war. Kardinal Richelieu (1585–1642) war infolge einer solchen Operation gestorben. Der König brauchte also Aufmunterung und Gottes Hilfe (Schultz, 2006, S. 298). Umso erfreuter war man, als Ludwig XIV. den Eingriff überlebte. Nun war

Dank und Demut angesagt. Lully erinnerte sich eines »Te Deums«, das er bereits 1677 komponiert hatte.

Am 8. Januar 1687 führte er dieses auf eigene Kosten mit 150 Musikern auf. In der Église des Pères Feuillants sollte die nicht ganz uneigennützige Freude über die Gesundung des Königs gefeiert werden. Jean-Baptiste Lully war einer der ersten, die einen Stab benutzten, um die Musiker zu dirigieren. Er war ohnehin kein einfacher Zeitgenosse, wenn es um die Musik und vor allem ihre fehlerfreie Aufführung ging. Es ist überliefert, dass er eine Violine auf dem Rücken eines Musikers zerschlug, der seiner meiner Meinung nach nicht gut genug gespielt hatte (Kropp/Jacobs, S. 101). Ob er am 8. Januar zufrieden war, ist nicht bekannt. Jedenfalls war Lully total gefangen in seiner Musik und schlug den Stab mit voller Kraft auf seinen großen Zeh. Es handelte sich um einen nahezu mannshohen Stock, dessen Ende angespitzt war (vgl. Anthony et al., S. 16). Welcher Fuß betroffen war, hat uns der Chronist nicht überliefert, nur dass ein Abdruck zurückblieb, der sich langsam verfärbte (Le Cerf, S. 190). Seinem Arzt, einem M. Alliot, schwante jedoch Übles. Er riet ihm, den Zeh zu amputieren. Doch Lully unterschätzte offensichtlich die Gefahr, denn er fürchtete, nicht mehr tanzen zu können. Nach einigen Tagen verfärbte sich der Fuß und schließlich das ganze Bein (ebd.). Die damalige Ärztekunst hatte keine Möglichkeit mehr. Die Blutvergiftung breitete sich im ganzen Körper aus und Lully starb am 22. März im Alter von 54 Jahren (Le Cerf, S. 191). Der Unterschied zwischen der lebensgefährlichen, jedoch geplanten Operation des Sonnenkönigs und dem banalen, das Leben kostenden Missgeschick des Komponisten liegt auf der Hand. Die königliche Operation war vermutlich einigermaßen steril abgelaufen, sodass sich die Wunde nicht entzündete. Der Taktstock war höchstwahrscheinlich durch mehrmaliges Aufstampfen am Boden mit allerlei Verunreinigungen in Kontakt gekommen, die eine Blutvergiftung auslösten. Nur die Amputation des Zehs hätte Lully retten können. Jedoch war ihm seine Tanzkarriere wichtiger gewesen.

Beim nächsten großen Zeh gibt es keine Verbindung zu einer Fistel am Gesäß, dafür zum Whisky. Von daher spricht vieles dafür, dass der zwischen 1846 und 1849 in Lynchburg, Tennessee, geborene Jasper Newton Daniel, besser bekannt als Jack Daniel (ca. 1846–1911), schottisch-irische Vorfahren hatte (Jackson, S. 190). Denn so unsicher sein genaues Geburtsdatum ist, so sicher ist der Streit zwischen den Iren und den Schotten, wer eigentlich den Whisky erfunden hat. Vom irischen Wort für »Wasser des Lebens«, *uisce betha*, leitet sich das moderne »Whiskey« ab (Oppermann, S. 218). Von den Einwanderern mit auf den nordamerikanischen Kontinent gebracht, fand die amerikanische Whisky-Industrie hervorragende Bedingungen vor. Sowohl das Herstellen als auch der Konsum machten die Weiten des Landes zum Eldorado, dem sich auch der erste Präsident George Washington (1732–1799) nicht verschloss. Nach dem Unabhängigkeitskrieg produzierte er 4000 Liter Whisky pro Jahr (ebd., S. 190).

Jack Daniel war das letzte von acht Kindern, da seine Mutter bei seiner Geburt verstarb. Bereits im Juni 1851 heiratete der Vater erneut und bekam in den folgenden Jahren drei weitere Kinder (Krass, S. 19 f.). Trotz anderslautender Gerüchte lief der junge Jack nicht von zu Hause fort, sondern erhielt sogar eine bescheidene Schulbildung. Dennoch waren es harte Jahre, die keinesfalls besser wurden, als auch noch sein Vater starb. Jack musste mit gerade 14 Jahren als Vollwaise das Gefühl haben, dass das Schicksal sich gegen ihn verschworen hatte (ebd., S. 7). Eine Art Ersatzfamilie fand er in einer lutherischen Gemeinde, die eine eigene Destillieranlage hatte. Die Legende will, dass er im Alter von 13 oder 14 Jahren deren Leitung übernahm. Mit 19 machte er sich mit dieser Anlage bereits selbstständig (Jackson, S. 191). Nach neuesten Erkenntnissen soll der junge Jack die Kunst des Brennens von einem ehemaligen Sklaven namens Nathan Green (geb. ca. 1820) erlernt haben. Dieser half ihm nach dem Ende des Amerikanischen Bürgerkrieges beim Eröffnen einer eigenen Brennerei. Außerdem arbeiteten zwei seiner Söhne für Daniel (Clay, 2016). Elf Nachkommen soll Green gezeugt haben, während Daniel niemals heiratete und keine Kinder in die Welt setzte. Obgleich er mit nur 1,60 Meter Körpergröße keine Gardemaße besaß, galt er als begehrter Junggeselle und gab sich als Dandy (ebd.). Doch ohne Nachkommen nahm Daniel schließlich seinen Neffen Lemuel Motlow (1869–1947) unter seine Fittiche und baute ihn zu seinem Nachfolger auf. Vorher galt es, den Daniel-Whisky in den USA zu etablieren.

Ein wichtiger Schritt auf diesem Weg war die Einführung der Marke »Old No. 7« im Jahr 1887 (Jackson, S. 191). Es gibt verschiedene Mythen, warum diese ausgerechnet Nr. 7 heißt (Krass, S. 118). Laut der wahrscheinlichsten Erklärung wurde Daniel von einem erfolgreichen jüdischen Geschäftsmann inspiriert, der sieben florierende Geschäfte eröffnet hatte. Der Zusatz »Old« ist dabei eine Art Gütesiegel (Jackson, S. 191). 1904 erhielt er auf der Weltausstellung in St. Louis sogar die Goldmedaille für den besten Whisky der Welt (ebd.).

1907 zog Jack Daniel sich aus dem Geschäft zurück, da ihm seine Gesundheit immer mehr Probleme bereitete. Lem Motlow übernahm die Firma zusammen mit Jack Daniels Cousin Dick Daniel. Er selbst blieb sein Leben lang in Tennessee, genauer in Lynchburg, wo schließlich auch sein Leben endete. Im Alter wurde er vergesslich und nichts wurde schwieriger für ihn, als sich die Zahlenkombination seines Safes zu merken. Nicht selten soll er deswegen gegen ihn getreten haben, wenn er wieder Probleme mit dem Erinnern hatte. Ob es die Summe der Tritte oder ein ganz besonders starker im Jahre 1911 war, ist ungewiss (Krass, S. 120). Jedenfalls entzündete sich sein großer Zeh infolge eines solchen Trittes. Auch hier schweigen die Quellen darüber, ob es der rechte oder der linke war. Das spielte auch keine Rolle, sondern der Umstand, dass die Amputation des betroffenen Zehs keine Wirkung zeigte. Eher machte es die gesundheitliche Lage noch schlimmer, denn Jack Daniel litt dank unzähliger Jahre der Völlerei an Diabetes. Die Amputation seines Zehs, dann des Fußes und schließlich seines ganzen Beines konnten die Infektion nicht stoppen. Am

9. Oktober 1911 starb er in Lynchburg an den Folgen der Blutvergiftung (ebd.).

Ob der Safe tatsächlich der Schuldige am Tod Jack Daniels war, bleibt ungewiss. Er steht jedenfalls heute noch brav an seinem Platz im Büro des Firmensitzes in Lynchburg, wo er getreten worden war, während der schwere Taktstock Lullys verschollen ist.

Ein dichtender Kirchenmann, eine Herrenrunde und viel zu viel Tabak: Wer solche Freunde hat, braucht keine Feinde mehr – Jean-Baptiste de Santeul

Freunde und ein guter Scherz – wer kennt diese Kombination nicht? Dass man sich dabei Beschäftigungen hingibt, die – sagen wir mal – nicht immer gesund sind, sollte ebenfalls kein Geheimnis sein. Dazu gehört neben Alkohol oftmals auch der Konsum von Tabak. Über dessen schädliche Wirkung herrscht Konsens. Das Rauchen von Zigaretten, Zigarren, Pfeifen etc. schädigt vor allem die Lunge und die Herzkranzgefäße. Viele Raucher sterben später an den Folgen. Dass die Annahme, es sei harmloser, wenn der Tabak auf eine andere Art konsumiert wird, ein Trugschluss ist, bewies der französische Dichter Jean-Baptiste de Santeul (1630–1697) bereits zu einer Zeit, als Tabak in Europa erst in Mode kam. Beabsichtigt hatte der Kleriker diese Beweisführung keineswegs. Er wurde vielmehr Opfer eines derben »Spaßes«; und dies mit drastischen Folgen.

Nur wenigen Menschen dürfte der am 12. Mai 1630 in Paris geborene Dichter heute noch bekannt sein. Santeul stammte aus einer alten Pariser Familie. Der Vater Claude war ein hochangesehener Kaufmann und Bourgeois, der sich mit Madelaine Boucher vermählte. Fünf Kinder sind aus dieser Ehe hervorgegangen (Marteau, S. 4). Allen sollte eine ausgezeichnete schulische Ausbildung zuteilwerden, und Santeuls Brüder wurden beruflich sehr erfolgreich. Am College de Clermont erkannte der junge Jean, dass er kein Interesse am Leben eines Kaufmannes hatte, sondern entdeckte seine Liebe zu lateinischen Versen und sein Talent, diese zu verfassen (ebd., S. 5). Beruflich schlug er die klerikale Laufbahn ein, wozu er 1653 in die königliche Abtei St. Victor ging. Dort erklomm er die kirchliche Karriereleiter nur bis zum Subdiakon, einem niedrigen Amt, weil er sich lieber der lateinischen Lyrik widmete. Er wurde schließlich zu einem regulären Kanoniker der Abtei, was ihm offensichtlich genügte, solange er seiner Leidenschaft frönen konnte. Erste größere literarische Erfolge brachten ihm die sakralen Hymnen, die er dem Kardinal Emmanuel Théodose de la Tour d'Auvergne (1643–1715) widmete. Zeitgleich verfasste er Inschriften für die öffentlichen Denkmäler in Paris und beschenkte seine Freunde mit eigenen Sonetten. Bevor das Französische oder andere europäische Sprachen das Lateinische verdrängten, galt Santeul als der bedeutendste zeitgenössische Dichter in jener Sprache. In den berühmtesten Kirchen der Stadt wurden seine Hymnen zu offiziellen Anlässen gesungen, und die Außergewöhnlichkeit seiner Dichtkunst sei seit Jahrhunderten nicht mehr in der kirchlichen Poesie gehört worden – so in einem zeitgenössischen Vorwort zu einer Sammlung seiner Hymnen (De Rivière, in: Santeul, S. 9). Der Prinz de Condé und auch König Ludwig XIV. bewunderten ihn. Letzterer gewährte ihm eine Rente, während Louis III. de Bourbon, prince de Condé (1668–1710), ab 1685 Großmeister von Frankreich, ihn gerne in seiner Umgebung hatte. Auch wenn Louis III. nicht jene Geisteskrankheit wie sein Vater zu haben schien, zeigten sich in seinem Wesen dennoch einige problematische Züge. Ihm wurde ein schwieriges Temperament attestiert und man stellte fest, dass es ihm nicht an Bösartigkeit mangele (Piépape, S. 182 f.). Dies würde das Schicksal Santeuls erklären. Neben den üblichen Trinkgelagen, die sich bei solchen Treffen des Adels abspielten, war seit dem 16. Jahrhundert eine weitere Beschäftigung hinzugekommen, der man sich als Gast nicht entziehen konnte: der Genuss von Tabak.

Die erste Erwähnung des Tabaks – noch ohne diesen Namen – finden wir im Bordbuch des Christoph Kolumbus. Am 15. Oktober 1492 stieß er, wie er schreibt, bei der Insel Fernandina (heute Long Island) auf einen Einheimischen in einem Kanu. Dieser war unter anderem im Besitz »einige(r) dürre(r) Blätter, die von den Eingeborenen sehr geschätzt werden müssen, da man bereits in San Salvador etwas davon als Geschenk überreicht hatte« (Kolumbus, S. 58). Einige Wochen später machten zwei Besatzungsmitglieder weitere Bekanntschaft mit dem Tabak. Der Chronist und Theologe Bartolomé de Las Casas (ca. 1484 – 1566) berichtet von dieser Begegnung:

> »Diese zwei Christen trafen auf dem Weg viele Menschen, Frauen und Männer, die unterwegs waren zu ihren Dörfern. Die Männer, immer mit einem glühenden Holzspan in der Hand und gewissen Kräutern. Es sind getrocknete Kräuter, welche in einem ebenfalls getrockneten Blatt in Form eines Feuerwerkskörpers stecken, wie sie die Knaben zum Osterfest des Heiligen Geistes benutzen. Diese werden an der einen Seite angezündet und an der anderen Seite gesaugt, geschlürft, der Rauch ins Innere geführt. Mit diesem Rauch wird das Fleisch eingeschläfert beziehungsweise berauscht. Und so sagen sie, merken sie die Müdigkeit nicht. Diese Feuerwerkskörper/Musketier-Kartuschen, oder wie wir sie immer nennen wollen, nennen sich Tabak« (Las Casas, Kapitel 46, Übers. d. Autors).

Interessant ist der Vergleich der Zigarre – wie wir sie heute nennen würden – mit damals üblichen Feuerwerkskörpern. Der Name für jenes rauchende Gebilde, das sich die Eingeborenen zu Gemüte führten, musste erst noch gefunden werden. Der Dominikaner Las Casas gibt auch einen ersten Einblick in die Sucht nach Tabak. Er tadelte die Spanier, die »auf der Isla Española« Tabak konsumierten, um dann die Antwort zu erhalten, »es stünde nicht in ihrer Macht, damit aufzuhören. Ich weiß nicht, welchen Nutzen oder Geschmack sie daran fanden« (ebd.).

Bereits infolge der ersten Amerikafahrt des Kolumbus gelangte der Tabak nach Europa. Von den spanischen Häfen aus wanderten die Pflanze und ihr Konsum weiter bis nach Fernost, nach Korea, und auch nach Afrika. Dabei wurde Tabak zunächst nicht als Konsum-, sondern als Heil- und Medizinpflanze angesehen. Der französische Gesandte am portugiesischen Hof, Jean Nicot (1530–

1604), brachte das Kraut nach Paris, wo er seine große Heilkraft anpries. Ihm zu Ehren wurde die Pflanze bereits 1570 »Nicotiana« genannt. Später bezeichnete man den extrahierten Wirkstoff des Tabaks als »Nikotin« (Hengartner, S. 175). Bald schon war der Konsum von Tabak nicht mehr nur Privileg der höheren Gesellschaftsschichten, sondern fand sich auch beim einfachen Volk. Die Ausbreitung des Tabaks wurde schon früh von Warnungen des Klerus begleitet, die im Rauchen einen heidnischen Akt sahen. In Analogie zum zeitnah eskalierenden Alkoholmissbrauch durch die erstmals verfügbaren hochprozentigen Getränke wurde vorm »Tabak sauffen« (zit. n.: ebd., S. 176.) gewarnt. Mit ähnlich bescheidenem Erfolg.

Neben dem Schnupfen und Rauchen etablierte sich im Ancien Régime auch das Kauen von Tabak (ebd., S. 177). Im 17. Jahrhundert wurde dieser zunehmend nicht mehr als Heilmittel, sondern allmählich eher als Genussmittel gesehen. Als solches hatte er sich zu Beginn des 18. Jahrhunderts letztlich durchgesetzt. Man denke dabei nur an das »Tabakskollegium« der preußischen Könige Friedrich I. (1657–1713) und Friedrich Wilhelm I. (1688–1740). Dabei ging es nicht nur um bloßen Zeitvertreib, sondern man machte neben gelehrten Gesprächen auch Politik. Beim preußischen Tabakskollegium wurde hauptsächlich geraucht, was den dem Rauch abgeneigten Friedrich II. (1712–1786) dazu veranlasste, das Tabakskollegium nach seiner Thronbesteigung aufzulösen. Er selbst schnupfte lieber. Eine Tabakdose rettete ihm übrigens bei der Schlacht von Kunersdorf im Jahr 1759 das Leben. Dem französischen Dichter und Kleriker Santeul aber sollte es anders ergehen.

Im Sommer 1697 war er in Dijon Gast beim Herzog von Bourbon, dem bereits erwähnten Louis III. Dieser berief hier, weil sein Vater aufgrund seiner Psyche unpässlich war, die burgundischen Stände ein. Um sich vom mühevollen Tagesgeschäft etwas zu entspannen, hatte er Santeul eingeladen, der ein guter Tischgast war, der »den Wein und eine reichbesetzte Tafel liebte, aber des Guten nicht zu viel tat« (Saint-Simon, XVII). Dank seiner lustigen Einfälle und geistreichen Gespräche war er oft im Haus der Condés zu Gast, wo man »in Liebe zu ihm« (ebd.) wetteiferte. Aber nach Dijon hatte Santeul eigentlich nicht mitreisen wollen. Warum, ist nicht überliefert. Jedenfalls versuchte er vergeblich alle möglichen Ausreden, musste aber den Herzog letztlich doch nach Dijon begleiten, wo er im selben Haus mit ihm wohnte. Jeden Abend saß er mit Louis III. zu Tische und unterhielt die gesamte Entourage. Offensichtlich genügte dies den Herrschaften irgendwann nicht mehr, und sie suchten nach einer Steigerung der sinnfreien Unterhaltung. Denn eines

> »Tages, als der Herzog zu Hause speiste, vergnügte er sich damit, Santeul mit Champagner zuzusetzen; die Stimmung wurde immer lustiger, und schließlich machte er sich den Scherz, seine mit spanischem Tabak gefüllte Schnupftabaksdose in ein großes Glas Wein auszuleeren und es Santeul austrinken zu lassen, um zu sehen, was darauf erfolgen würde. Es dauerte nicht lange, und er wurde darüber aufgeklärt. Erbrechen und Fieber stellten sich ein, und in zweimal vierundzwanzig Stunden starb der Unglückliche unter Höllenqualen, aber er empfing die Sterbesakramente in bußfertigster Gesinnung und erbaute dadurch eine Gesellschaft, die sonst wenig für die Erbauung gestimmt war, aber ein so grausames Experiment abscheulich fand und voll Trauer über seinen Ausgang war« (ebd.).

Jener »Spaß« in feuchtfröhlicher Stimmung endete für den neulateinischen Dichter am 5. August 1697 tödlich. Was er oder der »Spaßvogel« nicht wussten, war die Tatsache, dass Nikotin in hohen Mengen zu einer Vergiftung führt. Nicht umsonst wird Nikotin auch als Pflanzenschutzmittel verwendet (Yamamoto/Casida, S. 3). Eine Überdosierung geschieht vor allem durch die orale Einnahme. Wenn die gesamte Tabaksdose auf einmal in den Wein gekippt und anschließend in einem Zug geleert wurde, wie der Chronist Saint-Simon (1675–1755) schreibt, war eine Vergiftung durch Nikotin zwangsläufig. Die Krämpfe, das Erbrechen und hohes Fieber sind deutliche Indikatoren für eine Intoxikation. Hinzu kam auch das recht hohe Alter von 67 Jahren, das den Körper des Geistlichen weniger widerstandsfähig machte. Vielleicht war es gar nicht als Spaß gedacht? Immerhin spricht der Chronist von einem »Experiment«. Einigermaßen sicher überliefert ist jedoch, dass der Prinz von Condé aufgrund seines boshaften Wesens und des reichlichen Alkoholkonsums zu solchen Späßen auf Kosten Dritter neigte. Von daher hätte der Chronist Saint-Simon den Begriff »Experiment« besser durch den Ausdruck »dumme Idee im Vollrausch« ersetzt, wie diese in alkoholgeschwängerten, meistens männerdominierten Abendgesellschaften oftmals vorkommen kann. Auch die Epoche spricht für eine solche »dumme Idee«. Denn gerade in der Zeit des 17. und 18. Jahrhunderts waren solche Gelage des Adels eine gefährliche Sache. Todesfälle aufgrund des Alkoholkonsums gab es dabei öfter. Dass es mit Jean-Baptiste de Santeul einen hoch angesehenen Kleriker und Dichter traf, ist natürlich tragisch. Dass er beim Gelage ausgerechnet an einer Nikotinvergiftung starb, die ihm ein Freund und Gönner zufügte, ist durchaus skurril.

In dieser Hinsicht Glück hat der Dichter Wilhelm Busch (1832–1908) gehabt. Er litt mehrmals unter Nikotinvergiftungen, jedoch mit dem Unterschied, dass er sich diese selbst zugefügt hatte (Weissweiler, S. 232 f.). Dies und der Umstand, dass er starker Raucher war, der sich den Giftstoff also auf »traditionelle« Weise einverleibte, haben wohl seinen unmittelbaren Tod verhindert. Aber mittelbar, so viel ist auch ohne Busch oder Santeul sicher, führt Nikotin zu einer Verkürzung des Lebens. Und dazu braucht man noch nicht einmal einen »guten« Freund.

Schwedischer Nachtisch, Alpenkäse und ungesunde Neunaugen: Adolf Friedrich, Heinrich I. und Antoninus Pius haben zu viel genascht.

Ein Herrscher kann seine Beliebtheit beim einfachen Volk recht mühelos steigern. Ein Besuch eines Volksfestes, ein öffentlich wirksamer Schulterklopfer oder das Erlassen entsprechender Gesetze helfen ungemein. Natürlich täuscht dies nicht immer darüber hinweg, ob ein Herrscher seine eigentliche Aufgabe ausführt, nämlich gut zu herrschen. Ein gutes Ansehen bei den Untertanen hat aber selten geschadet, wobei das ganze Auftreten eine große Rolle spielte. Gab er sich durch sein Äußeres bescheiden und diensteifrig oder abgehoben und elitär? Beides hatte wohlgemerkt seine Vor- und Nachteile.

Gerade in der Spätphase des Barock stieg das Ansehen mit der Körperfülle des Herrschers. Sich diese anzueignen ist nicht besonders schwierig, vor allem nicht, wenn man ein König ist, da diesem fast unbegrenzte (Nahrungs-)Mittel zur Verfügung stehen. Doch das Hegen und Pflegen des barocken Körperideals birgt Risiken. Das musste König Adolf Friedrich (1710–1771) am eigenen, massigen Leib erfahren. Dabei hatte er andere Probleme als seine Körperfülle. Denn er herrschte über ein skandinavisches Reich, dessen politischer Stern am Sinken war.

Schwedens Großmachtträume hatten zu Beginn des 18. Jahrhunderts ihr Ende gefunden. Begonnen hatten sie rund 100 Jahre zuvor im Jahr 1630, als Gustav II. Adolf (1594–1632) in Pommern landete und damit aktiv in den Dreißigjährigen Krieg eingriff (Pantle, S. 74). Das Territorium des Landes war daraufhin bis zum

Ende des 17. Jahrhunderts derart angewachsen, dass die Ostsee wie ein rein schwedisches Meer anmutete. Der im Zuge jener Expansion absolutistisch ausgebaute Staat zog sich die Gegnerschaft der umliegenden Reiche, Russland, Polen-Litauen und Dänemark, zu. Im Jahr 1700 eröffnete Russland im Bund mit Sachsen-Polen den Krieg gegen Schweden, der als Großer Nordischer Krieg in die Geschichte Europas eingehen sollte. Er war der Abschluss einer ganzen Reihe von militärischen Konflikten um die Gebiete rund um die Ostsee. Die Kampfhandlungen dauerten bis 1721 und sahen am Ende das russische Zarenreich als Sieger. Mit einem großen Feuerwerk wurde in Sankt Petersburg der Friedensschluss und damit das Zerschlagen der schwedischen Großmacht gefeiert (Schmidt, S. 43 f.). Auch innenpolitisch kam die schwedische Monarchie in Bedrängnis. Während der Zeit der militärischen Niederlagen versuchten oppositionelle Kräfte, das absolutistische Joch abzuwerfen. Die Obrigkeit reagierte unter anderem mit der Umsiedlung der Samen im Norden Schwedens (Chisholm, S. 206 f.). Es war eine Zeit des Umbruches in dem skandinavischen Land.

Mitten im Großen Nordischen Krieg wurde dem Fürstbischof von Lübeck und Herzog von Schleswig-Holstein-Gottorf, Christian August (1673–1726), am 14. Mai 1710 ein Sohn geboren. Diesem gab er den Namen Adolf Friedrich (Kellenbenz, S. 69). Nach dem Tod des Vaters wurde er zu dessen Nachfolger als Fürstbischof von Lübeck gewählt (1727), und nach dem Tod des Vetters zum Vormund des noch zu jungen Herzogs von Holstein-Gottorf (1739). Diesen unterstützte er bei der Thronkandidatur zum Zaren, sodass Karl Peter Ulrich von Holstein-Gottorf (1728–1762) 1742 zum Thronfolger und späteren Zar Peter III. ernannt wurde. Damit könnte man Adolf Friedrich ein gewisses Gespür für Großmachtpolitik und internationale Beziehungen attestieren, doch die Realität sah anders aus.

Um den Bestrebungen Dänemarks entgegenzuwirken, das Erbe der einstigen schwedischen Großmacht anzutreten, wurde Adolf Friedrich 1743 zum Thronerben des schwedischen Königs Friedrich

(1676–1751) ernannt. Insbesondere Kaiserin Elisabeth Christine (1691–1750) unterstützte ihn, da sie keinesfalls wollte, dass Dänemark einen schwedischen König stellte (ebd., S. 79). Prinzipiell hätte sie keinen besseren Kandidaten vorschlagen können, um ein Wiedererstarken der schwedischen Großmacht zu verhindern. Wie auch sein Vorgänger hatte Adolf Friedrich nach seiner Krönung 1751 recht wenig politischen Einfluss. Innenpolitisch war er der Spielball der beiden großen Parteien: Hattarne (die Hüte) und Mössorna (die Mützen). Die Macht lag während dieser Zeit beim Schwedischen Ständereichstag, der im Stockholmer Riddarhuset zusammenkam. Zweimal in seiner 20-jährigen Regierungszeit versuchte er, sich von den Vorgaben des Ständereichstages zu befreien. Beim ersten Mal 1756 verlor er fast seinen Thron und beim zweiten Mal, 1768, gelang es ihm, doch er zog keinen Nutzen daraus (Hugh, S. 212). Viel lieber gab er sich volksnah und stellte sich – heute würden wir sagen: öffentlichkeitswirksam – an eine Drehbank (Kellenbenz, S. 211). Nur beim Essen war er dem königlichen Amt gewachsen. Dies zeigt ein Vergleich mit den preußischen Hohenzollern, mit denen er durch seine Frau Luise Ulrike (1720–1782), der Schwester Friedrichs II. (1712–1786) eng verbunden war.

Gerade der als asketisch geltende »Große Fritz« gibt einen guten Eindruck davon, wie ein Herrscher des 18. Jahrhunderts zu speisen pflegte.

> »Laut seinem Kammerhusar Schöning bevorzugte er vor allem stark gewürzte französische und italienische Speisen, Polenta, Kuchen, Aalpastete, Mehlspeisen, Käsespeisen, Parmesankäse, Schinken, Sauerkohl, Grünkohl, saure Gurken, frische Heringe, Suppen und Essenzen aller Art und Obst. Zur Suppe pflegte er einen großen Esslöffel voll gestoßener Muskatblätter und Ingwer zu nehmen. Rindfleisch mochte er besonders in Branntwein gekocht, dazu in Butter gebackener türkischer Weizen mit Parmesankäse und Knoblauchsaft« (Fahlenkamp, S. 23).

Friedrich selbst machte vom Erscheinungsbild her keine besonders barocke Figur, jedoch trifft dies auf seinen Vater zu. Friedrich Wilhelm (1688–1740) wog kurz vor seinem Tod bei einer Körpergröße von 1,65 Meter gute 150 Kilogramm. Da die Fülle des Aufgetischten zwischen seinem Vater und Friedrich II. keine großen Unterschiede aufwies, lag es wohl an der verspeisten Menge. Denn Friedrich II. aß nicht viel (ebd.).

Hauptsächlich wurde beim Mahl gezeigt, was man hatte, und vor allem, wie kultiviert man war. Seit der Mitte des 17. Jahrhunderts setzte sich zunächst unter den Adligen die Sitte durch, nicht mehr mit den Fingern zu essen. Gerade Frankreich unter Ludwig XIV. war das Vorbild mit seinem feinen Porzellangeschirr und den verschiedenen Löffeln und Hebern. Jede Schüssel hatte ihre eigene Aufgabe und auch die Arten, die Gerichte zu essen, zeichneten sich durch unzählige Regeln und mannigfaltigste Kunstgriffe aus. Ganze Regelwerke mahnten den Essenden zum Nachahmen der feinen Sitten (Spode, 1993, S. 106 f.). Aus der ursprünglichen Aufnahme von lebenswichtiger Nahrung war im Mittelalter das Zurschaustellen der eigenen Macht geworden. Dies spielt zwar an den Höfen des 17. und 18. Jahrhunderts immer noch eine Rolle, jedoch lässt sich eine Tendenz hin zur »Vergeistigung, zur ausgebildeten Natürlichkeit« (ebd., S. 108) erkennen. Die Tafel wurde zum Austragungsort des »formalisierten Regelapparates« (ebd.), dem in der Mitte des 18. Jahrhunderts eine Veränderung in der Anschauung widerfuhr. Das Bestehen auf ein strenges Einhalten des Regelwerkes zeigte die Unsicherheit des Pedanten. Der wahre Weltmann bewegte sich mit traumwandlerischer Sicherheit, für die es eben keine Vorschriften gab, zwischen den einzelnen Gängen. Bald schon standen die geistigen Gespräche bei Tisch im Vordergrund. Sie wurden zum Aushängeschild des aufgeklärten Herrschers und weniger das, was in welcher Weise auf welchem Teller lag. Friedrich II. schmückte sich beispielsweise mit Voltaire (1694–1778) und anderen (Kunisch, S. 300 ff.), sodass der eigentliche Zweck, die Nahrungsaufnahme, zur Nebensache wurde.

Doch solche Feingeister waren nicht nach Adolf Friedrichs Geschmack. Obwohl während seiner Herrschaft Kunst und Wissenschaft einen ungeahnten Aufschwung erlebten, aß er selbst viel lieber, statt sich mit geistigen Dingen zu beschäftigen. Dass der übermäßige Konsum von Leckereien, die das Spätbarock zu bieten hatte, auf Dauer nicht gesund war, wissen wir heute. Vielleicht ahnte man es auch damals, aber zumindest am schwedischen Hof zu Beginn des Jahres 1771 dürfte der Mahner ein Rufer in der Wüste gewesen sein. Am 12. Februar nahm das Unglück seinen Lauf. Adolf Friedrich ließ es sich gut gehen. Der nordische Winter verlangte seine Kalorien. Die holte sich der König mit einem Menü, das aus Hummer, Kaviar und geräucherten Heringen bestand, was er mit einigem Champagner herunterspülte (Liljegren, S. 93). Doch damit nicht genug! Als Nachspeise gab es eine schwedische Spezialität, die der deutschstämmige König liebgewonnen hatte: Semla (pl. Semlor). Dies war eine Brioche, deren obere Hälfte ausgehöhlt und mit einer Masse gefüllt wurde, die Marzipan ähnelt, in Kombination mit Schlagsahne. Die Semla konnte mit Zimt, Zucker und Salz überstreut werden, je nachdem, wie süß man sie haben wollte. Zur Zeit Adolf Friedrichs wurde sie in einem Teller mit heißer Milch serviert (Hincks, 2019).

König Adolf Friedrich aß an diesem Abend 14 Portionen Semlor. Diese allein reichten eigentlich schon aus, um einen durchschnittlichen Schweden zumindest kalorienmäßig durch einen Wintertag zu bringen. Doch wir erinnern uns an das, was er zuvor gegessen hatte. Auch dürfen wir davon ausgehen, dass die Mahlzeit an jenem 12. Februar eher die Regel denn die Ausnahme war. Jedenfalls brach Adolf Friedrich nach der 14. Semla zusammen. Er verstarb noch am selben Abend an einem Schlaganfall, der – so die zeitgenössische und plausible Vermutung – durch sein opulentes Mahl verursacht worden war. Noch heute ist er den Schulkindern in Schweden als der König in Erinnerung, der sich zu Tode aß (Liljegren, S. 93). Dank seiner gutmütigen Art hatte er beim Volk einige Sympathien erlangt. Doch gerade in den letzten Jahren seiner Herrschaft waren der Winter besonders streng und die Ernten in großen Teilen Europas dürftig (Collet, S. 239). Wäre das schwedische Volk ähnlich begeistert gewesen beim Anblick der abendlichen Tafel des ansonsten unfähigen Königs? Zumindest die Semla-Konditoren, die den Hof belieferten, dürften ehrlich um ihn getrauert haben.

Ein fähiger König ganz ohne Semla-Schwäche war viele Jahre zuvor Heinrich I. von England (ca. 1068 – 1135) gewesen. Als Sohn Wilhelms des Eroberers (ca. 1027 – 1087) zeichnete er sich im Gegensatz zu seinem Vater weniger durch kriegerische Taten aus, sondern vielmehr durch den Ausbau einer effizienten Verwaltung des Königreiches. In der in jener Epoche äußerst wichtigen Frage, ob weltliche oder geistliche Macht den Vorrang hatte (Investiturstreit), konnte er ebenfalls eine Einigung erzielen (Houben, S. 39). Insgesamt war er in seinen 35 Regierungsjahren ein effizienter und fleißiger Herrscher, der 4500 Urkunden pro Jahr ausstellte (ebd., S. 41). So gesehen hätte er einer »barocken« Tafel nicht bedurft, um sich einer gewissen Beliebtheit im Volk und bei den Chronisten zu erfreuen. Vielleicht hat es ihm auch einfach nur geschmeckt? Jedenfalls soll er zu Winterbeginn 1135 im normannischen St. Denis le Fermont zu viel seines Lieblingsfisches gegessen haben. Trotz ärztlichen Ratschlages verschlang er Unmengen von Neunaugen und wurde kurz darauf sehr krank (Hollister, S. 10). Dem Chronisten Heinrich von Huntingdon (ca. 1088 – ca. 1157) nach seien sie ihm nie gut bekommen. Doch er wollte sich der Anordnung der Ärzte nicht unterwerfen (Huntingdon, S. 259). König Heinrich I. starb am 1. Dezember und hinterließ ein Land im Chaos. Denn unglücklicherweise war sein Sohn und legitimer Nachfolger William Ætheling (1103–1120) bei einem Schiffsunglück am 25. November 1120 im Ärmelkanal ertrunken (Houben, S. 42). Doch hierbei sollen nicht zu viele Neunaugen, sondern gerüchteweise zu viel Alkohol bei den Matrosen schuld gewesen sein. Der Thronfolger selbst soll dabei den Wein verteilt haben. Von rund 300 Passagieren überlebten nur zwei (Fouquet/Zeilinger, S. 48 f.). Aber zurück zum Essen. Hier gilt es, noch einen prominenten Fall zu erwähnen.

Lange vor den normannischen Königen Englands und noch länger vor unserem schwedischen Nachspeiseliebhaber soll der römische Kaiser Antoninus Pius (86–161) etwas zu viel geschlemmt haben. Und dies ebenfalls mit tödlichen Folgen. Bei ihm war es jedoch deftiger Alpenkäse, der seinem Leben ein Ende bereitet haben soll (Hist. Aug., 12,5). In seinem Heimatort Lorium, rund 20 Kilometer von Rom entfernt, gab er ein Dinner. Nachdem er beim Abendessen zu viel Alpenkäse gegessen hatte, erbrach er sich während der Nacht und bekam Fieber. Am zweiten Tag, als sich sein Zustand weiter verschlechterte, übertrug er Marc Aurel (121–180) die Insignien der Macht. Dem diensthabenden Offizier der Prätorianergarde gab er die aktuelle Parole *aequanimitas* – »Gleichmut« –, dann starb er (ebd.).

Ob tatsächlich der Alpenkäse schuld am Tod des 75-Jährigen war, ist ungewiss. Fieber aufgrund einer Verdauungsstörung, hervorgerufen von zu viel Käse, scheint ungewöhnlich. Dies war jedoch im Falle, dass der Käse verdorben war, durchaus möglich. Misstrauisch, wie wir sind, stellen wir zunächst fest, dass die lange Regierungszeit des Kaisers Antoninus Pius sehr unspektakulär gewesen war. Dies hieß nichts anderes, als dass kaum Kriege geführt wurden und die Menschen in Frieden lebten. Für die Verfasser der *Historia Augusta* – der »Kaisergeschichte« –, rund 200 Jahre nach dem Tod des Kaisers verfasst, war dies allem Anschein nach Grund genug, wenigstens das Sterben des Antoninus Pius etwas außergewöhnlicher auszuschmücken. Die *Historia Augusta* ist nämlich aufgrund ihres zweifelhaften Wahrheitsgehalts unter Historikern berüchtigt (zum anekdotischen Charakter vgl. Fündling, S. 57 f.). Es mag also durchaus sein, dass die »Käse-Episode« erfunden ist, genauso kann der übermäßige Genuss verdorbenen Käses bei einem alten Mann der Gesundheit drastisch zugesetzt haben. Wir wissen bei Kaiser Antoninus Pius letztlich nicht, wie er tatsächlich starb. Jedoch dürfen wir uns sicher sein, dass der Hauptgrund der Todesursache nicht zu viele Semlor waren, um von Neunaugen erst gar nicht zu reden.

Ein Holzbein, ein wenig Humor und das Streben nach Glück: Der Walknochen in der Harnröhre des Gouverneur Morris

Er gehörte zu den Unterzeichnern der Verfassung der USA und war zumindest in seinen jungen Jahren ein passionierter Liebhaber. Zu seinen Liebschaften zählten unter anderem die französische Schriftstellerin Adélaïde Filleul (1761–1836) und die amerikanische Dichterin Sarah Wentworth Morton (1759–1846). Dies spricht für ein galantes Auftreten und ist ein Zeichen dafür, dass er ein eloquenter Gesprächspartner war. So jemand muss doch vom Glück verfolgt werden und stets auf der Sonnenseite des Lebens stehen. Doch wo Licht ist, da ist bekanntermaßen auch Schatten. Nicht immer war das Glück, das er in die Präambel der Verfassung hatte schreiben lassen, auf der Seite des Gouverneur Morris (1752–1816).

Am 30. Januar 1752 wurde er als Sohn des Juristen und Politikers Lewis Morris (1698–1762) und Sarah Gouverneur (1714–1786), die ihm ihren Mädchennamen als Vornamen vermachte (Brookhiser, 2003, S. 1), in New York geboren. In einer wohlhabenden Familie aufzuwachsen bedeutete auch, dass ihm die beste Bildung zuteilwurde. Diese erhielt er am King's College, das er bereits 1768 abschloss, um anschließend dort 1771 seinen Master zu machen. Während dieser Zeit begegnete ihm das Unglück in Form eines Kessels voll kochendem Wasser, der umkippte. Seine rechte Seite, vor allem der rechte Arm, wurde so stark verbrannt, dass der behandelnde Arzt bereits befürchtete, es könnte Wundbrand entstehen. Die Medizin der damaligen Zeit hatte dafür nur die Amputation als lebensrettende Maßnahme. Jedoch kam der damals

14-Jährige um dieses Schicksal herum. Nur die Narben blieben für alle sichtbar (Brookhiser, 2002). Im Alter von 23 Jahren wurde er zum Abgeordneten in den New York Congress gewählt, wo er aktiv die Unabhängigkeit der Kolonien vom Mutterland England vorbereitete. Die Versammlung war als Gegenstück zur konservativen New Yorker Ständeversammlung etabliert worden. Der provisorische und revolutionäre Charakter war offensichtlich. Morris arbeitete maßgeblich an der Verfassung von New York mit, die 1777 den Bürgern Grundrechte garantierte.

Nachdem die Briten nach der Schlacht von Long Island (27. August 1776) wieder die Oberhand über New York gewonnen hatten, wurde er als Delegierter zum Zweiten Kontinentalkongress geschickt. Dieser bestand aus den Abgeordneten der 13 nordamerikanischen Kolonien und hatte die Aufgabe, die freiheitlichen Rechte der amerikanischen Bürger gegenüber dem englischen Mutterland durchzusetzen. Hier wurde er in den Ausschuss für die Militärreform gewählt und bald zum Sprecher der Kontinentalarmee ernannt. Das Jahr 1779 brachte das vorzeitige Ende seiner politischen Laufbahn, als er die Wiederwahl in den Kongress verlor. Daraufhin ließ er sich als Anwalt und Geschäftsmann in Philadelphia nieder. Hier ereilte ihn ein Jahr später ein schlimmes Unglück. Beim zu schnellen Besteigen einer anfahrenden Kutsche verfing sich sein linker Fuß in den Speichen des Rades. Sein Knöchel wurde dabei so zerschmettert, dass die behandelnden Ärzte keine andere Möglichkeit sahen, als das linke Bein knieabwärts zu amputieren. Als jedoch sein Hausarzt, der zu jenem Unglückszeitpunkt nicht anwesend war, ihn später untersuchte, meinte er, dass das Bein durchaus hätte gerettet werden können. Eine deprimierende Aussage, die manch gefestigtes Gemüt in eine tiefe Depression stürzen könnte. Doch Morris soll sich niemals beschwert haben, außer wenn er auf schlammigem Boden ausrutschte. Fortan nutzte er eine Holzprothese, die sich noch heute in der New-York Historical Society befindet. Was die Ursache des Unfalles angeht, so wurden und werden die Stimmen nicht leiser, die eine allzu rasche Flucht vor einem gehörnten Ehemann vermuten. Morris ließ sich jedenfalls nicht unterkriegen, und er ritt, tanzte und ging verschiedenen Sportarten nach (ebd.).

In Philadelphia lernte er Robert Morris (1734–1806) kennen, der trotz des gleichen Nachnamens nicht mit ihm verwandt war, und der dafür sorgte, dass er zum Verfassungskonvent der Vereinigten Staaten geschickt wurde, der vom 25. Mai bis zum 17. September 1787 tagte. Unter dem Vorsitz von George Washington (1732–1799) wurde in der damaligen Hauptstadt Philadelphia hart um die Frage gerungen, wie das Verhältnis der einzelnen Staaten zur Zentralregierung aussehen sollte. Morris stand dabei auf der Seite des Vorsitzenden und bevorzugte eine möglichst starke Zentralregierung. Auch die Frage eines Interessenausgleiches zwischen Nord- und Südstaaten stand im Fokus, wobei unter anderem über die Sklavenfrage debattiert wurde. Hier zeigte sich Morris als Gegner der Sklavenhaltung, wie sie zu dieser Zeit praktiziert wurde. Insgesamt stand die Bildung der Bundesregierung unter dem Zeichen von *checks and balances*. Das hieß, eine unabhängige Exekutive und Judikative sollten der Legislative Grenzen aufzeigen können (Heideking, S. 17). Der Präsident sollte dabei eine starke Stellung erhalten, die dadurch gemindert wurde, indem er nur eine vierjährige Amtszeit erhielt. Morris fiel bereits früh während der fünfmonatigen Arbeit dank seiner rhetorischen Fähigkeiten auf, die ihm im Folgenden den hehren Auftrag einbrachten, die Präambel der Verfassung zu schreiben (Adams, S. 104). Auch was die Anzahl der Reden anbelangte, war er mit 173 an erster Stelle. So fand seine Korrektur Zustimmung, mit der er den ersten Satz »We, the People of the States« von James Wilson (1742–1798) abänderte zu »We, the People of the United States« (ebd., S. 164). Eine scheinbare Belanglosigkeit, die jedoch heute maßgeblich für das Selbstverständnis der US-Amerikaner und -Amerikanerinnen ist.

Es gab aber noch eine andere Seite des Gouverneur Morris. Nicht nur durch seine nachhaltige rhetorische Mitarbeit fiel er beim Kongress auf, sondern auch aufgrund seines Humors. Denn die meisten Anwesenden standen diesem recht fern. Eine Anekdote über Morris handelt von einer Wette, die ihm Alexander Hamilton (ca. 1755 – 1804) anbot. Er solle beim Abendessen zu George Washington gehen, ihm auf die Schulter schlagen und sagen, er sei froh, dass der General so gut aussehe. Morris nahm an und gewann die Wette. Jedoch gab er später zu, dass der Blick, den Washington ihm zuwarf, ihm den schlimmsten Augenblick seines Lebens beschert hatte (Brookhiser, 2002). Und wir erinnern uns daran, dass er fast einen Arm und sicher ein Bein verloren hatte. Von daher müssen wir von einem besonders furchtbaren Blick des ersten Präsidenten und Revolutionshelden ausgehen.

Im welthistorisch so bedeutsamen Jahr 1789 ging Morris nach Paris (Adams, S. 171), wo er ab 1792 das Amt des Botschafters übernahm (Kierner, S. 122). Hier führte er Tagebuch über die Ereignisse der Französischen Revolution. Während der Zeit des Terrors, die von Juni 1793 bis Juli 1794 dauerte, war er der einzige ausländische Gesandte in der Stadt und des Öfteren in Lebensgefahr. Mehrmals musste er sich als Amerikaner zu erkennen geben und erklären, dass er für die Freiheit des Volkes gekämpft hatte. Dazu benutzte er sein Holzbein als Beweis (Cooper, S. 43 f.). Nach turbulenten neun Jahren in Paris ging er 1798 wieder zurück in die USA, wo er in den US-Senat gewählt wurde. Nach seiner gescheiterten Wiederwahl 1803 widmete er sich dem Ausbau Manhattans und der Förderung New Yorks als Finanzmetropole.

Erst mit 57 Jahren heiratete er Ann Cary Randolph (1774–1837). Dank dieser Ehe war er nun mit Thomas Jefferson (1743–1826) verwandt, einer weiteren Hauptfigur der amerikanischen Unabhängigkeitsbewegung und dem dritten Präsidenten der USA. Nur sieben Jahre dauerte diese Verbindung und Ann sollte ihren Mann um 21 Jahre überleben (Kierner, S. 147). Im Spätherbst 1816 ließen Gouverneur Morris' Kräfte nach und er litt an allerlei Gebrechen. Was ihn aber wirklich bekümmerte und lebensgefährlich wurde, war das Unvermögen, zu urinieren. Er versuchte verschiedene Kuren, sogar Guajak, das aus der Majakultur stammte und für die Behandlung der Syphilis benutzt wurde – nichts half. Seine

Schmerzen wurden immer unerträglicher. Am 5. November hielt er es nicht mehr aus und beschloss, sich selbst zu helfen.

Schon im alten Ägypten war die Prozedur bekannt, mit der man verengte Harnröhren aufzudehnen pflegte. Dazu benutzte man Vogelfedern. Im 16. Jahrhundert nahm man bereits die erste Aufdehnung der Speiseröhre vor, wozu im 17. Jahrhundert der englische Arzt Thomas Willis (1621–1675) auch Walknochen benutzte (Bürger, S. 112). Sich darunter ein immens großes Hilfsmittel vorzustellen, ist falsch. Damit gemeint waren nämlich die Barten, also die vom Oberkiefer herabhängenden Hornplatten, mit deren Hilfe das Plankton aus dem Meer gefiltert wird. Der unter starken Schmerzen leidende und dank seines Alters nicht mehr allzu kontrolliert vorgehende Morris versuchte mit Hilfe eines solchen Walknochens seine Harnröhre aufzudehnen. Wahrscheinlich nahm er einen Knochen, der sich im Korsett seiner Frau befand. Bis weit ins 20. Jahrhundert wurden Barten hierfür als Formgeber benutzt. Er hätte davon besser abgesehen, denn er fügte sich unzählige Schnittwunden am Harnleiter zu (Kierner, S. 145). Die Leiden des Gouverneur Morris müssen unerträglich gewesen sein. Dennoch kam kein Wort der Klage über seine Lippen (Crawford, S. 263).

Am 6. November starb er um fünf Uhr morgens im Alter von 65 Jahren an den schweren Verletzungen, die er sich selbst mit dem Walknochen beigebracht hatte, und den daraus entstandenen Entzündungen. Am folgenden Tag wurde er auf dem Friedhof der St. Ann's Church in der Bronx begraben. Er hinterließ neben seiner Frau einen Sohn mit dem gleichen Namen (1813–1888), der ein erfolgreicher Manager der amerikanischen Eisenbahngesellschaft wurde. Dessen Enkel wiederum, Gouverneur Morris IV. (1876–1953), sollte im 20. Jahrhundert ein in den USA bekannter Autor von Kurzgeschichten werden. Wiederum dessen Neffe machte Karriere im Auswärtigen Amt unter den Präsidenten John F. Kennedy (1917–1963) und Dwight D. Eisenhower (1890–1969).

Somit waren in der Familie der Morris das Streben nach Glück und das Engagement für das Vaterland nicht nur eine bloße Phrase, die ein Vorfahre in die Präambel der Verfassung geschrieben hatte, sondern fast schon eine Art Familienslogan. Ausgerechnet der Mitunterzeichner und Mitarbeiter an diesem bedeutenden Schriftstück hatte nicht immer das Glück auf seiner Seite. Doch davon ließ er sich in seinem Tun nicht abbringen und hatte sich auch niemals beklagt. Dass Gouverneur Morris ausgerechnet an einer Barte in seiner Harnröhre sterben musste, ist vielleicht als Preis für das Glück ein wenig zu hoch.

Männer, die nicht sterben wollten, und Männer, die unbedingt sterben wollten: Was beim Hängen alles schief gehen kann

Das Hängen als Todesstrafe war jahrtausendelang eine übliche Form der Bestrafung für schwere Verbrechen oder das, was man dafür hielt. Auch heute noch wird sie in manchen Staaten praktiziert, wobei es wahrscheinlich den Beteiligten nicht klar sein dürfte, dass sie dabei auf archaische Vorstellungen zurückgreifen (Ortner, S. 34). Es gab in der Antike zwar überaus grausame und kreative Methoden der Folter und Hinrichtung, wie zum Beispiel das anale Einführen eines Rettichs bei Ehebrechern, aber als besonders schändlich und ehrlos galt es, gehängt zu werden. Hierbei war meist der Ast eines Baumes der Galgen. Der antiken Vorstellung nach sollte dieser blattfrei und abgestorben sein, weil von diesem leblosen Baum die lebenshemmende Kraft ausging, gewissermaßen die Kraft zum Töten (ebd., S. 33). In der nordischen Mythologie starb der Göttervater Odin ebenfalls an einem Baum, nämlich an Yggdrasil, dem Weltenbaum. Im Frühmittelalter wurden dann künstliche Bäume zum Erhängen gebaut. Sie bestanden meist aus zwei senkrechten Pfosten mit einem Querbalken darüber, später aus Stabilitätsgründen aus drei Pfosten. Der Galgen stand meist an einem gut sichtbaren Ort, einem Berg oder an einer Heerstraße. Noch heute finden wir in alten Flurnamen Hinweise auf solche Orte, wie zum Beispiel »Galgenberg« o. ä.

Das Hängen war im Mittelalter die am weitesten verbreitete Hinrichtungsart für Diebe. Es gab im Großen und Ganzen zwei Methoden: Der Verurteilte bestieg eine Leiter, wo ihm oben der

Henker, der ebenfalls auf einer Leiter stand, das Seil um den Hals legte. Anschließend wurde die Leiter umgestoßen, sodass der Delinquent herabfiel und sich die Schlinge um den Hals ruckartig zuzog. Es gab auch die Vorgehensweise, dem Verurteilten die Schlinge am Boden um den Hals zu legen, um ihn dann mithilfe eines Henkers oder eines Pferdes in die Höhe zu ziehen. Hierbei zieht sich das Seil um den Hals allmählich zusammen und der Verurteilte stirbt langsamer als bei der ersten Variante. Generell tritt der Tod je nach Methode durch Genickbruch, Ersticken oder dem Unterbrechen des Blutstromes zum Gehirn ein (ebd., S. 222). Im Mittelalter war damit die Bestrafung zumeist noch nicht zu Ende, denn der Tote sollte noch längere Zeit am Galgen hängen bleiben. Zumeist bis er durch den Verwesungsprozess von allein herunterfiel. Verwandten oder Freunden war es verboten, den Leichnam zu bergen und zu beerdigen. Die Abschreckung sollte möglichst lange nachwirken. Nicht selten wurde dem Verurteilten noch eine letzte Schmach zuteil. So hängte man im Mittelalter Juden zwischen Hunden auf, die an den Hinterbeinen aufgeknüpft und ausgehungert nach dem toten (oder eventuell noch lebendigen) Körper bissen (Doubek, S. 152).

Mit dem Zeitalter der Aufklärung wurde eine Art »humanisiertes« Töten vorangetrieben, dessen bekannteste Ausprägung die Guillotine werden sollte. Zuvor war die »englische Methode des Hängens« (Wirth, S. 38) entwickelt worden. Hierbei ließ man den Verurteilten mit der Schlinge um den Hals von einer bestimmten Höhe abstürzen. Die Methode wurde als »long drop« bekannt und führte aufgrund der Fallhöhe, die schwere Verletzungen an der Wirbelsäule hervorrief, zum raschen Tod. Auf diese Art wurde das erste Mal im Jahre 1760 in London Laurence Shirley, der 4. Earl Ferrers (1720–1760), hingerichtet (ebd., S. 40). Dessen Fallhöhe betrug zunächst nur 30 cm, was den Erfolg eines schnellen Todes schmälerte. Wenigstens war sein Strick aus Seide, was seiner adligen Stellung geschuldet war. Auch im Tod bzw. auf dem Weg dahin sollte nicht jeder gleich sein.

Ab 1800 wurde »long drop« zur üblichen Hinrichtungsmethode (ebd., S. 42). Damit es keine unliebsamen Überraschungen gab, war genau auf die Fallhöhe und das Gewicht des Verurteilten zu achten. So riss bei einer Höhe von einem Meter und einem Gewicht von 75 kg die Halswirbelsäule ab, womit es kein Hängen mehr war, sondern eine Enthauptung. Natürlich war das Resultat streng genommen dasselbe, aber juristisch gesehen hatte der zum Erhängen Verurteilte das Anrecht auf einen nicht verstümmelten Körper. Deswegen musste die Fallhöhe exakt berechnet werden, um den Delinquenten einerseits rasch zu töten, andererseits den Kopf nicht abzureißen (ebd., S. 44). Der englische Henker James Berry (1852–1913) entwickelte dazu eine Tabelle, anhand derer man leichter jene Parameter für ein erfolgreiches und den gesetzlichen Vorgaben konformes Hängen ablesen konnte. Die Dicke und die Beschaffenheit des Strickes waren nun geregelt (ebd., S. 46).

Es mag sein, dass viele Menschen die Todesstrafe, insbesondere das Hängen, als gerecht empfanden. Gerade die Angehörigen der Opfer, vor allem wenn es sich um Todesopfer handelte, standen der Todesstrafe aufgeschlossen gegenüber. Sie hat aber einen entscheidenden Nachteil: Sie ist nicht mehr rückgängig zu machen, wenn schließlich doch die Unschuld des Verurteilten irgendwann bewiesen wird. Beispiele dafür gibt es genug. Auch deshalb ist sie abzulehnen.

In diesem Zusammenhang ergibt sich noch eine andere Frage: Was ist, wenn die Delinquenten die Hinrichtung überleben? Zugegeben, es kam nicht oft vor. Die jahrtausendelange Erfahrung mit dem Töten und die von Berry festgelegten Parameter gaben – zynisch gesagt – einige Sicherheit. Aber was, wenn nicht? Wie ist damit umzugehen? Juristisch gesehen wurde man zumeist nur einmal zum Tode verurteilt. Wie in der Praxis damit umgegangen wurde, können wir an zwei Fällen sehen, die sich beide in England, wo erst 1964 die Todesstrafe abgeschafft wurde, zugetragen haben.

Im 18. Jahrhundert galt London als krimineller Hotspot. Es war die Hochzeit der Gin-Epidemie, bei der der billige Branntwein die

Hauptstadt des Königreichs flutete. Verbrechen waren an der Tagesordnung. Die Gerichte und Ordnungshüter hatten alle Hände voll zu tun. Doch im Jahr 1740 wurde eine junge Frau Opfer eines besonders barbarischen Verbrechens. Das Opfer, Sarah Griffin, wurde in Worcestershire geboren und war nach London gekommen, um als Haushaltshilfe zu arbeiten. Von dort wollte sie am 7. September wieder abreisen, da die Großstadt ihrer Gesundheit nicht gut tat. Es sollte für sie ein schicksalsträchtiger Tag werden, jedoch anders, als beabsichtigt. Am Abend begegnete sie dem 17-jährigen William Duell (1723–1805).

In London aufgewachsen hatte William Duell so gut wie keine Schulbildung erfahren. Der wenigen, die er bekam, versuchte er sich durch Schwänzen zu entziehen. Sein Vater war ein Schuhmacher in Acton, einem Stadtviertel Westlondons, der versuchte, ihm seinen Beruf näherzubringen. Doch auch hier zeigte sich der junge William renitent. Er verließ die väterliche Werkstatt und zog auf dem Land umher, wo er mal hier, mal da eine Anstellung bei einem Bauern fand (Salter, S. 7). An jenem Abend des 7. Septembers begegnete er der verzweifelten Sarah, die heimlich aus London abreisen wollte. Sie bat ihn, ihr zu helfen und niemandem von ihr zu erzählen, da sie sich nicht bei ihrem Arbeitgeber abgemeldet hatte und dieser sie suchen ließ. Duell wies ihr einen Platz in einer Scheune zu, wo sie die Nacht verbringen könne. Dann verließ er sie und traf sich mit einigen anderen jungen Männern in einer Kneipe, wo er bald von der flüchtigen Frau in der Scheune erzählte. Der anwesende George Curtis, der für Schleppertätigkeiten bereits hinlänglich polizeilich bekannt war, wollte die Frau sehen. Daraufhin gingen sie zur Scheune, wo sie Sarah Griffin vergewaltigten. Als ob das nicht genug wäre, quälte man sie danach mit Nadeln und Schlägen. Anschließend nahm man ihr das ganze Bargeld, das sie bei sich trug, ab. Sarah Griffin lebte noch einige Tage, während derer sie vor allem von Curtis barbarisch gequält wurde, dann starb sie (ebd., S. 8).

Die Tat wurde rasch aufgeklärt und Duell wurde der besonders schweren Verbrechen des Raubes, Mordes und der Vergewaltigung schuldig gesprochen. Dennoch redete man ihm aufgrund seiner Jugend ernsthaft ins Gewissen, seine Taten zu bereuen und Gott zu bitten, »ihn mit einem neuen Geist zu beflügeln« (Salter, S. 2, Übers. d. Autors). Bis zur Urteilsverkündung blieb der junge Mann hart, doch bei der Bekanntgabe des Todesurteils am 18. Oktober 1740 begann er zu weinen und gab reuevoll alles zu. Zusammen mit Duell sollten weitere vier Männer und drei Frauen hingerichtet werden. Laut den Aufzeichnungen »starb er in Frieden mit der ganzen Welt« (ebd., S. 8, Übers. d. Autors). Das mochte sein. Nur nicht an jenem 24. November 1740 in Tyburn, dem Tag seiner Hinrichtung.

Das Todesurteil sollte durch Hängen vollstreckt werden. Nach 20 Minuten waren dabei alle Delinquenten tot. Im Großen und Ganzen ist dies genügend Zeit, denn der Tod tritt entweder direkt durch Genickbruch ein – was die schmerzlose Variante ist – oder durch Ersticken, wofür einige Minuten genügen. Jedoch kann der Tod auch durch das Abstellen der Blutzufuhr zum Gehirn eintreten, was durchaus seine Tücken haben kann. Hierbei ist es dem Verurteilten nicht direkt anzusehen, ob sämtliche Körperfunktionen tatsächlich unwiderruflich beendet wurden. An jenem Novembertag in London wurden jedenfalls die Hingerichteten nach dem (scheinbar) erfolgreichen Erhängen auf Karren verladen und in eine nahe Halle zum Sezieren gebracht (Chambers, S. 188). Als man daranging, den Leichnam Duells aufzuschneiden, nahm man plötzlich Lebenszeichen wahr. Schließlich begann er leicht zu stöhnen. Immer mehr kehrte das Leben in den Körper zurück, und am Abend war er sogar wieder fähig, aufrecht zu sitzen. Nach zwei Tagen war er so weit erholt, dass man ihn wieder ins Gefängnis brachte, wo man eigentlich vorhatte, ihn ein zweites Mal zu hängen. Doch die Öffentlichkeit war derart aufgewühlt von der missglückten Hinrichtung, dass man letztlich davon absah. William Duell selbst konnte sich an das fehlgeschlagene Erhängen nicht erinnern (Salter, S. 18).

Duell war in jener Zeit nicht der Einzige, der in London eine Hinrichtung überlebte. Für das Jahr 1650 ist ein gleicher Fall für eine gewisse Ann Green belegt (ebd., S. 19), und 1752 überlebte Ewen Mcdonald seine Erhängung. Der verurteilte Mörder Mcdonald lag zunächst auf dem Seziertisch. Als der Chirurg kurz den Raum verließ, konnte er sich aufrecht hinsetzen. Doch es half ihm nichts, denn der Chirurg war so sehr von der Aufgabe erfüllt, das Sezieren durchzuführen, dass er Mcdonald mit einem Hammer kurzerhand erschlug (Chambers, S. 188). William Duell jedenfalls hatte diesbezüglich Glück mit seinem Chirurgen gehabt. Er wurde des Landes verwiesen und soll bis ins hohe Alter in Boston gelebt haben. Wenn er bis an sein Lebensende seine Tat aufrichtig bereut hätte und durch soziale Dienste an der Gesellschaft wenigstens versuchte, seine Untat wiedergutzumachen, ist dies höher einzuschätzen als eine erfolgreiche Hinrichtung. Nur die arme Sarah Griffin hatte so oder so nichts mehr davon.

Dass die Hinrichtungsmethode des Hängens nicht nur barbarisch ist, sondern gelegentlich das gewünschte Resultat vermissen ließ, zeigt auch der Fall des Engländers John Babbacombe Lee (1864–1945). Er diente in der Royal Navy und betätigte sich dort nebenbei als Dieb. Das war jedoch noch kein Grund, ihn von staatlicher Seite aus töten zu wollen. Zunächst saß er einige Zeit im Gefängnis. Nach seiner Entlassung arbeitete er als Bediensteter in dem wohlhabenden Haushalt der Emma Keyse in Babbacombe an der englischen Südwestküste. Am Morgen des 15. Novembers 1884 wurde Emma Keyse brutal ermordet aufgefunden. Ihre Kehle war durchschnitten, sie hatte drei Messerstiche im Kopf und es war der Versuch unternommen worden, ihren Körper zu verbrennen (Waugh, 2002). Was nun Lee zum Verdächtigen machte, sind Indizien. Einerseits war er kurz zuvor im Gefängnis gewesen, weil er des Diebstahls überführt worden war. Andererseits fand man einen Schnitt an seinem Arm, den er nicht erklären konnte oder wollte (ebd.). In Exeter wurde ihm der Prozess gemacht, und 28 Zeugen traten auf, die gegen ihn aussagten. Lee selbst beharrte auf seiner Unschuld und blieb den gesamten Prozess über ruhig (Solftley, 2008). Das Urteil war schnell gefunden: Tod durch Erhängen.

Am 23. Februar 1885 um acht Uhr morgens wurde Lee zu seiner Hinrichtung geführt. Die Vorrichtung war erst von einem anderen Ort wieder im Gefängnis von Exeter aufgebaut worden. Auch als die Schlinge um seinen Hals gelegt wurde, war Lee ruhig, »fast gleichgültig« (Barry, S. 60, Übers. d. Autors). Der Henker betätigte die Vorrichtung, doch die Klappe, durch die Lee fallen sollte, öffnete sich nicht. Auch nachdem dieser auf der Klappe herumsprang, rührte sie sich nicht. Schließlich führte man Lee wieder fort und untersuchte die Todesapparatur. Nun funktionierte sie einwandfrei. Wieder brachte man Lee in Position, um die Hinrichtung durchzuführen. Wieder öffnete sich die Klappe nicht (ebd.). Nachdem der dritte Versuch ebenso ergebnislos verlaufen war, trat der Kaplan heran und teilte Lee mit: »Nach den Gesetzen Englands können sie dich nicht wieder auf das Gerüst stellen« (Solftley, 2008, Übers. d. Autors). Lee wurde zurück in seine Zelle gebracht und die Verantwortlichen beratschlagten sich, was mit ihm nun geschehen sollte. Zunächst ging es auch um die Frage, wie dieses Missgeschick hatte passieren können. Der zuständige Henker war nun gezwungen, in einem Brief mögliche Ursachen zu beschreiben. Auch wenn viele darin ein göttliches Zeichen sahen, bemühte er sich, rationale Erklärungen zu finden. Unter anderem vermutete er die Ursache im regennassen Holz, das sich so sehr verzog, dass es klemmte, wenn eine Person auf der Klappe stand (Berry, S. 61 f.).

Schließlich wurde die Todesstrafe in lebenslange Haft umgewandelt. Nach einigen Petitionen wurde Lee 1907 entlassen. Seine Schuld oder Unschuld sollte niemals abschließend geklärt werden. Jedoch war ihm noch eine kleine Karriere als Filmstar vergönnt. 1912 wurde in Australien der Stummfilm *The Life Story of John Lee, or the Man They Could Not Hang* gedreht (N. N., in: The Singleton Argus, 02.09.1911). Dieser erzählt die Geschichte Lees nach.

Die wahre Geschichte nach der missglückten Hinrichtung ist dagegen nicht ganz so einfach nachzuerzählen. 1911 lebte Lee verheiratet in London als Barmann (Solftley, 2008). Nach dem australischen Film 1912 verliert sich seine Spur. Es ist unsicher, ob John

Babbacombe Lee 1945 im Südwesten Englands verstarb oder in den USA (Waugh, 2002). Nicht wenige Menschen sahen im Schicksal Lees einen Fingerzeig, dass er unschuldig war. Auch wenn heute mit der DNA-Methode einiges sicherer aufgeklärt werden kann als noch zu Zeiten Lees, sollte sich der Rechtsstaat nicht auf die Stufe eines Verbrechers begeben, der Leben nimmt.

Aber es gab und gibt überzeugte Anhänger der Todesstrafe. Diese Überzeugung behalten manche sogar dann noch, wenn sie selbst dieses Urteil trifft. Der französische Politiker Pierre-François Gossin (1754–1794) stand derart hinter der Todesstrafe, dass er sich ihr völlig unterwarf, auch wenn er zu Unrecht angeklagt worden war. Gossin galt als eifriger Politiker, der sich als Abgeordneter aus Lothringen für den Dritten Stand einsetzte. Sein politisches Engagement überdauerte auch die erste stürmische Zeit der Französischen Revolution, und erst mit der Auflösung der verfassungsgebenden Nationalversammlung am 30. September 1791 endete vorerst sein Agieren in Paris. Er kehrte in seine lothringische Heimat zurück, wo er zum Verwalter des Departement Meuse gewählt wurde. Doch ruhig sollte sein Leben hier nicht werden. Im Zuge der Revolutionskriege besetzten die Preußen seine Heimat und er erfüllte nun gewissenhaft wie eh und je die Befehle des Herzogs von Braunschweig (Karl Wilhelm Ferdinand von Braunschweig-Wolfenbüttel, 1735–1806). In dieser Position versuchte Gossin, größeres Unheil durch die Besatzung abzumildern. Da Undank in der Politik die Regel ist und nicht die Ausnahme, geriet er in große Schwierigkeiten, nachdem die Preußen abgezogen waren (Külb, S. 27). Obwohl er im Nationalkonvent einige Freunde hatte, gelang es ihm nicht, die Versammlung von seiner Rechtschaffenheit zu überzeugen. Er galt als Verräter.

Pierre-François Gossin wurde vom Revolutionsgericht zum Tode durch die Guillotine verurteilt. Am Morgen des 23. Juli 1794 fuhr der Karren im Gefängnishof vor, um die Delinquenten abzuholen. Namentlich wurden sie aufgerufen. Offensichtlich hatte der Gerichtsschreiber in diesen Tagen so viel zu tun, dass er schlichtweg vergaß, den Namen Gossins auf die Liste zu schreiben. Welch ein Glück! Nur nicht für Pierre-François Gossin. Er machte lauthals auf sich aufmerksam. Dennoch weigerte sich der Henker, ihn mitzunehmen. Er stand ja nicht auf der Liste. Erst der anwesende Richter des Revolutionstribunals konnte das Missverständnis ausräumen. Ja, Gossin sei auch zu richten. Als dieser endlich auf dem Karren saß, soll er gejammert haben. »O meine Frau! O meine Kinder!« (zit. n.: ebd., S. 28). Ob es ihm ein Trost gewesen wäre, zu wissen, dass ein Jahr später alle Anklagepunkte gegen ihn widerrufen werden sollten (ebd.)?

Dem russischen Dichter Kondrati Fjodorowitsch Rylejew (1795–1826) wurde dagegen die Begnadigung mitgeteilt und er hätte frohgemut weiterleben können. Wollte er aber nicht – so zumindest die Legende. Geboren wurde er 1795 in Batowo in der Nähe von Sankt Petersburg und wuchs in recht wohlhabenden Verhältnissen auf. In Sankt Petersburg besuchte er die renommierte Militärakademie, nach deren Abschluss er das Kommando über eine Kavallerie-Einheit übernahm. Bald schon kämpfte er gegen Napoleon und gelangte bis nach Frankreich. 1818 nahm er seinen Abschied von der Armee, heiratete und bekam mit seiner Frau zwei Kinder (Cornwell, S. 704 f.).

1820 machte er das erste Mal literarisch auf sich aufmerksam, als er den General Alexei Araktschejew (1769–1834) in einer Satire verunglimpfte. Dies brachte ihm die Aufmerksamkeit und Sympathien oppositioneller Kräfte ein (Pushkarev, S. 12). Da er von regierungskritischen Gedichten nicht leben konnte, nahm er eine Anstellung bei Gericht an, wo er versuchte, den einfachen Menschen zu helfen. 1821 wurde er Mitglied einer freien Gesellschaft von Literaturliebhabern und beteiligte sich an der Publikation einer Zeitschrift. Darin waren unter anderem Beiträge von Alexander Puschkin (1799–1837) zu finden. Seine eigenen Gedichte trugen Titel wie »Zivilcourage« oder »Der Bürger«, was offensichtlich zeigte, wessen Geistes Kind er war (Cornwell, S. 705). Nicht lange, und reformerische Kräfte wurden auf ihn aufmerksam. Die zum Großteil aus Veteranen der Napoleonischen Kriege bestehenden Organisationen setzten sich für die Abschaffung der Leibeigenschaft und die Umwandlung des Zarenreiches in eine konstitutionelle Monarchie ein (Hoppe, S. 85). Während dieser Zeit war Rylejew ungemein produktiv.

Am 1. Dezember 1825 starb überraschend Zar Alexander I. (1777–1825) im südrussischen Taganrog. Da er keinen Thronfolger hinterließ, sollte sein jüngerer Bruder Nikolaus (1796–1855) seine Nachfolge antreten. Eigentlich hatten die adligen Verschwörer auf diese Gelegenheit gelauert, jedoch wurden sie vom allzu raschen Ableben Alexanders überrascht. Überstürzt wagten sie einen Aufstand am 26. Dezember und verweigerten dem neuen Zaren die Gefolgschaft. Der als »Dezemberputsch« in die Geschichte Russlands eingehende Versuch, den Bruder Konstantin (1779–1831) auf den Thron zu bringen, scheiterte kläglich (ebd.). Noch in der Nacht wurde Rylejew verhaftet. Man warf ihm – nachvollziehbarerweise – Hochverrat vor und gestand ihm wenigstens zu, dass das archaische Urteil des Hängens und Vierteilens zum bloßen Hängen abgemildert wurde (Raeff, S. 315). Allem Anschein nach fand er sich damit ab, als politischer Märtyrer zu enden. Vor Gericht soll er ausgerufen haben: »Wenn eine Hinrichtung zum Wohl Russlands erforderlich ist, bin ich der Einzige, der sie verdient. Ich habe lange gebetet, dass diese mit mir enden und dass die anderen durch Gottes Barmherzigkeit zu ihren Familien, ihrem Vaterland und ihrem edlen Zaren zurückkehren können« (zit. n.: Bagby, S. 168, Übers. d. Autors).

Der 25. Juli 1826 war der Tag der Vollstreckung des Urteils. Die edlen Worte hatten nichts genutzt, alle fünf Angeklagten sollten gehängt werden. Im Morgengrauen wurden die Delinquenten in der Peter-Paul-Festung in Sankt Petersburg zum Richtplatz geführt. Mit 31 Jahren war Rylejew wie die anderen Verurteilten noch recht jung: Piotr Kachowski (29 Jahre), Pawel Pestel (32), Sergej Murawjow-Apostol (31) und Michail Bestuschew-Rjumin (25). Sie alle waren bis auf den jüngsten sehr gefasst und verabschiedeten sich voneinander. Als die Bank, auf die sie gestellt worden waren, umgetreten wurde, blieben nur Bestuschew-Rjumin und Pestel hängen (Meyen, S. 11). Bei den drei anderen waren die Stricke über die nassen Kapuzen gerutscht, die ihnen übergelegt worden waren (Schnitzler, S. 307).

Was nun geschah, wird durch nachträgliche Erzählungen und Hinzudichtungen undurchsichtig. Angeblich sollte eine in solchen Fällen übliche Amnestie des Zaren das Leben Rylejews, aber auch nur seines, retten. Doch der romantisch veranlagte Revolutionär und Poet teilte nun lauthals dem anwesenden Publikum mit: »Armes Land, wo man noch nicht einmal zu hängen versteht« (zit. n.: De Grunewald, S. 69, Übers. d. Autors). Nach einer anderen Version soll Murawjow-Apostol dies ausgerufen haben (Meyen, S. 11). Jedenfalls soll der Zar aufgrund dieser Frechheit die Amnestie der Verurteilten mit dem Hinweis abgelehnt haben, dass man in Russland sehr wohl hängen könne (De Grunewald, S. 69). Der Beweis wurde sogleich erbracht und die restlichen drei Verschwörer erfolgreich vom Dies- ins Jenseits befördert.

Doch der Zar war gar nicht anwesend, wie uns der französische Historiker Jean Henri Schnitzler (1802–1871), der zu diesem Zeitpunkt in Sankt Petersburg weilte, mitteilte. Der Zar hielt sich in Tsarskoje Selo auf, das rund 30 Kilometer südlich der Festung lag. So gibt Schnitzler zu Protokoll, dass niemand da gewesen sei, der die in solchen Fällen übliche Begnadigung hätte erteilen können. »So wurde ein zweites Mal der Knoten um den Hals festgezogen und dieses Mal, ohne ihn wieder loszulassen« (Schnitzler, S. 307, Übers. d. Autors), schreibt er. Einem weiteren Zeugen zufolge sollen die letzten Worte des politischen Poeten gewesen sein: »Ich hätte nicht erwartet, zweimal gehängt zu werden« (ebd., Übers. d. Autors). Dies dürfte der Wahrheit am nächsten kommen.

Wir können mit einigermaßen großer Gewissheit sagen, dass Rylejew nicht aufgrund seiner frechen Worte die Begnadigung vom Zaren verweigert bekam, sondern dass die Hinrichtung nach dem ersten Versuch unvermittelt ein zweites Mal durchgeführt wurde. Er ging zwar allem Anschein nach tapfer, jedoch nicht freiwillig zu seiner Hinrichtung. Es hätte aber durchaus sein können, und es scheint auch zum Entstehen eines Märtyrertums zu passen, wenn er seine zweite Hinrichtung provoziert hätte. Das revolutionär aufgeladene 19. Jahrhundert im russischen Zarenreich dürfte einiges an Legendenbildung zur Hinrichtung der »Decembristen« beigetragen haben. Dass Kondrati Fjodorowitsch Rylejew eine ähnlich gute Gelegenheit gehabt hätte, seiner Hinrichtung zu entgehen, wie sie wohl Pierre-François Gossin gehabt hatte, sollten wir nicht annehmen.

Letztlich wäre es sowieso das Allerbeste, wenn es künftig keine neuen Geschichten über Hinrichtungen mehr gäbe. Weder erfolgreiche noch solche, bei der der Delinquent auf dieser nachdrücklich besteht.

Logik, Regenschauer und noch mehr Feuchtigkeit: George Boole und der Versuch, Gleiches mit Gleichem zu kurieren

Schon in der Bibel steht geschrieben: Auge um Auge, Zahn um Zahn (Ex 21,23–25). Was für eine archaische Gesellschaft in seiner Einfachheit vielleicht Sinn ergeben haben mag, wird spätestens dann problematisch, wenn es der Lösung komplizierter Sachverhalte dienen soll. Besonders schwierig wird es, wenn das Prinzip von seinem ursprünglichen Anwendungsbereich gelöst und auf eine völlig andere Disziplin übertragen wird. Sagen wir mal, vom angedachten Lösen sozialer Konflikte bzw. der friedensstiftenden Maßnahme auf körperliche Funktionen. Niemand käme auf die Idee, jene Redewendung wörtlich zu nehmen und – nehmen wir an – einen Schnupfen damit kurieren zu wollen.

Doch genau dies ist geschehen. Und dass man mit dem Computer im Internet danach suchen kann, ist der Verdienst desjenigen, dessen Schnupfen infolge von Unterkühlung mit einer Unterkühlung behandelt wurde. Aber wie konnte es dazu kommen?

Zu Beginn des 19. Jahrhunderts entwickelte der deutsche Arzt Samuel Hahnemann (1755–1843) die Homöopathie. Diese beruht auf der Ähnlichkeitsregel, die besagt, dass alle Heilmethoden, die auf dem alten Gegensatzprinzip beruhen, den Körper bei den natürlichen Heilungsprozessen hemmen (Leven, S. 91). Wir erinnern uns da an die Kur des Heraklit. Hahnemann ging einen anderen Weg. Er nahm an, dass das Zuführen von Mitteln, die die gleichen Symptome hervorriefen wie die Krankheit, den Körper bei der Selbstheilung unterstützten. Dazu führte er auch an sich selbst Versuche durch. Das Ergebnis schien ihn zu überzeugen. Im Jahr 1805 veröffentlichte er dazu die Schrift *Heilkunde der Erfahrung* (Jankrift, S. 112). Dem folgte fünf Jahre später das Hauptwerk *Organon der rationellen Heilkunde*, das auch den Begriff der »Homöopathie« einführte. Darin formulierte er das Prinzip *similia similibus curentur* – »Ähnliches soll durch Ähnliches geheilt werden«. Der Körper wird nach dieser Methode durch ein sanftes Einwirken dazu angeregt, die eigenen Heilkräfte zu aktivieren – soweit die These Hahnemanns. Um die entsprechende Medizin dafür herzustellen, sind spezielle Schritte notwendig. Im Großen und Ganzen soll das Heilmittel, das in ganz kleinen Dosen einem Lösungsmittel beigegeben wurde, seine Heilkräfte auf dieses übertragen. Im homöopathischen Fachjargon heißt dieser Vorgang »Potenzieren« (Leven, S. 91).

Die besondere Attraktivität der Homöopathie insbesondere gegenüber der Medizin des beginnenden 19. Jahrhunderts bestand in der schonenden Verfahrensweise. Immer noch waren Aderlass, Abführen und ähnliche Methoden übliche Behandlungen bei Erkrankungen. Von solchen groben Verfahren hob sich die Homöopathie stark ab und machte sie dadurch ungeheuer populär. Jene Ablehnung der etablierten Medizin zeigte sich vor allem ab dem Ende des 18. Jahrhunderts an dem Widerstand gegen die ersten Impfungen durch Edward Jenner (1749–1823). Als Alternative zur damaligen Schulmedizin und insbesondere den Impfungen drängte man darauf, die Lebensumstände der Menschen in der beginnenden Industrialisierung zu verbessern, sodass erst gar keine Krankheiten entstehen, die mühsam bekämpft werden mussten (ebd., S. 83). Die Polarisierung innerhalb der Medizin zu Beginn des 19. Jahrhunderts war also eine Facette der »Sozialen Frage«, die das gesamte Jahrhundert maßgeblich beeinflussen sollte.

In diese spannungsgeladene Zeit wurde am 2. November 1815 George Boole (1815–1864) geboren. Sein Vater war ein Schuhmacher aus Lincoln, der ihm nur die elementarste Schulbildung finanzieren konnte. Mit 16 wollte Boole Priester werden und in eine entsprechende Schule eintreten, doch die Werkstatt seines Vaters musste Konkurs anmelden. Statt Geld für eine Ausbildung auszugeben, musste der junge George nun welches verdienen. Das tat er, indem er 1831 Hilfslehrer in Doncaster wurde (Stewart, S. 229). Glücklich wurde er jedoch in dieser Zeit nicht. Statt engagiert Unterricht zu halten, kaufte er sich Bücher über Mathematik, wie Sylvestre Lacroix' (1765–1843) *Differential an Integral Calculus*. Bei der Lektüre stellte er rasch fest, dass er weitaus bessere Ideen hatte als der veraltete Franzose (ebd., S. 230). Es sollte aber noch acht Jahre dauern, bis er diese in schriftlicher Form darlegte.

1839 reiste Boole das erste Mal nach Cambridge, wo er sich mit dem jungen Mathematiker und Herausgeber des *The Cambridge and Dublin Mathematical Journal*, Duncan Gregory (1813–1844), traf. Gerade mal zwei Jahre älter als Boole wurde er dessen Mentor, bevor er bereits mit 30 Jahren verstarb. Er lehrte ihn, wie man mathematische Aufsätze verfasste und war maßgeblich für Booles ersten veröffentlichten Text 1841 verantwortlich. In weiteren Aufsätzen für das Magazin befasste sich Boole mit Fragen zu Problemen der Variationsrechnung, Differentialgleichungen und verwendete bereits früh neue Symbole in der Analyse einer Methode, die eine Differentialgleichung nutzte (Burris, 2010). 1843 gelang ihm der Durchbruch mit einer Arbeit über Differentialgleichungen. Diese brachte ihm 1844 die Goldmedaille der Royal Society ein – die erste, die jemals an einen Mathematiker verliehen wurde (ebd.). Und dies, obwohl er immer noch als Lehrer arbeitete und keine akademische Ausbildung besaß. Im Anschluss an diese Ehre wollte er in Cambridge sein Studium nachholen. Dabei merkte er schnell, dass die vielfältigen Verpflichtungen des Studiums ihm bei seinen persönlichen Arbeiten die notwendige Zeit rauben würden. Auch das finanzielle Problem war dahingehend nicht gelöst, vielmehr wurde es durch den Umstand schlimmer, dass er als Student kein Geld verdiente. Also übte er seinen Brotberuf weiter aus und forschte nach Feierabend. Nicht lange und seine Arbeit trug Früchte.

Mit dem Buch *The Mathematical Analysis of Logic* erschien sein erstes Hauptwerk 1847, das der Logik des Aristoteles einen algebraischen Ansatz hinzufügte. »Jedes Interpretationssystem, das die Wahrheit der angenommenen Beziehungen nicht beeinflusst, ist gleichermaßen zulässig […]«, schreibt Boole in seiner Einleitung (S. 3, Übers. d. Autors) und gibt damit die neue Richtung in der mathematischen Logik vor. Diese sollte durchgängig formalisiert und damit der Anwendungsbereich erweitert werden. Auf den knapp 80 Seiten arbeitete er zwischen den logischen Formen, wie sie seit Aristoteles weiterentwickelt wurden, und den Symbolen und Operationen der Algebra die Analogien heraus. Ergebnis seiner Bemühungen war, dass man die algebraischen Regeln nun zur Durchführung logischer Schlüsse anwenden konnte.

1849 wird Boole der erste Professor für Mathematik am neu gegründeten Queen's College in Cork. Und dies, wie erwähnt, ohne höhere Schulbildung. Schon 1850 wurde er aufgrund seiner Beliebtheit zum Dekan gewählt, und auch privat schien sich alles zum Besten zu wenden. Hier in Cork traf er auf Mary Everest (1832–1916), die gerade ihren Onkel, einen Professor für Griechisch, besuchte. Berühmter war jedoch ein anderer Onkel, nämlich George Everest (1790–1866), nach dem der höchste Berg der Welt benannt wurde. Für uns hier wichtiger wird ihr Vater, Dr. Thomas Everest (1800–1855), der fest an die Wirkung der Homöopathie glaubte (Frost, 2019). Was ihr Treffen mit George Boole anbelangte, hatte dieses große Folgen; nicht nur in der Liebe. Sie schrieben und besuchten sich in den folgenden Jahren, und Mary hatte – ähnlich begabt in der Mathematik – Einfluss auf das entstehende zweite Hauptwerk Booles *An Investigation of the Laws of Thought, on Which are founded the Mathematical Theories of Logic and Probabilities*. Dieses erschien 1854 und erklärt die Anwendbarkeit logischer Gesetze auf die Wahrscheinlichkeitsrechnung. Später wird man die von ihm entwickelte spezielle algebraische Struktur »Boolesche Algebra« nennen. Sie wurde zur Grundlage digitaler Elektronik und findet sich in allen modernen Programmiersprachen wieder. In ihre heutige Form wurde sie nach Booles Tod unter anderem von Charles Sanders Peirce (1839–1914) gebracht (Givant/Halmos, S. 9).

Als Thomas Everest verstarb, heiratete George Boole die so mittellos gewordene Mary und bekam mit ihr fünf Töchter (Frost, 2019). Mary war 17 Jahre jünger und besuchte, wenn es die Zeit zuließ, seine Vorlesungen. In den Jahren von 1855 bis 1864 stieg Booles Stern am wissenschaftlichen Himmel immer höher. Er wurde Mitglied der Royal Society, Ehrenmitglied der Cambridge Philosophical Society und bekam einen Doktortitel ehrenhalber der Universität Oxford. Es entstanden weitere Schriften zu mathematischen Problemen und zwei Bücher. George Boole war auf dem Gipfel des akademischen Ruhms angekommen und arbeitete gewissenhaft weiter. Sein Pflichtbewusstsein, die Mathematik weiterzuentwickeln, sollte sich von nichts abhalten lassen. Schon gar nicht von so einer Lappalie wie einem Regenschauer, die es in Irland ja zur Genüge gibt (Burris, 2010).

Ende November 1864 war er auf dem Weg zu einer Vorlesung. Im besten Professorenalter von 49 Jahren ging er die zwei Meilen natürlich zu Fuß. Der Regen, der ihn komplett durchnässte, hielt ihn nicht davon ab. Die Vorlesung absolvierte er in seiner nassen Kleidung. Nicht lange und George Boole bekam zu Hause Fieber und schließlich eine Lungenentzündung. Zum Glück hatte er eine fürsorgliche Frau, die ihn pflegen konnte. Zu seinem Unglück aber war Mary der Auffassung, dass man Gleiches mit Gleichem kurieren sollte, also nach Hahnemanns *similia similibus curentur*. Und dies hieß bei einer Lungenentzündung infolge einer nassen Unterkühlung das Kurieren mit noch mehr Nässe und Kälte. Dazu wickelte sie ihn in feuchte Decken ein (Bruno, S. 52). Der Zustand George Booles begann sich daraufhin rapide zu verschlechtern. Am 8. Dezember verstarb er schließlich in Cork.

Booles Arbeiten wurde nach seinem Tod von vielen Mathematikern stetig weiterentwickelt. Nicht nur benannte man die »Boolesche Algebra« und den »Booleschen Ring« nach ihm, auch ein Mondkrater und im Jahre 2001 ein Asteroid erhielten seinen Namen. Seine Arbeiten sollten Jahrzehnte nach seinem Tod die Grundlagen für die moderne Informatik bilden. Aber auch seine

Frau, der wir nichts Böses bei ihren zweifelhaften Heilungsbemühungen unterstellen möchten, arbeitete weiterhin erfolgreich als Mathematikerin. Sie verfasste Schriften darüber, wie man Kindern die Mathematik näherbringen konnte. Die gemeinsame Tochter Alicia Boole Stott (1860–1940) erbte das mathematische Talent und die Disziplin des väterlichen Autodidakten. Sie führte den geometrischen Begriff »Polytop« ein (Frost, 2019). Das hätte George Booles Herz (und Lunge) sicherlich erwärmt.

Ein depressiver Kaiser, Bredouillen und zünftige Männerunterhaltung: Der General von Hülsen-Haeseler im Tutu

Bewegung und Sport sind bekanntermaßen gut für den Menschen. Selbst im Alter bedeuten moderate Aktivitäten höchsten Gewinn für Körper und Geist und vermeiden Gebrechlichkeiten jeglicher Art. Jedoch sollte man es damit nicht übertreiben und schon gar nicht etwas tun, in dem man nicht geübt ist. Unter diesen Gesichtspunkten dürfte einem waschechten preußischen General nichts ferner liegen, als in einem rosa Tutu vor seinem Vorgesetzten zu tanzen. Oder? Ist es vorstellbar, dass ein General der Infanterie vor dem Kaiser eine Travestienummer zum Besten gibt? Und warum sollte er das überhaupt tun?

Zunächst einmal deutete nichts darauf hin, dass der Chef des Militärkabinetts Dietrich Graf von Hülsen-Haeseler (1852–1908) künstlerische oder gar tänzerische Ambitionen gehabt hätte. Immerhin einen kleinen Hinweis, der eine Erklärung geben könnte, finden wir bei seiner Herkunft. Denn sein Vater Botho von Hülsen (1815–1886) war viele Jahre Theaterintendant gewesen, wo er sich als zeitweiliger Präsident des Deutschen Bühnenvereins für die Rechte der Schauspieler einsetzte (Knudsen, S. 736). Doch dies ist zugegebenermaßen noch keine befriedigende Erklärung dafür, dass sich sein Sohn später als ranghoher General der Infanterie in ein Tutu zwängte. Zunächst war der junge Dietrich ein begabter Leutnant, der in der Kriegsakademie dank seiner Leistungen von sich reden machte. Bereits 1882 wurde er zum Generalstab abkommandiert, wo er kurz nach der Inthronisierung Wilhelms II.

(1859–1941) dessen Flügeladjutant wurde, was eine fast schon intime Nähe zum Kaiser bedeutete. Und diese sollte auch sein Verhängnis werden.

Wilhelm II. ließ während seiner Regierungszeit kein Fettnäpfchen aus. Dennoch war er sehr beliebt im Volk, zumindest in den ersten beiden Jahrzehnten seiner Herrschaft. Im Jahr 1908 kippte jedoch die Stimmung im Deutschen Reich, während das Ausland bereits seit Längerem äußerst argwöhnisch auf den deutschen Kaiser schaute. Wilhelm war nicht nur beratungsresistent, wenn es um diplomatische Belange ging, sondern er war oftmals auch recht spontan in dem, was er sagte. Die Resonanz aus dem Ausland war selten positiv. Im Jahr 1908 hatte der Kaiser endgültig den Bogen überspannt, als er der britischen Zeitung *Daily Telegraph* ein Interview gab. Nicht nur dass dieses alles bis dahin Publizierte und Gesagte an Ungeschicklichkeit und Aufschneiderei des Kaisers in den Schatten stellte, es erschien just zu einer Zeit, in der es im Deutschen Reich bereits heftig rumorte. Im Jahr zuvor waren Artikel des Journalisten Maximilian Harden (1861–1927) erschienen, die mehr oder weniger offen homosexuelle Handlungen im engsten Kreis um den Kaiser aufdeckten. Ranghohe Berater gerieten in den Fokus des § 175 des Strafgesetzbuches, der sexuelle Handlungen zwischen gleichgeschlechtlichen Personen unter Strafe stellte. Besonders gefährlich und verwerflich waren dabei die Vorwürfe, dass der Kaiser von diesem engen Kreis gesteuert wurde.

Dieser sogenannte »Liebenberger Kreis« existierte schon seit Beginn der Herrschaft Wilhelms und garantierte dem jungen Monarchen Ablenkung vom fordernden Tagesgeschäft. Homoerotische und abstruse Unterhaltungen gehörten dabei zum Repertoire der Tafelrunde um Philipp Graf zu Eulenburg (1847–1921), auf dessen Landsitz diese Treffen meist stattfanden. Auch Hülsen-Haeseler gehörte zu jenem inneren Zirkel des Kaisers und fiel bereits früh mit sonderbaren Vorschlägen zur Unterhaltung Seiner Majestät auf. Dem Grafen Görtz hatte er im Jahre 1892 folgenden Vorschlag gemacht:

> »Sie müssen von mir als dressierter Pudel vorgeführt werden! – Das ist ein ›Schlager‹ wie kein anderer. Bedenken Sie: hinten ›geschoren‹ (Tricot), vorn langer Behang aus schwarzer oder weißer Wolle, hinten unter dem echten Pudelschwanz eine markierte Darmöffnung und, sobald Sie ›schön machen‹, ›vorne‹ ein Feigenblatt. Denken Sie wie herrlich, wenn Sie bellen, zur Musik heulen, eine Pistole abschießen oder andere Mätzchen machen. Das ist einfach ›großartig!‹ […]« (zit. n.: Röhl, 1988, S. 24).

Die Messlatte für niveauvolle Unterhaltung lag in diesen Kreisen also nicht besonders hoch, und die sexuellen Ausschweifungen, die durch die »Kotze-Affäre«[1] Anfang der 1890er-Jahre ebenfalls die Öffentlichkeit erreicht hatten, zeigten ein so ganz anderes Bild als dasjenige, welches das preußisch dominierte Kaiserreich seinen Untertanten gerne suggerierte. Dass durch solch einen inneren Zirkel tatsächlich die Geschicke des Deutschen Reiches bestimmt werden sollten, empörte die Menschen. Das Fass zum Überlaufen brachte dabei der Vorwurf der Homosexualität, welche in der damaligen Zeit nicht nur gesellschaftlich geächtet, sondern eben auch strafbar war. Harden nutzte diese Gerüchte, um den seiner Meinung nach laschen Kurs des Kaisers in der Marokkokrise 1905 mehr oder weniger offen zu kritisieren. Der Kaiser brauche nicht von Weltbränden zu träumen, »haben's schon warm genug« (zit. n.: Blom, S. 204), schrieb er am 13. April 1907. Eine unmissverständliche Andeutung.

Der Kaiser von homosexuellen Beratern gesteuert? Wilhelm ließ seine vorgeblichen Freunde wie heiße Kartoffeln fallen. Kuno von Moltke (1847–1923), der Stadtkommandeur von Berlin, wurde entlassen, und Eulenburg nahegelegt, das Land zu verlassen (ebd., S. 204). Eine ganze Reihe von Prozessen war die Folge, die im Jahre 1908 noch fortdauerten. Auch der jüngere Bruder Hülsen-Haeselers, Georg (1858–1922), fand sich vor Gericht wieder. Viele

1 Benannt nach dem Hofzeremonienmeister Leberecht von Kotze (1850–1920). Bei der Affäre ging es um die Verbreitung privater Briefe aus dem Umfeld des Kaisers mit pornografischem Inhalt.

enge Vertraute des Kaisers wurden offen der Homosexualität bezichtigt, was Verleumdungsklagen nach sich zog. Wilhelm II. musste sich infolge der Affäre von vielen Vertrauten trennen, was politisch gesehen verheerende Folgen hatte. In militärisch-außenpolitischer Hinsicht galt der »Liebenberger Kreis« als moderat, hatte also bezüglich der Großmachtfantasien einen mäßigenden Einfluss. Der Monarch wandte sich nunmehr, auch um seine eigene Männlichkeit wieder ins rechte Licht zu rücken, den »Hardlinern« zu. Damit wollte er sich von jedem Verdacht der Homosexualität reinwaschen. Denn bei den Prozessen war von männlichen Prostituierten angegeben worden, dass der Spitzname des Kaisers im »Liebenberger Kreis« »Liebchen« war (ebd.).

Des Kaisers Renommee im Inland war also bereits angeknackst, als 1908 der Artikel in der britischen Zeitung *Daily Telegraph* erschien, der die Gemüter vollends in Wallung brachte. Wilhelm II. hatte mit einem englischen Offizier eine Reihe von Gesprächen geführt, die nun als eine Art Interview abgedruckt wurden. Die Intention des Kaisers war dabei eigentlich, das Verhältnis zu England verbessern zu wollen und dem Land seiner Vorfahren mütterlicherseits seine Hochachtung kundzutun. Diesem stand er in einer Art von Hassliebe sehr nahe. Doch tollpatschiger hatte sich selten ein Oberhaupt eines Staates angestellt. Zunächst einmal stellte er fest, dass er als Englandfreund zu einer kleinen Minderheit in Deutschland gehöre. Er sei so stark dem britischen Empire zugeneigt, dass er der Queen, seiner Großmutter, im Burenkrieg einen Feldzugsplan habe zukommen lassen, mit deren Hilfe die englischen Truppen siegreich gewesen wären. Ferner könne man in naher Zukunft die englische und die deutsche Flotte zusammen nach dem Fernen Osten schicken, wo man gemeinsam operiere – in diesem Falle gegen das mit England verbündete Japan. Kurzum: Es gab tatsächlich kaum einen Satz, der kein Affront war.

Doch Wilhelm kannte die Wirkungsweise seiner Reden – meist nachträglich – und hatte das Interview zunächst seinem Reichskanzler Bernhard von Bülow (1849–1929) zukommen lassen. Dieser war jedoch gerade in Urlaubsstimmung und hatte wenig Lust und Muße, sich die neuesten Ergüsse Seiner Majestät zu Gemüte zu führen. Er ließ es seinen Schreibtisch ungelesen passieren und von rangniederen Mitarbeitern korrekturlesen, die nicht viel daran auszusetzen hatten. Somit traf den Reichskanzler eine erhebliche Mitschuld, der er sich später nur halbherzig stellte. In der Zeitschrift *Die Zukunft*, die von Harden herausgegeben wurde, erschienen in der Folge Artikel, die Stimmung gegen den Kaiser machten. »Wilhelm II. hat der Nation nie nützliches geleistet und für seinen Willen dennoch höchste Geltung verlangt. Nun sieht er die Ernte« (zit. n.: Nipperdey, S. 735 f.). Es folgen unverhohlene, an den November 1918 erinnernde Aufrufe: »Wir haben genug [...] Wir wollen nicht mehr« (ebd.). Auch Adlige fällten so ihr eigenes Urteil über den Kaiser. »Bereits sieht man ihn als nicht ganz richtig im Kopfe an – mein Gott, in welchen Abgrund wird er mein Deutschland noch führen, ehe man solchen pathologischen Zustand feststellen und dagegen Mauern aufführen kann!!«, schreibt die Baronin Spitzemberg (1843–1914) am 11. November 1908 in ihr Tagebuch (Spitzemberg, S. 238).

Der Kaiser selbst war dann ob der harschen Reaktionen doch überrascht. Immerhin hatte er seinem Kanzler das Interview zur Autorisierung vorgelegt. Dieser log, bis sich die Balken bogen. Letztlich bot er seinen Rücktritt an, was in einem persönlichen und klärenden Gespräch mit dem Kaiser abgelehnt wurde. Auch die Rücktrittsforderungen großer Teile der Öffentlichkeit und ihre Forderung nach einer stärkeren Konstitutionalisierung der Monarchie blieben folgenlos. Nicht folgenlos blieb dagegen das Unbehagen gegen das Regime Wilhelms und dessen innere Verfassung. Der Kaiser hatte sich zunächst in die Alpen geflüchtet, wo er mit dem österreichischen Erzherzog Franz Ferdinand (1863–1914) jagte, um sich dann in Donaueschingen bei Max Egon II. Fürst zu Fürstenberg (1863–1941) aufmuntern zu lassen. Dies konnte nur sein alter »Liebenberger Kreis« oder das, was davon noch übriggeblieben war. Immerhin war das Mitglied mit den außergewöhnlichen Ideen nach

Donaueschingen gereist, um sein Bestes zu geben. Und zur besonderen Aufmunterung hatte sich Hülsen-Haeseler einen Balletttanz überlegt, bei dem er im rosa Tutu die Primaballerina gab. Urkomisch – zweifellos. Für einen preußischen General der Infanterie zumindest ein ungewöhnlicher Auftritt. Für einen älteren, beleibten Herren ganz sicher eine gefährliche Sache!

Auch der Umstand, dass ausgerechnet der tanzende General damit beauftragt worden war, die Anschuldigungen der Homosexualität im preußischen Offizierskorps zu entkräften, machte die Szene im rosa Tutu nicht weniger skurril (Blom, S. 205). Der Hofmarschall des Kaisers, Graf Zedlitz-Trützscher (1863–1942), schildert das Geschehnis am 14. November 1908. Nachdem Graf von Hülsen-Haeseler mit seiner Darbietung fertig war,

> »begab er sich in die anstoßende Galerie, die nach dem Salon der Fürstin führt, um einen Augenblick Luft zu schöpfen. Ich stand vier Schritt vom Eingang der Galerie entfernt und hörte dort plötzlich einen schweren Fall. Ich eilte in die Galerie und sah Graf Hülsen lang ausgestreckt, mit dem Kopf in der Fensternische, auf der Erde liegen. Gleich nach mir erschienen noch einige andere Herren, wir mühten uns um den Grafen, und da ich sogleich merkte, daß der Fall ernst war, sah ich mich nach dem Arzt um« (Zedlitz-Trützscher, S. 216 f.).

Die Wiederbelebungsversuche im Beisein Wilhelms II. blieben vergeblich. Der vom Kaiser geschätzte General hatte einen tödlichen Herzinfarkt erlitten. Allem Anschein nach war der korpulente Hülsen-Haeseler für so eine Aufführung, wie er sie vielleicht vor Jahren noch geben konnte, mit 56 Jahren nun zu alt oder zu unsportlich. Jedenfalls machte sein Herz die Anstrengung, bei der wohl auch Alkohol im Spiel war, nicht mit. Begraben wurde er auf dem Invalidenfriedhof in Berlin, wobei man versuchte, die Umstände seines Todes zu verschleiern.

Geschockt legte sich der Kaiser tagelang ins Bett und weigerte sich, irgendjemanden zu empfangen. Die Regierungsgeschäfte übertrug er seinem Sohn, dem Kronprinzen. Er war bereit, abzudanken. Einen engen Freund auf diese Art sterben zu sehen, war zu viel für ihn, vor allem nach der schwierigen Zeit der Affären. Doch Wilhelm rappelte sich wieder auf (Krockow, S. 200). Als Erklärung für das Unglück, welches das Reich heimsuchte, dienten ihm die vielfältigsten Verschwörungsmythen, die einmal die Sozialdemokraten, ein anderes Mal die Juden als Urheber der Intrigen gegen ihn sahen. Dennoch war er, was seine Tiraden in der Öffentlichkeit anbelangte, die folgenden Jahre sehr zurückhaltend. Er machte den Eindruck eines gebrochenen Mannes im Vergleich zum wilden, unberechenbaren Wilhelm der Vorjahre. Im späteren Krieg sollte er nur noch Orden verteilen und ansonsten keine Rolle mehr spielen. Der Tod des Grafen in Donaueschingen hatte jedoch nicht nur für das Gemüt des Kaisers immense Folgen.

Neben dem grotesken Bild, dass ein preußischer General in einem Tutu stirbt, hält der Tod des Grafen Hülsen-Haeseler noch eine besonders tragische Komponente parat. Denn dieser galt als hervorragender General und moderat eingestellt. Als letztes verbliebenes ranghohes Mitglied des »Liebenberger Kreises« hätte Hülsen-Haeseler im Sommer 1914 einen ganz anderen Zugang zum zaudernden Kaiser haben können als dies die tatsächlich versammelten Generäle mit ihrem Schlieffen-Plan hatten. Vielleicht hätte die Weltgeschichte eine andere Wendung genommen? Wir wissen es nicht. Bei den Zeilen des Hofmarschalls kommt einem dennoch das Orchester der vier Jahre später sinkenden Titanic in den Sinn: »Um die Tragik noch zu erhöhen, spielte die Musik ruhig weiter, als bereits diese glänzende Gesellschaft um den Toten beschäftigt war« (Zedlitz-Trützscher, S. 217).

Somit begann der Abgesang einer ganzen Epoche bereits Jahre vor den unzähligen Toten im Schlamm Flanderns mit einem toten General im rosa Tutu.

Die Angst vorm Tod, heftiges Gewitter und eine Kastanie: Ödön von Horváth versteht etwas falsch

Wenn einem gesagt wird, dass ihn in Paris das größte Abenteuer seines Lebens erwarte, darf diese Person durchaus von einer guten Zeit ausgehen. Das Stadtviertel Montmartre mit seiner berühmten Moulin Rouge lädt dabei zum Träumen ein. Aber der kulturell Interessierte findet auch auf nahezu allen anderen Gebieten Unterhaltung und Inspiration. Nicht umsonst gilt die Seine-Stadt als Ursprungsort vielfältigster kultureller Strömungen, die oftmals besonders nahe am Puls der Zeit sind. Wer sich als Künstler in der Stadt einen Namen machen kann, der hat diesen anschließend auch fast auf der ganzen Welt. Grund genug also, um als ambitionierter Schriftsteller nach Paris zu fahren, zumal wenn noch das Versprechen lockt, dass das geistige Resultat der eigenen schriftstellerischen Tätigkeit auf die großen Leinwände dieser Welt gebannt werden soll. Dann erscheint selbst der Zusatz, dass die eigene Heimat von Nazis besetzt ist, die einem nach dem Leben trachten, fast schon unbedeutend; wenigstens auf künstlerischer Ebene. Also auf nach Paris! Das dachte sich auch der 36-jährige Ödön von Horváth (1901–1938).

Er war im riesigen Kaiserreich Österreich-Ungarn aufgewachsen. Väterlicherseits kam er aus einer kleinadligen ungarischen Familie, während die Mutter einer deutsch-ungarischen Arztfamilie entstammte. In der Hafenstadt Suŝak im heutigen Kroatien, dem ehemaligen italienischen Fiume, wurde Ödön am 9. Dezember 1901 geboren und lebte die ersten Jahre mit der Familie in Belgrad, später dann in Budapest (Hildebrandt, S. 12). Generell waren die

Jahre bis zum Ende des Ersten Weltkrieges durch allerlei Umzüge geprägt, die ihn nahezu das ganze Kaiserreich kennenlernen ließen. Fast zeitgleich mit dem Ende der Habsburgermonarchie im Spätherbst 1918 begann er mit dem Schreiben von literarischen Texten und einem Studium der Germanistik in München. 1922 erschien sein Debüt *Das Buch der Tänze* (ebd., S. 27). Im folgenden Jahr zog es ihn immer wieder nach Berlin oder er hielt sich im oberbayerischen Murnau am Staffelsee auf. Hier in der bayerischen Provinz machte er erste Erfahrungen mit dem Nationalsozialismus, die sich in vielen Werken niederschlagen sollten. Mit Sorge beobachtete er den Aufstieg der Nazis, jedoch unterschätzte er offensichtlich die Gefahr, die von Hitler ausging. »Vor den Nazis habe ich keine so große Angst. Es gibt ärgere Dinge, nämlich die, vor denen man Angst hat, ohne zu wissen, warum. Ich fürchte mich zum Beispiel vor der Straße. Straßen können einem übel wollen, können einen vernichten. Straßen machen mir Angst« (zit. n.: Doubek, S. 32).

Nach der Machtergreifung 1933 verlegte er seinen Hauptwohnsitz nach Henndorf in Österreich, wo er zusammen mit Carl Zuckmayer (1896–1977) und weiteren namhaften Schriftstellern den »Henndorfer Kreis« bildete. Dennoch beschloss Ödön von Horváth bereits 1934, nach Deutschland zurückzukehren und sich mit dem Regime zu arrangieren. Er versuchte sogar in den »Reichsverband Deutscher Schriftsteller« aufgenommen zu werden; dies jedoch vergeblich. 1936 wurde er endgültig aus Deutschland ausgewiesen und ging nach Wien. Er hatte in seinen Werken vor dem Jahr 1933 allzu offen eine linke Gesinnung gezeigt und unverhohlen, beispielsweise in *Der schwarze Reichswehrmann*, vor dem Faschismus gewarnt.

1937 erschien sein Roman *Jugend ohne Gott*, in dem er sich mit dem Leben der Jugendlichen in der NS-Diktatur auseinandersetzte (Martini, S. 587). Dieses Werk brachte ihn 1938 auf die »Liste des schädlichen und unerwünschten Schrifttums« und damit auch in Gefahr, sobald er in die Hände der Nazis geraten sollte.

Wenige Stunden bevor Hitler am 15. März 1938 den Anschluss Österreichs auf dem Wiener Heldenplatz verkündete, verließ

Horváth die Stadt. Zunächst ging er nach Budapest, dann hielt er sich abwechselnd in Triest, Venedig, Mailand und Prag auf. Mit seinen 36 Jahren fühlte er sich auf dem Höhepunkt seiner Schaffenskraft, fand aber keinen Ort, um diese zu nutzen. Der deutschsprachige Markt war ihm über Nacht weggebrochen, was massive finanzielle Einbußen zur Folge hatte. Es blieb nur noch die Schweiz. Ende April 1938 finden wir ihn in Zürich, wo er sich mit dem hier im Exil lebenden Schriftsteller Ulrich Becher (1910–1990) traf. Diesem gelang es, den acht Jahre älteren Kollegen mit allerlei Ausflügen und Bekanntschaften so zu begeistern, dass sich Horváth durchaus vorstellen konnte, in der Schweiz zu bleiben. Nur einen kurzen Abstecher nach Holland zu seinem Verleger wollte er noch absolvieren. Dieser hatte ihm von einem renommierten Wahrsager berichtet, den er besuchen solle.

Ödön von Horváth war sehr abergläubisch. Gerade in den schwierigen Zeiten nach dem Anschluss Österreichs an Nazi-Deutschland war er dafür noch empfänglicher geworden. Deswegen ließ er es sich nicht nehmen, einmal in Amsterdam diesen empfohlenen Wahrsager zu besuchen (Grieser, S. 212). »Sie müssen nach Paris. Sie müssen unbedingt nach Paris – und zwar auf der Stelle. Es erwartet Sie dort das entscheidende Ereignis Ihres Lebens« (zit. n.: ebd., S. 213). Das waren die in Trance gesprochenen Worte des Hellsehers. Und für Horváth passte dies hervorragend, weil sich in Paris der Regisseur Robert Siodmak (1900–1973) aufhielt. Mit diesem hatte er sich bereits über eine eventuelle Verfilmung seines Romans *Jugend ohne Gott* brieflich ausgetauscht. Es war also logisch, dass genau dieses Treffen das »entscheidende Ereignis« seines Lebens werden sollte. Alles lief wie vorhergesagt und geplant. Scheinbar. Denn mit dem Vorhersagen war und ist es so eine Sache.

Der Mensch bemüht sich seit seinen Ursprüngen, auf verschiedene Art und mit vielfältigsten Mitteln, Kenntnisse über seine Zukunft zu erlangen. Diesem Handeln liegt vor allem der Drang zugrunde, das eigene Tun wirksamer zu gestalten, auf dass das eigene Wohlbefinden gesteigert werde. Jener Kenntnis der Zukunft liegt aber auch ein Widerspruch zugrunde. Wenn ich diese nämlich kenne, setze ich voraus, dass sie unausweichlich genauso eintritt. Damit aber kann ich sie nicht beeinflussen, und der Versuch wäre von vornherein zum Scheitern verurteilt. So kann bereits Cicero zum Thema Weissagung mit voller Überzeugung schreiben: »Man hat keinen Nutzen davon zu wissen, was notwendig geschehen wird […], denn es ist ein Elend, sich vergebens zu quälen« (zit. n.: Minois, S. 18). In der Welt der Antike, in der die Götter die Zukunft jedes Einzelnen bestimmen, ist eine Befragung tatsächlich recht sinnlos. Viel eher ist es eine Quälerei, da man sehenden Auges in eine eventuelle Katastrophe hineingeht, während im günstigen Fall die Freude über ein positives Ereignis genommen wird. So oder so hielt es die Menschen aber nicht davon ab, dennoch ein Orakel aufzusuchen.

Bei den Alten Griechen bestimmten die Moiren (bei den Römern die Parzen) das Los jedes Einzelnen. Sie waren die Töchter des Zeus und der Themis, die niemals geliebt wurden und niemals liebten. Dementsprechend verbittert und mürrisch erscheinen sie. Klotho spinnt den Schicksalsfaden, Lachesis rollt ihn auf und schließlich schneidet ihn Atropos irgendwann ab. Diese drei schlecht gelaunten Gottheiten bestimmen also über das menschliche Dasein (vgl. Jünger, S. 265 ff.). Das sind trübe Aussichten.

Ferner gab es in der antiken griechischen Welt drei berühmte Orakel: Das Orakel des Zeus Ammon in der libyschen Wüste, das unter anderem von Alexander dem Großen besucht worden war (Bengtson, S. 316), das Orakel des Zeus in Dodona und natürlich das wohl berühmteste in Delphi, das dem Apollon geweiht war. Hier trinkt die Pythia, eine lokale Jungfrau, das Wasser der Quelle und kaut die Lorbeerblätter, die hier wachsen. Der Geist Apollons kommt über sie und diktiert ihr die Offenbarungen, die sie auf einem hohen Dreifuß sitzend in Trance wiedergibt. Ein lukrativer Geschäftsbetrieb entwickelte sich bald in und um Delphi, sodass aufgrund der vielen Anfragen mehrere Pythias eingesetzt werden mussten. Nachdem die Befragte in Trance einige unartikulierte

Laute ausgestoßen hatte, wurden diese von den anwesenden Priestern gesammelt und in Versen aufgeschrieben. Die Ratsuchenden erhielten nun die Verse und legten sie einem der vielen in Delphi ansässigen Exegeten vor, der dann erklärte, was die Worte wirklich bedeuteten. Mehr als 1000 Jahre diente das Orakel auf diese Weise einzelnen Menschen oder ganzen Gemeinschaften (Vollkommer, S. 24 f.). Die Tatsache, dass der Spott der Philosophen und die Kritik an der Bereicherung an Gutgläubigen und Ratsuchenden den Andrang auf das Orakel durch die Jahrhunderte nicht eindämmten, spricht für die tiefe Sehnsucht des Menschen, sein Schicksal kennenzulernen oder zukünftige Gefahren zu minimieren. Von der Vergeblichkeit dieses Unterfangens, wie es Cicero darlegte, hatten sie keine Ahnung oder wollten sie sie nicht haben. Dies mag der Grund dafür sein, dass Prophezeiungen in der modernen und aufgeklärten Gesellschaft immer noch eine gewisse Rolle spielen.

Auch in einer Welt, in der die Götter durch den Menschen abgelöst wurden, versucht dieser nun, die Zukunft zu beherrschen. Man konnte nicht mehr Gott schalten und walten lassen, und sich dem Schicksal hingeben, man war selbst Schicksal und Zukunft geworden. Damit löste nun die Ungewissheit, wie diese Zukunft aussieht, Angst aus – jenes Grundgefühl, dem sich seit der Mitte des 19. Jahrhunderts viele Philosophen widmeten, beispielsweise Søren Kierkegaard (1813–1855). Die meisten Vorhersagen, die in der zweiten Hälfte des 19. Jahrhunderts eingeholt wurden, betreffen jene Angst. Sei es an der Börse, wo man den jeweiligen Kurs antizipieren möchte aus Angst, eine Gelegenheit zu verpassen, oder weitaus existenzieller, welches Tun zu welchem künftigen Leben führt. Fragen nach der Partnerwahl, der Berufswahl – kurzum: alles, was uns in einem bestimmten Lebensabschnitt unmittelbar beschäftigt.

Am Beginn jeder Weissagung steht die Behauptung, durch das Vorhergesehene die Zukunft zu beherrschen. Und die Gründe, die eine Vorhersage notwendig erscheinen ließen, erfuhren im 19. Jahrhundert wie erwähnt eine Säkularisierung und wurden unter anderem zur intellektuellen Arbeit (Minois, S. 619). Sozioökonomische Analysen ersetzten weitestgehend spirituelle Offenbarungen. Utopien und Dystopien bestimmten die verschiedensten Wissenschaften, während in der Literatur das neuartige Genre Science-Fiction einen immensen Aufschwung erfuhr. Die berühmteste und wirkmächtigste Vorhersage dürfte jene von Karl Marx (1818–1883) und Friedrich Engels (1820–1895) sein, die anhand ihrer geschichtswissenschaftlichen und ökonomisch-sozialen Studien die (Welt-) Revolution der Arbeiterklasse und die darauffolgende Herrschaft des Proletariats prophezeiten. In dieser Hinsicht waren sie nicht unbedingt erfolgreicher als alle spiritistisch-religiösen Vorgänger der Jahrtausende zuvor, jedoch ohne Zweifel wirkmächtiger.

Vor allem die französische Literatur des späten 19. Jahrhunderts ist reich an der Darstellung künftiger Gesellschaften, wenn auch sehr fantasievoll, wie in *La Cité future* von Alain Le Drimeur aus dem Jahre 1890. Oder das äußerst populäre Buch des US-Amerikaners Edward Bellamy (1850–1898) *Ein Rückblick aus dem Jahre 2000 auf das Jahr 1887*, das 1888 auf Deutsch und 1891 auf Französisch erschien. Auch hinsichtlich des Krieges entwickelten sich Prophezeiungen, wie diejenige Alfred Nobels (1833–1896), die mit der Entwicklung furchtbarer Waffen das Ende der kriegerischen Auseinandersetzungen sahen. »An dem Tag, an dem zwei Armeen imstande sein werden, sich innerhalb einer Sekunde gegenseitig zu vernichten, werden alle zivilisierten Nationen vor Entsetzen erschauern und ihre Armeen verabschieden« (Nobel, zit. n.: Minois, S. 654). Was aus dieser Prophezeiung wurde, ist allgemein bekannt.

Den Vertrauensverlust in religiöse Antworten auf die existenziellen Fragen kompensierte vor allem das intellektuelle Milieu durch Anleihen bei der Wissenschaft. Diese schien sich besser um die metaphysischen Probleme der Menschen zu kümmern, insbesondere die (pseudo-)wissenschaftlichen Disziplinen wie Astrologie und Parapsychologie. Diese buhlten vor allem um Kranke oder Verängstigte, also um aus dem Gleichgewicht geratene Menschen, die Trost, Halt oder Hoffnung suchten.

Ein so aus dem Gleichgewicht Geratener war im Frühjahr 1938 Ödön von Horváth. Bei einem Weissager suchte er sich jene Sicherheit, die er allein nicht erlangen konnte. Dass Orakelsprüche jedoch bereits in der Antike höchst zwiespältig sein konnten, hätte ihm durchaus bekannt sein dürfen. So wurde dem Lyderkönig Krösus (ca. 590 – ca. 541 v. Chr.) vom berühmten Orakel in Delphi geweissagt, dass er ein großes Reich zerstören werde (Herodot, Historien, 1, 47,3). Es war gang und gäbe, sich vor einem großen Feldzug der Gunst der Götter zu versichern, und so holte sich auch Krösus Mut, bevor er gegen den persischen Großkönig Kyros II. (ca. 590 – 530 v. Chr.) aufbrach. Leider war das Reich von Krösus selbst sehr groß und auf dem Höhepunkt seiner Macht, sodass das Orakel nicht das große Perserreich gemeint hatte, sondern das eigene Lydische Reich des Königs Krösus. Zwar stellte sich seine Interpretationskunst von Orakelsprüchen somit als furchtbar ungenau heraus, jedoch wurde sein Reichtum über 2500 Jahre hinweg sprichwörtlich. »Bin ich Krösus?«, ist in der deutschen Sprache als metaphorische Abwehr von Bittstellern gebräuchlich. Dies hatte das Orakel wiederum nicht vorhergesagt.

Ödön von Horváth wurde nicht sprichwörtlich, auch wenn er genau wie einst Krösus die Weissagung missinterpretierte. Sein Besuch in Paris sollte dennoch folgenreich werden. Die Wiener Emigrantin und Freundin Hertha Pauli (1906–1973) ließ für ihn ein Zimmer nahe dem Jardin du Luxembourg reservieren, wo er für einige Zeit wohnen konnte. Neben dem erwähnten Treffen mit dem Regisseur Siodmak standen einige weitere auf seinem Programm, und Horváth war guter Stimmung. Sogar eine Übersetzung von *Jugend ohne Gott* ins Französische stand zur Diskussion. Paris – das entscheidende Erlebnis seines Lebens! Wenn doch nur der Aberglaube nicht wäre …

Das angedachte Zimmer im Hôtel de l'Univers war bereits vergeben. Zu allem Unglück war nur noch das Zimmer mit der Nummer 13 frei. Unendlich viel Geduld und Überredungskünste ließen Ödön von Horváth trotz der Unglückszahl schließlich doch das letzte freie Zimmer beziehen. Zur Beruhigung veranstaltete man eine Begrüßungsfeier mit reichlich Alkohol. Auf dem Höhepunkt der feuchtfröhlichen Fete stieß Horváth einen Fluch auf Hitler-Deutschland aus, dem er 40 Millionen Tote wünschte. Trotz des Entsetzens der Anwesenden nahm er den Fluch nicht mehr zurück. Spät in der Nacht, der Alkoholpegel war wohl etwas gesunken, klopfte er an der Tür von Hertha Pauli. Sein Fluch sei zu harsch gewesen. 20 Millionen Tote genügten völlig! Ödön von Horváths Erregung steigerte sich am vierten Tag seines Paris-Aufenthaltes. Es war der 31. Mai. »31« ist doch eine umgedrehte 13! Sein Freund Karl Frucht begleitete ihn an diesem Tag, der ganz im Bann der Phobie stand. Aufzüge wurden gemieden, sogar der Bordellbesuch wurde rasch abgebrochen (Grieser, S. 215).

Die Erleichterung dürfte groß gewesen sein, als der 1. Juni seine ersten Sonnenstrahlen über die Dächer von Paris schickte. Doch nicht nur das. Auch ein Blitz schlug im Dach des Panthéons ein. Heftige Windstöße kündeten ein Unwetter an (Hildebrandt, S. 9). Halb Europa wurde an diesem Tag von einem Orkan heimgesucht. Ein Fischkutter sank im Ärmelkanal und die Besatzung ertrank. Horváth hatte in diesen Tagen den Anfang eines neuen Romanprojektes niedergeschrieben. »Gestern war der Sturm noch stärker. In der Nacht sind die Netze zerrissen, und ein Kahn kam nicht mehr zurück …« (zit. n.: Grieser, S. 217) – War dies Zufall oder hatte Ödön von Horváth doch eine hellseherische Gabe? Jedenfalls verließ er das Hotel an jenem Tag, um sich mit Siodmak zu treffen. Sie wollten gemeinsam die Nachmittagsvorstellung von Walt Disneys *Schneewittchen* ansehen. Um 19 Uhr verließen sie das Kino, verabschiedeten sich, und Ödön von Horváth wollte beim Théâtre Marigny die Champs-Elysées überqueren. Zwei Tage zuvor hatte er eine Ansichtskarte mit genau jenem Anblick verschickt. Schon wieder so ein Zufall.

Der Sturm, der seit Stunden besonders stark über Paris tobte, hatte einem Kastanienbaum so stark zugesetzt, dass Äste abbrachen und auf die Straße fielen. Ein Ast traf Ödön von Horváth mit großer Wucht am Hinterkopf und Nacken (Hildebrandt, S. 9). Rasch konnten ihn Sanitäter in die Notaufnahme eines nahe gelegenen Krankenhauses bringen. Dort wurden gerade sechs weitere Opfer des Sturmes eingeliefert. Sie alle überlebten ihre Verletzungen. Nur der siebte, Horváth, wurde für tot erklärt.

Das »entscheidende Ereignis« in Paris waren nicht die Begegnung mit dem Regisseur und die Filmrechte gewesen, sondern der herabfallende Ast einer Kastanie. Dieser bewies paradoxerweise dennoch auf grausame Weise die prinzipielle Nutzlosigkeit jeder Prophetie und Weissagung. Wer hätte an Horváths Stelle an einen Ast gedacht? Doch darf bezweifelt werden, dass diese Episode oder jede andere den menschlichen Drang nach der Deutung der Zukunft einschränken wird. Daran dürfte auch das Schicksal Ödön von Horváths nichts ändern. So viel Prophetie sei hier erlaubt.

Blitze, eine defekte Glühbirne und ein fehlendes Bein: Georg Wilhelm Richmann, James Otis junior, Cloclo und Giangiacomo Feltrinelli stehen unter Strom.

Wie von so vielem anderen auch, hatten die Alten Griechen bereits eine Ahnung von dem, was wir heute als »Elektrizität« kennen und aus unserem Leben nicht mehr wegdenken können. Folgerichtig wird der heutige Begriff vom griechischen *elektron* hergeleitet. Mit diesem Wort bezeichneten die antiken Griechen den Bernstein, bei dem Thales von Milet (ca. 624 – ca. 545 v. Chr.) eine erstaunliche Beobachtung machte. Wenn er diesen mit einem Tuch abrieb, konnte der Bernstein leichte Gegenstände anziehen. Thales – so zumindest die Überlieferung – sah darin ein Zeichen, dass auch Lebloses beseelt sei (Diogenes Laertius, I, 24).

Dann wurde es lange Zeit still um die Elektrizität. Es fanden wohl Experimente mit Magnetismus in Zentralamerika und in China statt, die schwer zu datieren sind (vgl. Carlson, S. 760). Sicherer sind wir erst ab 1600, als der englische Wissenschaftler William Gilbert (1544–1603) das Buch *De Magnete* veröffentlichte. Indem er mit Bernstein experimentierte und den Begriff »Elektron« und dessen Ableitungen (Elektrizität etc.) endgültig in die Wissenschaftssprache einführte, knüpfte er an Thales erste Forschungen an (Pumfrey, S. 6). Mit diesen Ausdrücken meinte er aber noch nicht die negativ geladenen Elementarteilchen, wie wir sie heute verstehen. Diesen kam unter anderem erst Benjamin Franklin (1706–1790) auf die Spur. Auf damaligen Jahrmärkten neugierig geworden, bei denen das Publikum zur Unterhaltung einen leichten Stromschlag bekam, wollte er zu diesem Phänomen seine eigenen Experimente durchführen. Seine Ergebnisse fasste er in Briefen zusammen, die er nach London an die Royal Society schickte, und die auch an den französischen Hof gelangten. Dort stellte man die Experimente Franklins nach (Srodes, S. 92). Berühmtheit erlangte Franklin auf wissenschaftlicher Ebene – seinen politischen Einfluss müssen wir hier weglassen – durch sein »Gewitterexperiment«. Problematisch daran ist jedoch, dass nicht gesichert ist, ob dieses so überhaupt stattfand (ebd., S. 93). Denn Franklin hätte niemals einen Drachen an einer Leine in eine Gewitterwolke fliegen lassen, so wie es auf zeitgenössischen Bildern dargestellt ist. Er wusste, dass es zu gefährlich war. Dennoch sammelte er mithilfe eines Drachen elektrische Ladung von einer Gewitterwolke ein, um zu beweisen, dass ein Blitz elektrisch ist (Wolf, S. 232). Hätte er das Experiment wie kolportiert durchgeführt, wäre er als skurriler Todesfall in dieses Buch eingegangen. So aber gilt er »nur« als Vordenker der elektrischen Experimente.

Die zweifelhafte »Ehre«, als erster bekannter Stromtoter in die Geschichte einzugehen, gebührt dem Baltendeutschen Georg Wilhelm Richmann (1711–1753). Dieser lebte, nachdem er in Deutschland studiert hatte, in St. Petersburg, wo er als Direktor des physikalischen Labors in der Akademie der Wissenschaften arbeitete. Dank seiner Experimente galt er bald als Experte für die elektrische Aufladung der Atmosphäre und hörte von Franklins Experiment mit dem Drachen (Stieda, S. 442). Zeitgleich versuchte der Franzose Thomas François Dalibard (1703–1779) mit einer langen Metallstange aus einem Gewitter Elektrizität abzuleiten. Diese sollte am Fuß seiner Konstruktion in leeren Weinflaschen eingefangen werden (Krider, S. 42). Richmann sah sich in seiner ureigenen Domäne herausgefordert und wollte nun mithilfe seines entwickelten Elektrometers ebenfalls die Spannung eines Gewitters ablesen. Als sich am 26. Juli 1753 endlich ein Gewitter seiner Konstruktion näherte, begab er sich zu dem Haus, in dem die Metallstange durch das Dach nach oben ragte und unten mit seinem Elektrometer verbunden war. Er bückte sich gerade, um an dem Anzeiger die aktuellen Werte abzulesen, da drang von oben her ein glühender Ball die Metallstange hinab und sprang gegen seine Stirn. Richmann war sofort tot (Stieda, S. 443).

Ohne wissenschaftliche Hintergedanken dagegen erwischte es einige Jahre darauf einen Kollegen von Benjamin Franklin, den amerikanischen Unabhängigkeitskämpfer und Politiker James Otis Jr. (1725–1783). Mit Artikeln und Aufrufen hatte er sich Mitte des 18. Jahrhunderts für die Freiheit der amerikanischen Kolonisten eingesetzt. Dabei erregte er so viel Unmut bei der britischen Obrigkeit, dass diese im wahrsten Sinne des Wortes versuchte, ihm diese Ideen aus dem Kopf zu schlagen. Das heißt, ein britischer Steuereintreiber fühlte sich dazu herausgefordert, auf die aufrührerischen Pamphlete mit einem Schlag auf Otis' Kopf zu antworten. Dass dieser sich jegliche Gewalt versagte und auch einem revolutionären Mob ablehnend gegenüberstand, hatte ihn nicht davor bewahrt, selbst Opfer von Gewalt zu werden. Nach dieser Attacke im Jahr 1769 verschlimmerte sich eine bereits bestehende geistige Erkrankung bei ihm, sodass er kaum noch in der Lage war, die Politik aktiv mitzugestalten (Samuelson, 2015). Zu Jahresbeginn 1783 war der Familie klar, dass James Otis Jr. von der Öffentlichkeit ferngehalten werden musste, um seinen Ruf vor Schaden zu bewahren. Sie brachten ihn in Massachusetts aufs Land, wo er am 23. Mai 1783 bei einem Freund etwas Zeit verbrachte. Als ein Gewitter heraufzog, ging er vor die Tür, um sich das Naturspektakel anzuschauen (Trickey, 2017). Ob er dabei an die Experimente von Franklin oder Richmann dachte, wird wohl Spekulation bleiben müssen, jedenfalls erfuhr er am eigenen Leib von den geladenen Teilchen einer Gewitterwolke und wie sich diese entluden. Er wurde von einem Blitz getroffen, der ihn augenblicklich tötete.

Nach etlichen erfolgreichen und erfolglosen Versuchen, sich die Elektrizität gefügig zu machen, brach in der zweiten Hälfte des 19. Jahrhunderts der sogenannte »Stromkrieg« aus. Bei diesem ging es im Großen und Ganzen um die Frage, ob Wechselspannung oder Gleichspannung für die großflächige Versorgung der USA am geeignetsten wäre. Protagonisten dieser Auseinandersetzung waren der Erfinder und Unternehmer Thomas Edison (1847–1931) und der Ingenieur George Westinghouse (1846–1914). Die Diskussion, die nichts anderes als die Stromversorgung der USA und letztlich der gesamten Welt zum Thema hatte, wurde von Edison am 6. August 1890 durch ein makabres Experiment auf die Spitze getrieben. Er entwarf zur Hinrichtung des Mörders William Kemmler (1860–1890) den ersten elektrischen Stuhl mit seinem Gleichstrom (Blom, S. 114). Die Hinrichtung stand in einer Reihe von Experimenten, die Edison zuvor mit Tieren durchgeführt hatte. Eigentlich wollte er beweisen, dass sein Gleichstrom ungefährlicher war als der Wechselstrom seines Konkurrenten. Seltsamerweise hatte die Tötung des verurteilten Mörders die Absicht, die amerikanische Regierung von der Harmlosigkeit seines Stromes zu überzeugen. Edisons Versuchstiere waren bei der gleichen Prozedur einfach in sich zusammengesackt. Doch Kemmler war kein Tier.

Unter den Anwesenden waren nicht nur Westinghouse, sondern auch Journalisten. Einer von ihnen verfasste eine anschauliche Beschreibung des Todeskampfes, die wir uns hier in den Details ersparen können. Es war jedenfalls ein grausames Schauspiel, an dessen Ende nach abermaliger Erhöhung der Stromstärke der Tod wie eine Erlösung erschien. Und dies auch für die Anwesenden, die mit schlotternden Knien und flauem Magen versuchten, den eben gesehenen Horror zu verarbeiten (N. N., 1890). Bald wurde von einer Schande gesprochen, und Edison hatte sich mit seinem elektrischen Stuhl selbst einen Bärendienst erwiesen (Blom, S. 115).

Letztlich fiel die Entscheidung zugunsten des Wechselstroms, der maßgeblich von Nikola Tesla (1856–1943) entwickelt worden war (Krause, S. 111). Nunmehr folgte in der Zeit vor dem Ersten Weltkrieg zunächst die propagandistische, dann die reale Verbreitung der Elektrizität. Vor allem das Deutsche Reich tat sich in der Elektrifizierung hervor. Insbesondere die Firma AEG von Emil

Rathenau (1838–1915) versorgte bald die Großstädte mit Strom (Siegel, S. 641). Gerade die Beleuchtung von öffentlichen Orten, aber auch in Privathaushalten entwickelte sich rasant (ebd., S. 642). Die Einführung und stetige Weiterentwicklung der Glühlampe bzw. -birne brachte im eigenen Heim eine dauerhafte Beleuchtung. Damit waren aber Risiken verbunden.

Über Dunkelziffern von Stromunfällen zu spekulieren, ist hier nicht die Aufgabe. Stattdessen soll ein berühmter und höchst skurril-tragischer Fall eines häuslichen Stromunfalls einer zeitweise weltweit bekannten Persönlichkeit exemplarisch dargestellt werden. In den 60er- und 70er-Jahren gehörte Claude François, genannt Cloclo (1939–1978), zu den erfolgreichsten Sängern, Komponisten und Musikproduzenten Frankreichs. Über sein Heimatland hinaus erlangte er vor allem durch die englischen Adaptionen seiner Hits Bekanntheit. So dürfte seine Komposition »Comme d'habitude« nahezu jedem Menschen der westlichen Hemisphäre unter seinem englischen Text »My Way« bekannt sein. Unter anderem Frank Sinatra (1915–1998) verschaffte ihm dank seiner unverwechselbaren Stimme eine immense Popularität. Insgesamt soll Cloclo 67 Millionen Platten in gerade einmal zwei Jahrzehnten verkauft haben und dabei über 400 Lieder aufgenommen haben. Er war mit Charles de Gaulle (1890–1970) der einzige Franzose, der die Royal Albert Hall in London füllte (Schillmöller, 2012).

Am 9. und 10. März 1978 war Claude François in der Schweiz gewesen, um Filmaufnahmen zu der Fernsehserie »Les Rendez-vous du Dimanche« zu machen. Dann kehrte er in seine Pariser Wohnung zurück. Samstagmittags, am 11. März, nahm er noch ein Bad, bevor er ins Studio gehen wollte. Es war geplant, dass er als Stargast an der Sendung teilnahm. Tatsächlich sollte am Nachmittag sein Name in aller Munde sein und in allen Radio- und Fernsehsendungen genannt werden – doch anders als geplant.

In seiner Badewanne liegend muss er sich irgendwann an der Lampe gestört haben, die etwas krumm an der Wand hing. Er stand auf, dabei immer noch in der Wanne, und wollte sie wieder gerade richten. Hierbei muss er an die Kupferkabel gekommen sein, die nicht isoliert waren und sich allem Anschein nach an der Hinterseite der Lampe befanden. Augenblicklich bekam er einen elektrischen Schlag. Der zuerst am Unglücksort eingetroffene Gendarm, Michel Pleiber, gibt Jahrzehnte danach zu Protokoll: »Dieser Sturz ließ ihn heftig gegen den Rand der Badewanne schlagen. Für mich besteht kein Zweifel: Er stand auf, um die Wandlampe auszurichten. Es gab viel Wasser um die Wanne. Und die Wandlampe wurde von der Wand abgezogen und aufgehängt. Er schob seine Hand hinter die Wandleuchte und berührte die elektrischen Leitungen. Er starb an einem Stromschlag, wie der forensische Pathologe und der diensthabende Inspektor der Polizeistation in der Nachbarschaft bestätigten« (zit. n.: Moreau, 2018, Übers. d. Autors).

Kurz vor dem Unglück war am vorangegangenen Dienstag ein Elektriker einbestellt worden, der das Lampenproblem hätte beheben sollen. Jedoch befand sich vor dem Bad ein Raum, in dem an jenem Dienstagmorgen Cloclo schlief. Die Assistentin des Sängers wollte ihn nicht wecken und bat den Handwerker, einige Tage später wiederzukommen. Der 13. März wäre der Termin gewesen, an dem die Lampe hätte repariert werden sollen (Tessier, S. 185). Der Montag nach dem Unglück. Kurz nach dem Eintreffen der Rettungskräfte war es diesen gelungen, das Herz Cloclos für rund zwei Minuten nochmal zum Schlagen zu bringen (Morteau, 2018). Dann verstarb der erfolgreiche Komponist und Sänger, den seine Assistentin tags zuvor nicht hatte wecken wollen.

Einem gänzlich anderen Stromunfall erlag der italienische Verleger und letztlich Teilzeitterrorist Giangiacomo Feltrinelli (1926–1972). Der in wohlhabenden Verhältnissen aufwachsende Sohn fühlte sich früh zu der Kommunistischen Partei Italiens hingezogen. Dies mutet erstaunlich an, weil sein Vater zu den wichtigsten italienischen Unternehmern gehörte und der junge Giangiacomo mit Kindermädchen und Privatlehrern äußerst luxuriös aufwuchs (Knigge, S. 11 ff.). Offensichtlich wollte er sich von diesem Leben so weit wie möglich distanzieren. Zumindest politisch gelang es ihm, als er sich noch vor dem Ende des Zweiten Weltkriegs der Kommunistischen Partei anschloss. Anerkannt wurde er von seinen Parteigenossen jedoch nie, da seine Mutter als Vorstand der Banco Feltrinelli engen Kontakt mit Benito Mussolini (1883–1945) pflegte und damit einen tiefschwarzen Schatten auf eine eventuelle politische Karriere des Sohnes bei den Linken warf. Zurück in das Familienimperium konnte und wollte er jedoch auch nicht mehr.

Giangiacomo begann nach dem Krieg ein Ingenieursstudium, das er aber bald abbrach, um ins Verlagswesen zu wechseln. In Mailand gründete er 1954 den »Feltrinelli-Verlag«, für den er die Prominenz der Gegenwartsliteratur gewinnen konnte. So übersetzte und veröffentlichte er *Doktor Schiwago* von Boris Pasternak (1890–1960), *Der Leopard* von Giuseppe di Lampedusa (1896–1957) und Henry Millers (1891–1980) Werke (Knigge, S. 20 ff.). Seiner linken politischen Einstellung treu bleibend engagierte er sich für den Internationalen Vietnamkongress, traf sich mit Ulrike Meinhof (1934–1976) und empfing Rudi Dutschke (1940–1979), mit dem er Freundschaft schloss (Meade, S. 49). Nach dem Attentat auf Dutschke 1968 fand dieser in der Mailänder Villa Feltrinellis für einige Zeit ein Refugium, um weiter zu genesen. Inwieweit der schwer verletzte Dutschke dazu beitrug, dass sich Giangiacomo Feltrinellis Position radikalisierte, bleibt Spekulation. Gesichert ist jedoch, dass seine politischen Ansichten ab den 60er-Jahren kompromissloser wurden. Auch Gewalt erschien ihm nun als ein probates Mittel, um seine politischen Ziele zu erreichen. So wurde in Hamburg 1971 ein Attentat auf den bolivianischen Konsul mit einer Waffe Feltrinellis ausgeführt (ebd.). Zuvor hatte er die Gruppo d'Azione Partigiana (GAP) gęgründet, mit der er gezielt gewaltsame Aktionen starten wollte. Höhe- und unfreiwilliger Endpunkt dieser Entwicklung wurde schließlich der 14. März 1972.

Giangiacomo Feltrinelli plante, an jenem Tag den Großraum um die Stadt Mailand von der Stromzufuhr abzuschneiden. Zu diesem Zweck wollte er bei Segrate mit drei anderen Männern Hochspannungsmaste in die Luft sprengen. Am Nachmittag des 15. März fand man ihn tot auf dem Feld liegen (Knigge, S. 127). Was war geschehen? Um es kurz zu machen: Bis heute reißen die Spekulationen über den genauen Hergang des Todes Feltrinellis nicht ab. Seine engsten Weggefährten erteilten dem aufkommendem Gerücht eine Abfuhr, dass Geheimdienstleute die Aktion an jenem Tag manipuliert hätten (Hofmann, S. 180 ff.). Dennoch hält sich auch dieser Gedanke noch bis heute. Wahrscheinlicher ist hingegen die Annahme, dass terroristische Inkompetenz die Hauptrolle in diesem Drama spielte. Denn die beiden Gefährten, die er mitnahm, waren Terror-Neulinge und völlig unerfahren. Er selbst wollte beweisen, dass er auch ohne seine langjährigen Weggefährten eine solche Aktion ausführen konnte. Weil alles nicht so lief, wie geplant, kletterte er persönlich den Strommast hinauf und saß auf der Strebe, während er am Zündmechanismus hantierte. Ein Sprengstoffpaket hatte er dabei zwischen seine Beine geklemmt. Gegen 21 Uhr gab es eine Explosion. Da sich Feltrinelli zwischen der Explosion und seinen beiden Gehilfen befand, kamen diese mit leichteren Verletzungen davon. Giangiacomo Feltrinellis rechtes Bein wurde ab dem Oberschenkel komplett abgerissen und er selbst stürzte mit weiteren schweren Verletzungen auf das Feld unterhalb des Mastes, wo er rasch verblutete. Die beiden anderen flohen in Panik (Knigge, S. 126 f.). In diesem Fall war also der Strom eher unschuldig am Tod des Verlegers, was seine prinzipielle Gefährlichkeit jedoch nicht mindert. Vor allem in Verbindung mit einem Sprengstoffpaket.

Der elektrische Strom ist trotz seiner offensichtlichen Risiken ein Segen für die Entwicklung der Gesellschaft in den letzten rund 150 Jahren gewesen. Unfälle, die Opfer forderten, kamen dabei wie bei vielen anderen Erfindungen auch vor. Jedoch gehen die Todesopfer aufgrund von Stromunfällen stetig zurück (vgl. Statistisches Bundesamt VDE-Ausschuss, 2020). Von daher hat es sich augenscheinlich herumgesprochen, dass man in einer Badewanne stehend an keiner Lampe hantieren und auch keinen Strommast in die Luft sprengen sollte. Nur der Blitz im Freien ist immer noch ein – wenn auch unwahrscheinliches – Risiko für Leib und Leben.

Ein Plastikdeckel, eine Olive an einem Zahnstocher und verblassender Ruhm: Sherwood Anderson und Tennessee Williams verschlucken sich

Wurde bei der gemeinsamen Behandlung von Todesfällen in den einzelnen Kapiteln bisher darauf geachtet, dass die Todesart gleich oder zumindest recht ähnlich war, rücken wir nun von diesem Vorgehen ausnahmsweise ab. Die entscheidende Gemeinsamkeit ist hier die Welt der Literatur und was sie aus einem Menschen machen kann.

Dass Schriftsteller mitunter kein einfaches Leben haben, sie nicht selten Vermögen und letzten Endes das eigene Leben ihrer Kunst opfern, ist oftmals eine beabsichtigte Koketterie, um als Dichter oder Schriftsteller wahrgenommen zu werden. Die Liste der zu früh gestorbenen Literaten ist viel zu lang, um hier vollständig genannt zu werden. Aber auch diejenigen, die durchschnittlich lange lebten, hatten nicht immer ein »gutes« Ende zu erwarten. Unter ihnen befindet sich der Schriftsteller Sherwood Anderson (1876–1941).

In einem Provinznest im Südwesten Ohios in eine kinderreiche Familie hineingeboren, standen die Sterne, zumindest was die Schriftstellerei betraf, nicht gerade günstig. Doch im Land der unbegrenzten Möglichkeiten war die einfache Herkunft dahingehend kein Ausschlusskriterium. Dennoch verschlechterten sich diese bescheidenen Startschwierigkeiten zunächst noch weiter, als seine Mutter 1895 an Tuberkulose starb und sein Vater immer wieder für längere Zeit verschwand. Nahezu allein auf sich gestellt, zog er im folgenden Jahr zu seinem älteren Bruder, der bereits seit einigen Jahren in Chicago lebte (Townsend, S. 31). Er schlug sich mit dessen Hilfe und einigen Jobs, unter anderem in einer Kühlanlage, einigermaßen durch und entwickelte wohl aufgrund dieses Daseins am Existenzminimum einen unglaublichen Willen, sich ein besseres Leben aufzubauen. Dieser ließ ihn nach der Arbeit noch Zeit und Kraft finden, an der Chicagoer Abendschule Vorlesungen über die Dichter Robert Browning (1812–1889) und Walt Withman (1819–1892) zu hören (Rideout, S. 73).

Lange hielt es Anderson jedoch nicht in Chicago, und er brach die Schule schließlich ab, um als Soldat im Spanisch-Amerikanischen Krieg 1898 zu kämpfen. Obwohl er nicht zum Einsatz kam, muss die Erfahrung des Soldatenlebens auf den jungen Sherwood einen positiven Einfluss gehabt haben. Er wirkte nun reifer und zielstrebiger. Unmittelbar nach der Entlassung holte er seinen Schulabschluss nach und versuchte sich in verschiedenen Berufen, teils in leitenden Positionen (Townsend, S. 41). Er heiratete und gründete eine Familie, die rasch mit drei Kindern gesegnet wurde. Seine Frau Cornelia Pratt Lane (1877–1967) war die Tochter eines wohlhabenden Geschäftsmannes aus Ohio. Dies half hinsichtlich der materiellen Sicherheit, doch ein fester Wohnort war damit noch nicht gewonnen. Vom Süden Chicagos zog die junge Familie nach Cleveland, dann nach Elyria in Ohio – währenddessen versuchte Cornelia, eine Art Alltagsleben zu gestalten (Rideout, S. 126 f.). Dies gab Sherwood Anderson während seinen stressigen Jobs den nötigen Halt. Bald stellte sich finanzieller Erfolg ein. Doch damit nicht genug. Während dieser Zeit entstanden auch die ersten literarischen Schreibversuche, deren Erfolglosigkeit ihm – gepaart mit den Anstrengungen des Brotberufes und einer Familie – allem Anschein nach auf das Gemüt schlug.

Am 1. Dezember 1912 betrat er eine Apotheke in Cleveland und bat den Pharmazeuten, ihm dabei zu helfen, herauszufinden, wer er sei. Mithilfe eines Telefonbüchleins aus Andersons Tasche konnte dieser einen Freund ausfindig machen. Jener brachte Anderson in ein Krankenhaus (ebd., S. 156 f.). Zunächst wurde als Ursache für den Zusammenbruch Andersons Überarbeitung angenommen, was auch plausibel klingt. Stutzig macht nur der Umstand, dass nahezu zeitgleich mit der recht schnellen Genesung die Ankündigung in den Zeitungen auftauchte, dass der Autor ein Buch über sein Wanderleben schreiben wollte (Sutton, S. 43 f.). War also alles nur eine PR-Aktion gewesen? Ein Schriftsteller, der seine Gesundheit dem Werk opferte, wie so viele berühmte Autoren vor ihm auch? Oder deutete Anderson den Zusammenbruch im Nachhinein um? Das Ereignis hatte jedenfalls für sein Leben und das seiner Familie große Folgen. Er nahm Abschied von der materiell gesicherten Existenz seines Brotberufes, um ein freies, »poetisches« Leben zu führen. Der arme, außerhalb der bürgerlichen Gesellschaft stehende Dichter ist als Topos natürlich nicht besonders originell – auch 1912 nicht. Dennoch schien er Früchte zu tragen. Nach drei Jahren in Chicago veröffentlichte Anderson den ersten Roman *Windy McPherson's Son* – das neue poetische Leben hatte ihn jedoch die Ehe mit Cornelia gekostet.

In Chicago war er bald Mitglied einer Literatengruppe, und auch eine neue Liebe ließ nicht lange auf sich warten. 1916 heiratete er Tennessee Mitchell. Diese sollte die zweite von insgesamt vier Ehen werden und bis 1924 halten. Künstlerisch erfolgreich wurde der Schriftsteller mit dem Kurzgeschichtenband *Winesburg, Ohio* (1919), und kommerzieller Erfolg stellte sich mit *Dark Laughter* (1925) ein. Von dem Geld kaufte er sich einen Bauernhof in Virginia, wo er weitere Werke schrieb und seine dritte Ehe in den Sand setzte. 1933 heiratete er seine vierte und auch letzte Ehefrau, Eleanor Copenhaver (1896–1985). Diese war eine engagierte Aktivistin beim »Christlichen Verein Junger Frauen«, die bis zur Abteilungsleiterin der industriellen Entwicklung aufstieg. Zusammen mit ihrem Mann bereiste sie die ganze Welt. Doch auch jetzt sollte sich der große schriftstellerische Ruhm bei Sherwood Anderson auf Dauer nicht so recht einstellen. Obwohl ihn viele Literaten hofierten, wie Gertrude Stein (1874–1946), James Joyce (1882–1941) oder Ernest Hemingway (1899–1961), blieb ihm die große Gunst des Publikums bei seinen vielen Buchveröffentlichungen versagt.

1941 begab sich das Ehepaar auf eine Kreuzfahrt, die sie bis nach Valparaiso führen sollte. An Bord der SS Santa Lucia wollte man entspannen, zumal kurz zuvor die Mutter Eleanors verstorben war. Am Abend, bevor das Schiff den Panamakanal durchfuhr, gab es an Bord eine kleine Feier. Sherwood Anderson trank fünf oder sechs Gläser seines Lieblingsgetränks: Martini mit einer Olive. Dabei unterhielt er sich über moderne amerikanische Literatur und hielt immer wieder einen Zahnstocher in der Hand, auf dem ein Cocktailwürstchen aufgespießt war. Die Mischung aus aufgeregtem Dialog und zu vielen Martinis ließ ihn unkoordiniert und etwas zu heftig zubeißen. Er verschluckte dabei ein Stückchen des Zahnstochers. Das war an sich noch keine Tragödie und die gesundheitlichen Folgen wären überschaubar gewesen. Doch was ihm wirklich große Probleme machen sollte, war der letzte Martini wenig später, den er mitsamt Olive in einem runterkippte. Diese Olive war leider an einem Zahnstocher aufgespießt, der vollständig mitverschluckt wurde (Rideout, S. 400). Bereits am folgenden Tag berichtete er von Bauchkrämpfen, war aber ansonsten recht optimistisch gestimmt. Dies hielt jedoch nicht lange an, da sein Gesundheitszustand sich von Tag zu Tag verschlechterte (Townsend, S. 322). Schließlich musste seine Frau ihn in die Stadt Colón in ein Krankenhaus bringen, wo man nicht mehr viel für den Schriftsteller tun konnte. Am 8. März 1941 verstarb er. Die folgende Autopsie brachte den Übeltäter ans Licht. Der verschluckte Zahnstocher hatte eine tödliche Bauchfellentzündung verursacht (Rideout, S. 401).

Die Bedeutung Sherwood Andersons für die großen amerikanischen Literaten, die ihm folgen sollten, ist nicht hoch genug einzuordnen. Insbesondere seine minutiösen Schilderungen des im Wandel befindlichen Landes verschaffen ihm einen Platz im Kanon der amerikanischen Literatur. Im Gegensatz zu vielen seiner Kollegen verzichtet Anderson auf verschlungene Handlungen und überlässt dem Leser die Deutung der psychologischen Verfassungen seiner

Protagonisten. Seine Figuren durchwandern eine Umwelt, die ihnen stetig Steine in den Weg legt. Sie suchen dabei nach einer Perspektive und/oder nach menschlicher Nähe. Nicht selten glücklos. Er gilt auch als der erste amerikanische Schriftsteller, der Freuds Psychoanalyse in seine Romane miteinbezog. Mit seinen Kurzgeschichten spielt er eine große Rolle als Begründer der modernen amerikanischen Literatur und wird als Vorgänger von William Faulkner (1897–1962) und Ernest Hemingway gesehen (Zapf, S. 294). Wenn Sherwood Anderson mit seinen Werken noch im Schatten dieser großen Nachfolger steht, so gilt dies nicht für den anderen auf skurrile Art gestorben Poeten der amerikanischen Literatur.

Tennessee Williams (1911–1983) wurde am 26. März 1911 als Thomas Lanier Williams III. in Columbus/Mississippi geboren. Zusammen mit seinem Bruder Dakin (1919–2008) und der Schwester Rose (1909–1996) durchlebte er eine beschwerte und anstrengende Kindheit. Die Lebensumstände waren recht bescheiden, emotionale Geborgenheit nicht vorhanden. Eine schwere Diphterieerkrankung als Kleinkind ließ ihn als zartes, immer etwas schwächliches Kind zurück. Die väterlichen Gefühle konnte er bei seinem herrischen Erzeuger damit nicht wecken. Dieser zog als Schuhverkäufer durchs Land und prügelte sich bei den wenigen Aufenthalten zu Hause den Frust von der Seele. Seine Mutter verhätschelte und umsorgte das Kind vielleicht aus einem Schuldgefühl heraus zu übertrieben (Bloom, S. 15). Zwischen diesen beiden extremen Polen aufwachsend, war es kein Wunder, dass sich der Junge bald in Traumwelten flüchtete oder real zu seinem Großvater, in dessen Nähe die Familie 1918 zog. Hier in St. Louis imitierte der junge Thomas den Südstaatenakzent so perfekt, dass er von seinen Freunden später den Spitznamen »Tennessee« bekam. Auch seine Leidenschaft für das Schreiben und sein Talent zeigten sich hier am Zusammenfluss von Mississippi und Missouri. Mit 16 Jahren gewann er den dritten Preis bei einem Essaywettbewerb und sein Text wurde in der Zeitschrift *The Smart Set* veröffentlicht. Weitere Veröffentlichungen folgten, erregten jedoch keine Aufmerksamkeit.

Tennessee Williams begann, an der University of Missouri in Columbia Publizistik und Theaterwissenschaften zu studieren, was ihn aber nicht erfüllte. Stattdessen langweilte er sich und versuchte, mit Gedichten und kleineren Erzählungen Geld zu verdienen. 1930 gelang ihm mit dem Stück *Beauty is the Word* ein erster beachtenswerter Erfolg (Roudané, S. 14). Doch sein Vater, der den Filius argwöhnisch beäugte, zwang ihn, die Universität zu verlassen und in der Schuhfabrik zu arbeiten. Das setzte im jungen Tennessee ungeahnte Kräfte frei. Er begann außerhalb seiner Arbeitszeit wie ein Besessener zu schreiben, oftmals bis tief in die Nacht. Die Folge war – neben der Entstehung vieler Stücke – ein Nervenzusammenbruch an seinem 24. Geburtstag (ebd.). Er kündigte die Arbeitsstelle in der Schuhfabrik und schrieb sich 1936 an der Washington University in St. Louis ein, dann im Herbst des folgenden Jahres an der University of Iowa. Nach dem Abschluss schlug er sich mit Gelegenheitsjobs durch und verfasste verschiedene Stücke. Erst mit *Die Glasmenagerie* gelang ihm im Winter 1944/45 der Durchbruch (Spoto, S. 171).

Bis zu diesem Erfolg »behandelte« er seine Sorgen auf eine Weise, wie es viele andere große Autoren auch getan haben: Er begann zu trinken und Drogen zu nehmen. Damit war er in bester Gesellschaft (vgl. u. a. Goodwin, S. 19 f.). Jedoch bestand der Grund zum Trinken für ihn nicht nur aus den üblichen Existenzsorgen eines freien Schriftstellers, der tagtäglich ums Überleben kämpft, sondern auch in seiner Homosexualität. Die Zeit war noch nicht gekommen, in der dies in Künstlerkreisen kein Problem mehr darstellte. Aber auch emotional stürzte er noch tiefer in die Jagd nach dem alles vergessenden Rausch. Ab 1947 war er mit Frank Merlo (1922–1963) liiert – ein Glücksfall für beide und echte Liebe. Leider riss der Krebs den jungen Merlo viel zu früh aus dem Leben Tennessee Williams (Leverich, S. 7). Dies sollte die Abwärtsspirale beschleunigen, in der sich sein Leben befand.

Mit dem 1955 veröffentlichten Theaterstück *Die Katze auf dem heißen Blechdach*, das 1958 mit Elizabeth Taylor (1932–2011) und

Paul Newman (1925–2008) in den Hauptrollen verfilmt wurde, hatte der Abstieg Tennessee Williams bereits begonnen. Zunächst würde man annehmen, dass mit solch einem Erfolg alles zum Besten stünde. Das Theaterstück brachte dem Autor zweimal den Pulitzerpreis ein, und die Verfilmung übertraf alle Erwartungen. Für sechs Oscars nominiert, wurde der Film zum Kassenschlager der 50er-Jahre, auch wenn er die begehrte Auszeichnung letztlich nicht gewann. Doch für den Autor bedeutete der Höhepunkt seines Schaffens den Beginn des langsamen Niedergangs, den er mit reichlich Alkohol und Drogen zu ertragen versuchte (Daley, 1983).

Nach dem Tod Merlos folgte eine lange Periode tiefster Verzweiflung und Depressionen, die er mit altbewährten Mitteln zu kurieren suchte (Roudané, S. 259). Krankenhausaufenthalte und Behandlungen in psychischen Einrichtungen wechselten sich mit Drogenexzessen ab; und zu allem Übel ließ er sich vom berühmten »Dr. Feelgood« behandeln. Dies war der Spitzname des deutsch-amerikanischen Arztes Max Jacobson (1900–1979), der unter anderem Präsident John F. Kennedy (1917–1963) mit seinen »Vitaminspritzen« behandelt hatte. Doch nicht nur Vitamine gehörten zu den Geheimzutaten des Arztes, sondern auch Amphetamine, Steroide und andere Aufputschmittel (Lörchner, 2020). Wer sich dabei an Hitlers Leibarzt Theodor Morell (1886–1948) erinnert fühlt, der seine Patienten mit ähnlichen Mischungen »fit« machte, dürfte nicht allzu falsch liegen (vgl. Ohler, S. 45 ff.). Skurril ist an jenem Vergleich vor allem die Tatsache, dass »Dr. Feelgood« als Jude 1936 vor Morells »Patient A«, wie Hitler in Morells Unterlagen stets genannt wird, fliehen musste. In den USA gehörte zu seinen Patienten bald das Who's Who der Künstler und Politiker.

Auch das Alter machte bei Tennessee Williams so vieles – wie bei jedem – nicht besser. Seine Gesundheit verschlechterte sich infolge des Drogenkonsums rapide, und gesellschaftlich schien er zu vereinsamen. Doch dies ließ nicht erahnen, welchem Schicksal er am 25. Februar 1983 anheimfallen sollte. An jenem Tag fand seine Sekretärin Tennessee Williams tot in seinem Hotelzimmer im

Elyseé in New York. Die Autopsie brachte einen Plastikdeckel in seiner Luftröhre zutage, der als Auslöser des Todes identifiziert wurde. Eine leere Weinflasche und einige Medikamente sprachen für den Verdacht, dass Williams Körper nicht mehr jene Reflexe hatte zustande bringen können, die einem beim Verschlucken eines fremden Gegenstandes normalerweise das Leben retten (vgl. Daley, 1983). Wie genau der Plastikdeckel aber in die Luftröhre gekommen war, konnte nie abschließend geklärt werden.

Für den sich zeitlebens nirgends zugehörig fühlenden Tennessee Williams konnte es keinen »normalen« Tod geben. Dass er aber an einem kleinen Plastikdeckel ersticken musste, hätte der Autor von erfolgreichen Theaterstücken aber wohl als übertriebenes Ende abgelehnt. – Ein verschluckter Zahnstocher wäre hingegen auch keine Option gewesen …

Fesseln, Starallüren und der verfluchte Onan: Die kleinen Tode des František Kočvara, Michael Hutchence und David Carradine

Das Jenseits ist eines der letzten Geheimnise, und der Mensch wollte schon immer wissen, was sich hinter dieser letzten Grenze befindet, die das Leben vom Tod trennt. Es ist eine der großen Fragen der Menschheit, ob sich hinter jenem Schleier eine tiefe Glückseligkeit und die Antwort auf alle Fragen befindet oder einfach nur nichts. Vielleicht vermag der Mensch einen kurzen Blick in jenes Unbekannte erhaschen, wenn er für kurze Zeit das überwinden kann, was ihn davon trennt: den eigenen Körper.

Asketen, Einsiedler, Säulenheilige – sie sind nur einige Beispiele für das Bemühen, die Leiblichkeit zu besiegen, um tiefgehende geistige Einsichten zu erlangen oder eben einen Blick in jene Welt, die den Lebenden noch verschlossen ist. Es gibt aber auch einen anderen Ansatz zur Überwindung jener Grenze. Nämlich die Nutzung des Körpers auf eine möglichst lustbringende Art. Je nach kulturellem Kontext stand hierbei einmal die eine, dann die andere Vorgehensweise im Vordergrund.

Gerade in der 2000-jährigen Geschichte des Christentums war der Blick auf das wahre Wesen der Dinge eindeutig mit Gott verbunden. Philosophisch-theologisch galt die Schau Gottes als das höchste Glück, dessen sich ein Christenmensch erfreuen konnte (vgl. u. a. Decorte, S. 13 f.). Bei der diesbezüglichen Methode war die Auswahl für Christen eingeschränkt. Gehen wir von den zwei erwähnten Ansätzen Askese und Lust aus, so wurde insbesondere im Mittelalter der Vorzug der asketischen Variante von kirchlicher

Seite her propagiert. Körperliche Ekstase, hervorgerufen durch sexuelle Handlungen, galt nicht als Weg zu Gott. Schon gar nicht sollte die *visio beatifica Dei*, »die selig machende Schau Gottes«, in Verbindung mit dem unsäglichen Onan aus dem *Buch Genesis* stehen, der als Namenspatron für die Lustgewinnung ohne fremdes Zutun herhalten muss. Dabei hatte dieser ursprünglich gar nichts mit Masturbation zu tun.

Onan ist in der Bibel der zweitgeborene Sohn des Erzvaters Juda und der Kanaaniterin Schua. Als sein ältester Bruder stirbt, fordert ihn sein Vater auf, mit seiner Schwägerin Nachkommen zu zeugen. Diese Leviratsehe sollte den Fortbestand der familiären Gene sichern. Onan aber weiß nun, dass die Kinder, die aus dieser Verbindung entstehen, niemals seine eigenen wären. Immer wären sie Teil der Familie des Bruders. Er heiratet seine Schwägerin Tamar, vollzieht die Ehe jedoch auf besondere Weise. Onan tut das, was wir als *coitus interruptus* kennen. Biblisch gesprochen: Er lässt den Samen auf die Erde fallen und verderben (Gärtner, S. 1). Die Strafe folgt auf dem Fuß. Gott tötet ihn. Jedoch nicht – so eine moderne Interpretation –aufgrund des vergeudeten Samens, sondern weil er die Blutlinie unterbrochen hatte. Denn diese führte direkt zu Jesus. Dass Jesus dann doch noch geboren werden konnte, verdanken wir der Überlieferung nach Tamar, die mit ihrem Schwiegervater ein Kind zeugte. Somit gehört Tamar zum Stammbaum Jesu (vgl. Mt 1,3), Onan nicht.

Tamars verstorbenem Ehemann Onan wurde posthum eine besondere Karriere zuteil. Sein Name stand Pate für die Bezeichnung der Selbstbefriedigung. Da Onan laut dem *Alten Testament* von Gott nicht sonderlich geschätzt wurde, war es für den Gläubigen mehr als logisch, dass die Praxis, die nach ihm benannt wurde, es auch nicht sein sollte. Jedoch hatte Onan nach heutigem Verständnis keine Onanie vollzogen, denn für diese braucht es bekanntermaßen keinen Partner. Natürlich gibt es diesbezüglich genügend Varianten, aber der Namenspatron der Onanie hat keine davon ausgeführt. Die kirchlichen Hüter der Moral taten sich ohnehin schwer mit der Rolle des Onans, da sie sich als Hüter des Lebens an sich verstanden. Ihnen war klar, dass der *coitus interruptus* und die Onanie eine Konkurrenz zur Fortpflanzung darstellten. Das mag in der heutigen Zeit seltsam anmuten, aber gerade im Mittelalter war die Zeugung möglichst vieler Kinder eine notwendige Angelegenheit. Ohne auf die vielen Gründe dafür einzugehen, seien hier nur die hohe Kindersterblichkeit und die Versorgung der alten Generation erwähnt.

Von daher verwundert es nicht, dass wir besonders in Zeiten, in denen die Bevölkerungszahl zurückging, eine rigorose Ablehnung der Onanie finden können. Vor allem nach der großen Pestepidemie in Europa 1347–53 wurden die Töne schärfer. So schreibt der französische Theologe Jean Gerson (1363–1429): »Sie [die Selbstbefriedigung, Anm. d. Autors] ist eine Sünde gegen die Natur, schwerwiegender, als außerehelich mit einer Frau zu verkehren, oder wenn eine Frau mit einem Mann Unzucht treibt, und ihre Vergebung bleibt dem Prälaten vorbehalten« (zit. n.: Rossiaud, S. 91). Dieser Aufruf blieb genauso zwecklos wie in den Jahrhunderten zuvor. Insgesamt taten sich die kirchlichen Würdenträger mit dem gesamten Feld der Sexualität schwer. Im *Liber de modo bene vivendi* des Pseudo-Bernards aus dem späten 12. oder frühen 13. Jahrhundert wird der Unterschied zwischen der Sexualität (*luxuria*), als Oberbegriff aller sexuellen Handungen, und dem Geschlechtsakt (*fornicatio*) gemacht (Dinzelbacher, S. 127). Auch wenn das Werk und die darin getroffene Unterscheidung sich zunächst an Mönche und Nonnen richteten, wurde dies bald auch den Laien in der Kirche gepredigt. »Jede unreine Befleckung heißt ›fornicatio‹, wenn auch eine jede sich an einer eigenen schändlichen Lust delektiert. Aus dem Genuss der Unzucht erwachsen nämlich verschiedene Schandtaten, durch die das Reich Gottes zugeschlossen und der Mensch von Gott getrennt wird. […] Die Sexualität ist die Feindin Gottes … sie befleckt nicht nur den Leib, sondern auch das Gewissen« (zit. n.: ebd.). Als Strafe für die Sünde der *luxuria* erwartete den Mann oder die Frau ein Ungeheuer, das ihn oder sie auf vielfältige und sadistische Art und Weise quälte. Nachdem der oder die Unglückliche geschwängert worden war, sollte er oder sie (es wird tatsächlich kein Unterschied zwischen den Geschlechtern gemacht!) eine Schlange gebären. »Und sie fühlten in ihren Bäuchen die heftigen Bisse der Schlangen, mit denen sie schwanger waren« (zit. n.: ebd., S. 128). Die Schilderung der anschließenden Geburt ersparen wir uns. Jedoch sei der Hinweis erlaubt, dass die abschreckende Wirkung dieses Buches oder aller anderen davor und danach einigermaßen bescheiden war. Wie sonst könnte der Pariser Arzt Gerard von Berry (12. Jh.) »häufigen Geschlechtsverkehr mit wechselnden Partnerinnen« empfehlen (ebd.)?

Gerade die Badehäuser waren im Hoch- und Spätmittelalter ein beliebter Treffpunkt für sexuelle Handlungen jedweder Art. Erst die Syphilis brachte das Ende der Badehauskultur im frühen 16. Jahrhundert (Kühnel, S. 46), und das ohne Zutun der Kirche. Diese war in der Verurteilung der Onanie mittlerweile ein Bündnis eingegangen mit der zeitgenössischen Medizin. Auch wenn die Rangfolge der Verdammung von sexuellen Handlungen variierte, so liegt allen die nunmehrige Annahme zugrunde, dass das Sperma weißes Blut sei. Damit wäre die Selbstbefriedigung nichts anderes als ein – zugebenermaßen angenehmer – Aderlass (Rossiaud, S. 92). Folglich trat an die Stelle der Sorge um eine hohe Nachkommenschaft auch die Sorge um die körperliche Unversehrtheit des Onanisten. Durch die Unkeuschheit der Selbstbefriedigung konnte der noch nicht voll ausgebildete Jüngling die Reife seines Körpers riskieren. Und nicht nur das! Schwachsinn und das Beibehalten der schändlichen Handlungen selbst in der Ehe könnten Folgen sein, vor denen gewarnt wurde (ebd.).

Doch als die großen Pestwellen in der Mitte des 15. Jahrhunderts nachließen, wurden auch die moralisierenden Stimmen leiser (ebd., S. 103). Da mit der Syphilis nun ein neuer Feind der Sexualität auftauchte, der von Mensch zu Mensch übertragen wurde, gewann Onan wieder an Popularität. Natürlich zeigten die unzähligen Quecksilbertinkturen und die versteckten Begleiterscheinungen der Behandlung, wie das Auftragen von Gesichtspuder, das Parfümieren und vor allem die Perücke, dass das Bakterium *Treponema pallidum subspecies pallidum*, das die Syphilis auslöst, weiterhin höchst aktiv war (Bäumler, S. 90). Noch jahrhundertelang lieferten die abenteuerlichen Behandlungs- und Verschleierungsmethoden den Beweis, dass der sorglose Beischlaf mit wechselnden Partnern noch praktiziert wurde. Von daher könnte man eine positive Einstellung zur Onanie seitens der Obrigkeit und der Öffentlichkeit erwarten. Doch das Gegenteil war der Fall, wie der Erfolg der Schrift *Onania: or, the heinous sin of self-pollution* aus dem Jahre 1723 in London zeigt. Diese wurde zum Beststeller, obgleich das Hauptargument auffällig uninspiriert daherkommt und mehr nach dem 13. Jahrhundert anstatt nach dem Zeitalter der Aufklärung klingt. Hier steht: »die Selbstbefleckung ist eine Sünde, nicht nur gegen die Natur, sondern eine Sünde, die die Natur pervertiert und aussterben lässt, und wer sich schuldig macht, ist an der Zerstörung seiner Art beteiligt und an derjenigen der gesamten Schöpfung« (N. N., 1723, S. 9, Übers. d. Autors). Kann der Masturbierende noch etwas Schlimmeres anrichten als das?

Vielleicht könnte er das eigene Leben in die Waagschale der Onanie werfen, um den letzten ultimativen Punkt der Entgrenzung zu erreichen? Vielleicht könnte er jene eingangs beschriebene Barriere zwischen Leben und Tod überschreiten, gar einen kleinen Blick auf Gott werfen? Was überzogen klingt, scheint sich dennoch in der Moderne wiederzufinden. Wie eng die Beziehung zwischen Tod und Orgasmus wirklich ist, zeigt der Artikel »Tödliche Befriedigung« im *Spiegel* aus dem Jahr 2018. Darin geht der Autor von ein bis zwei Fällen pro einer Million Einwohner in Deutschland aus, die bei riskanten Selbstbefriedigungspraktiken ums Leben kommen (N. N., Spiegel Magazin, 2018). Die in dieser Hinsicht risikoreichste Praktik ist die »Hypoxyphilie« oder auch »Asphyxiophilie«. Damit ist das zeitweise Abschneiden der Luftzufuhr zur Lustgewinnung gemeint (Kuhn, S. 4). Der böhmische Komponist und Geigenvirtuose František Kočvara (ca. 1750 – 1791) gilt dabei als erstes bekanntes Todesopfer. Damit gelangte er zu dem zweifelhaften Ruhm, Namensgeber für eine Unterform der Asphyxiophilie zu werden: den »Koczwarismus« (ebd., S. 6). In der Musikwelt ist er durch das Stück *The Battle of Prague* (1788) bekannt geworden (Ober, S. 145). Er hat viele wichtige Musikstücke des folgenden Jahrhunderts beeinflusst, unter anderem stammt von ihm die Melodie zu »God save the King/Queen« (Grove, S. 136). Doch was hat es mit dem »Koczwarismus« auf sich?

Am 2. September 1791 war Kočvara in London, wo er seit vielen Jahren immer wieder Konzerte gab, und ging zu der Prostituierten Susanna Hill. Er war dort bekannt für außergewöhnliche Laster, die er gerne mit gefährlichen Experimenten garnierte (Ober, S. 145). Es gefiel ihm, sich wie einen zum Hängen Verurteilten aufknüpfen und dabei befriedigen zu lassen. An jenem Tag aber hing er zu lange an der Tür in einem Lokal zweifelhaften Rufes, und als man ihn abnahm, war er den finalen Schritt zu weit gegangen. Susanna Hill wurde des Mordes angeklagt, aber letztlich freigesprochen. Da der Prozess das Potenzial hatte, die Moral der Öffentlichkeit in Mitleidenschaft zu ziehen, wurden die Akten nach dem Abschluss verbrannt (Kuhn, S. 6).

Veröffentlicht wurde dagegen nahezu zeitgleich *Justine ou les Malheurs de la vertu* (»Justine oder vom Missgeschick der Tugend«) des Schriftstellers Donatien Alphonse François de Sade, besser bekannt als Marquis de Sade (1740–1814). Dieser kurz nach dem Tod Kočvaras veröffentlichte Roman schildert eben jene Praktik des Aufhängens zur Lustgewinnung, die den Komponisten das Leben gekostet hatte. »Du wirst mich solange daran hängen lassen, bis du entweder Schmerzensäußerungen sehen wirst, oder einen Wollusterguß« (De Sade, S. 374). Der Sprecher Roland gibt Justine die Anweisung, im ersten Fall das Seil rasch abzuschneiden, während sie beim zweiten warten solle, bis er »entladen habe«. »Nun, Justine, ich lege mein Leben in deine Hände […]« (ebd.), gibt er unumwunden zu, und wie der Fall Kočvaras zeigt, ist dies mehr als nur literarische Fiktion. Immerhin ging der Vorgang bei Sades Figur Roland gut aus. Er wurde zwar ohnmächtig, doch konnte durch Justine rechtzeitig von dem Seil befreit werden. Bei Kočvara und beim fiktionalen Roland handelte es sich nicht um klassische Selbstbefriedigung, da zum Aufhängen und Masturbieren eine weitere Person notwendig war.

Somit sind die Spielarten, was die Onanie betrifft, weitestgehend eingeschränkt. Nur durch neue technische Geräte kommt eine gewisse Abwechslung hinzu, die durchaus gefährlich werden kann. So war bereits Ende der 1970er-Jahre eine Dissertation dem Thema »Penisverletzungen bei Masturbation mit Staubsaugern« gewidmet, welche »über 16 Penisverletzungen bei Masturbation mit Staubsaugern berichtet, die in der Zeit von 1966 bis einschließlich September 1972 an der urologischen Klinik rechts der Isar der Technischen Universität München […] beobachtet wurden« (Theimuras, S. 60). Die Dunkelziffer dürfte höher liegen, da nicht jeder Verunglückte in der Notaufnahme den wahren Hergang in aller Deutlichkeit preisgegeben haben dürfte. Sowieso scheint man der Ansicht zu sein, dass jene Art von Selbstbefriedigung vor allem bei denjenigen zu finden ist, die auf das andere (oder auch gleiche) Geschlecht eher wenig anziehend wirken. Ebenso scheint das Risiko, das eigene Leben dabei zu verlieren, im Gegensatz zum Erhängen Kočvaras, doch einigermaßen überschaubar. Doch weit gefehlt!

Man denkt bei einem Star der Musikszene für gewöhnlich weniger an abenteuerliche Formen der Onanie als vielmehr an Groupies und sexuelle Ausschweifungen. Das Klischee lässt es deshalb seltsam erscheinen, dass einer der größten Rockstars der 1980er- und 90er-Jahre auf einsame Art infolge der gefährlichen Selbstbefriedigung durch Asphyxiophilie gestorben sein soll. Und doch deutet alles darauf hin.

Michael Hutchence (1960–1997) wurde am 22. Januar 1960 in Sydney in eine Familie geboren, die mit Musik nicht viel zu tun hatte. Aufgrund eines beruflichen Wechsels der Mutter musste die Familie nach Hongkong umziehen, wo Michaels Gesangstalent entdeckt wurde. Mit der Familie 1977 nach Sydney zurückgekehrt, lernte er in der Schule Andrew Farriss (geb. 1959) kennen und begann, mit ihm Musik zu machen. Aus diesen ersten musikalischen Versuchen entstand 1979 die Band INXS (N. N., o. J., Michael Hutchence Homepage). Hutchences Charisma und ein am Zeitgeschmack orientierter Musikstil brachten der Musikgruppe 1987 mit dem Album *Kick* den internationalen Durchbruch (Van Sias, 2017). Bis Mitte der 90er füllten Hutchence und Farriss die großen Konzerthallen der Welt. 1997 erschien das letzte Album mit Hutchence als Sänger, welches zeigte, dass die große Zeit von INXS vorbei war.

Am Ende der 80er- und zu Beginn der 90er-Jahre war Michael Hutchence mit der ebenfalls sehr populären Sängerin Kylie Minogue (geb. 1968), dem Topmodel Helena Christensen (geb. 1968) und der Moderatorin Paula Yates (1959–2000) liiert gewesen. Mit letzterer hatte er eine gemeinsame Tochter. Von dieser Warte aus gesehen, sollte nichts ferner liegen, als mit gefährlichen autoerotischen Spielchen sein Leben zu riskieren. Doch gerade seine letzte Lebenspartnerin widersprach dem Gerichtsmediziner heftig, als dieser von Selbstmord sprach. Denn Michael Hutchence wurde am 22. November 1997 unbekleidet mit einem Gürtel um den Hals tot in einem Hotelzimmer in Sydney gefunden. Yates behauptete bis zu ihrem eigenen Tod, dass es sich dabei um einen Unfall gehandelt habe. Hutchence sei experimentierfreudig gewesen und ein Freund sadomasochistischer Praktiken. Auch über die Fantasie, sich beinahe zu erdrosseln, habe er gesprochen und gleichzeitig jedoch die Furcht geäußert, er könne sich dabei wirklich das Leben nehmen (N. N., 1999). Bis heute ist nicht abschließend geklärt, ob der Sänger wirklich infolge eines Unfalls starb oder ob es Selbstmord war. Was die sexuellen Vorlieben anbelangt, sollte man der langjährigen Partnerin Vertrauen schenken und kann so vielleicht den Albumtitel von 1987 zu einer Art Lebensmotto erklären. Letztlich hatte der »Kick« das Leben des Sängers zu früh beendet.

Ein nahezu gleiches Schicksal sollte den am 8. Dezember 1936 in eine Schauspielerfamilie hineingeborenen David Carradine (1936–2009) ereilen. Die Familientradition fortführend begann auch er eine Karriere vor der Kamera. Mit den Serien »East Side / West Side« und »The Alfred Hitchcock Hour« machte er sich einen Namen im Fernsehen. Seinen Durchbruch feierte er mit der Rolle des Shaolin-Mönches Kwai Chang Caine in der Serie »Kung Fu« von 1972 bis '75. So verhalf Carradine zusammen mit Bruce Lee (1940–1973) den fernöstlichen Kampfkünsten zu großer Popularität im Westen. Es folgten Rollen in Hollywoodproduktionen wie *McQuade, der Wolf* (1983) oder in Quentin Tarantinos (geb. 1963) erstem und zweitem Teil *Kill Bill* (2003/2004). Auch eine Karriere als Regisseur schlug Carradine ein, ferner schrieb er Bücher (Sotinel, 2009).

Darüber hinaus war er kein Kind von Traurigkeit. Mit dem Gesetz geriet er bereits in den 50er-Jahren in Konflikt und sollte bis weit in die 90er ein angespanntes Verhältnis zur Staatsmacht haben. Wie selbstverständlich waren auch Drogen und Alkohol lange Begleiter des Künstlers. Auf der anderen Seite setzte er sich für den Umweltschutz ein, vor allem gegen den Walfang bezog er Stellung. Es gibt aber noch eine ganz andere, dunklere Seite, sofern Drogen und Alkohol noch nicht düster genüg waren. Wie aus den Scheidungspapieren mit seiner Ex-Frau Marina Anderson hervorgeht, hatte Carradine eine Vorliebe für »potenziell tödliche« Sexpraktiken (zit. n.: N. N., 2009). Dies wird auch von seiner dritten Frau Gail Jensen bestätigt. Ferner gab sie an, dass er diese Sexpraktiken zum Stressabbau nutzte (Donaldson James, 2009). »Er war gerne gefesselt. Und er konnte sich fesseln … Er verbrachte Tage damit, ein anderes Feature zu planen«, bestätigte sie weiter (zit. n.: ebd., Übers. d. Autors).

Als man David Carradine am 4. Juni 2009 in einem Hotelzimmer in Bangkok fand, hing er halbnackt in einem Kleiderschrank. Um seinen Hals war ein gelbes Nylonband gewickelt, um seinen Penis ein schwarzes. Wahrscheinlich waren auch seine Hände gefesselt (ebd.). Hierüber gibt es widersprüchliche Angaben. Die Polizei Bangkoks war sich jedenfalls rasch sicher: ein autoerotischer Unfall (Sotinel, 2009). Auch im Nachhinein gibt es – im Gegensatz zu

Hutchence – keine Stimmen, die von einem Fremdverschulden ausgehen.

Warum aber suchen gerade diejenigen, die (scheinbar) alles haben, einen lebensgefährlichen Reiz? Ist es wegen der »Entspannung«, wie Carradine sagte, oder die Suche nach dem »Kick«? Steckt womöglich der Hang dahinter, den Vorhang zu lüften, hinter dem sich das Jenseits befindet? Ungefähr so wie im Hollywood-Film *Flatliners – Heute ist ein schöner Tag zum Sterben*? Doch im wahren Leben gibt es kein Happy End wie im Film von 1990. Alle drei hier genannten Künstler erlagen dem kleinen Tod. Und sie sind nicht allein. So sollen auch die Musiker Kevin Gilbert (1966–1996) und Hideto Matsumoto (1964–1998) durch Asphyxiophilie ums Leben gekommen sein. Noch heute erfreut sich diese Praktik in der Sadomaso-Szene großer Beliebtheit. Dabei kommt es immer wieder zu Todesfällen (vgl. Minyard, S. 151 f.). Zumeist sind es weniger berühmte Personen, die sich ihren Kick gesucht und mit dem Leben bezahlt haben.

Abschließend können wir festhalten, dass der biblische Onan diesem Treiben fassungslos gegenübergestanden hätte. Ihm ging es um etwas ganz anderes. Aber das wissen wohl die wenigsten, die sich auf ihn berufen. Vor allem diejenigen nicht, die mit allerlei Hilfsmitteln dem »perfekten« kleinen Tod nachjagen bis zum eigenen bitteren Ende.

Postmortem

»Jeden Morgen beim Aufstehen sollte man sagen:
Prima, ich bin noch nicht tot.«

Jules Renard

Einen Teil des postmortalen Ruhmes, den dieses Buch vielleicht einst haben wird, muss ich abgeben. Denn wie das gesamte Leben eines Menschen nicht ohne Mitmenschen auskommt, so ist dies natürlich auch bei der Entstehung eines Buches der Fall.

Was im eigenen Kopf interessant, plausibel und euphorisierend ist, mag in anderen Köpfen nicht so sein. Aus diesem Grund war es wichtig, andere mit der Idee der »außergewöhnlichsten Todesfälle« zu belästigen. Zu ihnen gehören Dr. Hartmut Sommer, Dr. Bruno Kern und all die vielen Namenlosen, die ich ungefragt mit der ein oder anderen Geschichte konfrontiert habe. Für den Hinweis zu den Todesfällen infolge von Asphyxiophilie danke ich Nils Mittrücker. Für die Hilfe bei der Übersetzung französischer Quellen danke ich Mark Bertram. Die gleiche Dankbarkeit hinsichtlich alt- wie auch neuspanischer Textstellen bringe ich Antonio Garcia-Pulido entgegen. Dr. Joana van de Löcht danke ich für die Hilfe bei der Übersetzung des frühneuzeitlichen Lateins. Lothar Wekel gebührt Dank bei der Realisierung des Projektes und Stefan Gücklhorn für die fleißige Lektorierung.

Wie immer gehört der größte Dank meiner geduldigen und nachsichtigen Familie, die weiß, dass es nicht immer eine einfache Sache ist, mit einem Buchautor zusammenzuleben.

Literatur

Quellen

Ammianus Marcellinus (1827). Römische Geschichte. (L. Troß, Hg. u. Übers.). Stuttgart.

Annales Pegaviensis (1859). In: MGH XVI. (G. Pertz, Hg.). (S. 234–270). Hannover.

Arculfus (1889). De locis sanctis (Macpherson, Übers.). London.

Aretino, Pietro. (1980). Die Gespräche des göttlichen Aretino. (H. Conrad, Hg.). Wiesbaden.

Arrian (1976, 1983). History of Alexander and Indica. (P. A. Brunt, Hg. u. Übers.). London und Cambridge/MA.

Averroes (2010). Die entscheidende Abhandlung (Schaerer, Hg. u. Übers.). Stuttgart.

Beckmann, J. C. (1710). Historia des Fürstenthums Anhalt. Zerbst.

Berry, J. (1892). My Experiences as an Executioner. London.

Boole, G. (1847). The Mathematical Analysis of Logic. Cambridge.

Burchardi et Cuonradi (1874). Urspergensium Chronicon. In: MGH. SS 23. (H. Pertz, Hg.). (S. 333–390). Hannover.

Chuonradi (1861). Schirensis Annales. In: MGH. SS 17. (H. Pertz, Hg.). (S. 629–633). Hannover.

Sade, Marquis de (2016). Die Geschichte der Justine oder Die Nachteile der Tugend. (M. Isenbiel, Übers.). Berlin.

Diodor (1832). Historische Bibliothek. (J. F. Wurm, Übers.). Stuttgart.

Ernoul, Bernard (1871). Chronique d'Ernoul et de Bernard le Trésorier. (M. Mas Latrie, Hg.). Paris.

Euripides (1999). Bakchen. Frankfurt am Main.

Euripides (1964). Tragödien. München.

Favyn, A. (1612). Histoire de Navarre. Paris.

Froissart, J. (1867). Les Chroniques de Sire Jean Froissart. Livre second. Paris.

Herodot (2017). Historien. (H. Nesselrath, Hg. u. Übers.). Stuttgart.

Horaz (1841). Epistola ad Pisones de Arte Poetica. (Chanlaire, Übers.). Clermont-Ferrand.

Huntingdon, Heinrich von (1853). The chronicle of Henry of Huntingdon. (T. Forester, Übers.). London.

Ibn al-Atīr (1975). XII 51. In: Die Kreuzzüge aus arabischer Sicht. (F. Gabrieli, Hg.). (S. 297–198). München.

Ibn Khallikan (1843). Ibn Khallikan's Biographical Dictionary. Vol. II. (W. McGuckin de Slane, Übers.), London.

Königshoven, J. v. (1698). Die Älteste Teutsche so wol Allgemeine Als insbesonderheit Elsassische und Straßburgische Chronicke. (J. Schiltern, Hg.). Straßburg.

Kolumbus, Christoph (1981). Bordbuch. Frankfurt am Main.

Laertius, Diogenes (1921). Leben und Meinungen berühmter Philosophen, Zwei Bände. (O. Apelt, Hg.). Leipzig .

Las Casas, Bartolomé de (1875). Historia General de las Indias. Buch I. (M. Ginesta, Hg.). Madrid.

Le Cerf de La Viéville, Jean-Laurent (1705). Comparaison de la musique italienne et de la musique françoise. II. Brüssel.

Marteau, Antoine (1742). La Vie et les bones mots de M. de Santeuil, avec plusieurs pièces. Köln.

Montaigne, Michel de (2005). Die Essais. Köln.

Moser, Friedrich Carl von (1755). Teutsches Hof=Recht […], Bd. 2. Frankfurt und Leipzig.

N. N. (1826). Annales Bertiniani. In: MGH. SS 1. (H. Pertz, Hg.). (S. 419–515). Hamburg.

N. N. (1839). Chronique du religieux de Saint-Denys. (L. Bellaguet, Hg.). Paris.

N. N. (1861). Chronique des quatre premiers Valois (1327–1393). (S. Luce, Hg.). Paris.

N. N. (1874). Chronicon Montis Sereni. In: MGH. SS 23. (E. Ehrenfeuchter, Hg.). (S. 138–226). Hannover.

N. N. (o. J.). Chronik von St. Peter zu Erfurt; http://www.genealogie-mittelalter.de/schwarzburg_grafen_von/chronik_von_erfurt.html (02.02.2020).

N. N. (o. J.). The Orkneyingers' Saga; http://oaks.nvg.org/orkneyingers.html#orsag (09.09.2020).

Otto von St. Blasien (1868). Continuatio Sanblasiana. In: MGH. SS 20. (H. Pertz, Hg.). (S. 302–337). Hannover.

Philostratos (2014). Das Leben des Apollonios von Tyana. (V. Mumprecht, Hg.). Berlin.

Plinius der Ältere (1973–2004). Naturkunde. Lateinisch-deutsch. (R. König, Hg. u. Übers.) München. Zitiert als Nat. Hist.

Plutarch (1854). Solon. In: Plutarchs ausgewählte Biographien. (E. Eyth, Übers.). Stuttgart.

Plutarch (2007). Alexander, Caesar. Stuttgart.

Renard, Jules (2015). Das Leben wird überschätzt. Berlin.

Saint-Simon, Louis de (1913). Die Memoiren des Herzogs Saint-Simon. (H. Floerke, Hg. u. Übers.). Bd. 1. München.

Salter, John (1740). The Ordinary of Newgate, Number V. London.

Santeul, Jean-Baptiste (1691). Traduction en verse français des Hymnes de Jean-Baptiste Santeul. Paris.

Sifridi Presbyteri de Balnhusin (1880). Historia universalis et compendum historium, (O. Holder-Egger, Hg.). In: MGH. Tomus XXV. (H. Pertz, Hg.) (S. 679–718). Hannover.

Spitzemberg, Hildegard Freifrau Hugo von (1965). Am Hof der Hohenzollern. München.

St. Blasien, Otto von (1868). Continuatio Sanblasiana. In: MGH. SS 20. (H. Pertz, Hg.). (S. 302–337). Hannover.

Sturlason, Snorre (1837). Heimskringla. Sagen der Könige Norwegens. (G. Mohnike, Hg.). Bd. 1. Stralsund.

Tacitus, P. C. (2001). Germania. Düsseldorf.

Usāma (1975). 103/04. In: Die Kreuzzüge aus arabischer Sicht. (F. Gabrieli, Hg.). (S. 121–122). München.

Valerius Maximus (1828–1829). Sammlung merkwürdiger Reden und Thaten. (F. Hoffmann, Hg.). 5 Bände. Stuttgart.

Valerius Maximus (1998). Facta et dicta memorabilia. (U. Blank-Sangmeister, Übers.). Stuttgart.

Varronis, M. T. (1912). Rerum rusticum libri tres (H. Keil / G. Goetz, Hgg.). Leipzig.

Wace (2004). The History of the Norman People. (G. Burgess, Übers.). Woodbridge.

Zedlitz-Trützscher, Robert Graf von (1923). Zwölf Jahre am deutschen Kaiserhof – Aufzeichnungen. Stuttgart.

Zosimos (1802). Historia nea., Erster Band und zweiter Band. Aus dem Griechischen zum Erstenmale übersetzt und mit Anmerkungen begleitet von Seybold und Heyler. Frankfurt am Main.

Sekundärliteratur

Adams, W. H. (2003). Gouverneur Morris. An Independent Life. New Haven und London.

Al-Khalili, J. (2013). Im Haus der Weisheit. Frankfurt am Main.

Amelunxen, C. (1991). Zur Rechtsgeschichte der Hofnarren. Berlin.

Anthony, J. / Hitchcock, H. W. / Sadler, G. (1986). French Baroque Masters. The New Grove. New York.

Assmann, E. (1977). Friedrich Barbarossas Kinder. In: Deutsches Archiv für Erforschung des Mittelalters., Bd. 33. (S. 435–472). Köln/Wien.

Baaken, G. (1968). Die Altersfolge der Söhne Friedrich Barbarossas und die Königserhebung Heinrichs VI. In: Deutsches Archiv für Erforschung des Mittelalters., Bd. 24. (S. 46–78). Köln/Wien.

Bäumler, E. (1976). Amors vergifteter Pfeil. Kulturgeschichte einer verschwiegenen Krankheit. Hamburg.

Bagby, L. (1995). Alexander Bestuzhev-Marlinsky and Russian Byronism. Pennsylvania.

Bakewell, S. (2019). Wie soll ich Leben? oder Das Leben Montaignes in einer Frage und zwanzig Antworten. München.

Beaussant, P. (1992). Lully ou le Musicien du Soleil. Paris.

Bengtson, H. (1965). Griechische Geschichte. München.

Bergk, T. (1887). Griechische Literaturgeschichte. Bd. 4. Berlin.

Biller-Andorno, N. (2005). Veitstanz, Chorea major (Neuzeit). In: Enzyklo-

pädie Medizingeschichte. (W. Gerabek / B. Haage / G. Keil / W. Wegner, Hgg.). (S. 1438 f.). Berlin / New York.
Blom, P. (2009). Der taumelnde Kontinent. Europa 1900–1914. München.
Bloom, H. (1987). Tennessee Williams. New York.
Blumenberg, H. (2006). Arbeit am Mythos. Frankfurt am Main.
Bode, G. H. (1838–1840). Geschichte der Hellenischen Dichtkunst. Drei Bände in fünf Teilen, Bd. 2.1. Leipzig.
Boerst, W. (2003): Tycho Brahe. Mapping The Heavens. Greensboro.
Borst, O. (1983). Alltagsleben im Mittelalter. Frankfurt am Main.
Bredekamp, H. (2006). Florentiner Fußball: Die Renaissance der Spiele. Berlin.
Brewster, D. (1841) The martyrs of science or the lives of Galileo, Tycho Brahe and Kepler. New York.
Brookhiser, R. (2003). Gentleman Revolutionary. Gouverneur Morris. New York.
Brown, A. (1988). Die Normannen. München.
Bruno, L. (1999). Math and mathematicians: the history of math discoveries around the world. Detroit.
Bürger, M. (2020). Erkrankungen des Ösophagus. In: FAQ Gastroenterologie. (A. Stallmach / F. Lammert, Hgg.). (S. 89–114). München.
Busolt, G. (1972). Griechische Staatskunde. Zweite Hälfte. München.
Carlson, J. (1975). Lodestone Compass: Chinese or Olmec Primacy?: Multidisciplinary analysis of an Olmec hematite artifact from San Lorenzo, Veracruz, Mexico. In: Science. 189. (S. 753–760). Washington.
Chambers, W. und R. (1866). Chamber's Journal of Popular Literature, Science and Arts. London/Edinburgh.
Chen, Z. (2007). Li Bai & Du Fu. Boston.
Chisholm, H. (1911). Sweden. In: Encyclopaedia Britannica 26 (S. 211 f.). Cambridge.
Christianson, J. R. (2000). On Tycho's Island: Tycho Brahe and His Assistants, 1570–1601. Cambridge.
Claude, G. / Gokalp, A. (1974). Les conduites du bruit et leur signification à la fin du Moyen Âge: le charivari. In: Annales. Économies, sociétés, civilisations. (S. 693–704). Paris.
Clementz, E. (2005). Die Isenheimer Antoniter: Kontinuität vom Spätmittelalter bis in die Frühneuzeit? In: Funktions- und Strukturwandel spätmittelalterlicher Hospitäler im europäischen Vergleich. (M. Matheus, Hg.). (S. 161–174). Stuttgart.
Collet, D. (2014). Hungern und Herrschen. Umweltgeschichtliche Verflechtungen der Ersten Teilung Polens und der europäischen Hungerkrise 1770–1772. In: Jahrbücher für Geschichte Osteuropas. (M. Schulze-Wessel / D. Neutatz, Hgg.). (S. 237–254). Stuttgart.
Conway, D. (2012). Jewry in Music: Entry to the Profession from the Enlightenment to Richard Wagner. Cambridge.
Cooper, D. (2001). Talleyrand. New York.
Cornwell, N. (1998). Reference Guide to Russian Literature. London.

Cosseron, S. / Loubier, J. (2012). Les Femmes Criminelles de France. Sayat.
Crawford, A. P. (2005). Unwise Passions: A True Story of a Remarkable Woman and the First Great Scandal of Eigtheenth-Century America. New York.
Csendes, P. (1993). Heinrich VI. Darmstadt.
Curtin, D. P. (2019). Laudabiliter and other Papal letters. Philadelphia.
Dauxois, J. (1997) Der Alchimist von Prag. Rudolf II. von Habsburg. Düsseldorf/Zürich.
Decorte, J. (2006). Eine kurze Geschichte der mittelalterlichen Philosophie. Paderborn.
Degen, J. f. (1782). Anakreons Lieder aus dem Griechischen. Anspach.
Deloir, C. / Dubois, C. (2006). Sexus Politicus. Paris.
Deubner, L. (1959). Attische Feste. Darmstadt.
Dinzelbacher, P. (2003). Europa im Hochmittelalter 1050–1250. Eine Kultur- und Mentalitätsgeschichte. Darmstadt.
Doran, J. (1858). The History of Court Fools. London.
Doubek, K. (2000). Lexikon merkwürdiger Todesarten. Frankfurt am Main.
Dowden, E. (1906). Michel de Montaigne. Philadelphia.
Duchesne, L. (1892). Le Liber pontificales. Tome Second. Paris.
Düwel, K. (2000). Jarl. In: Reallexikon der Germanischen Altertumskunde. Bd. 16. (S. 33 f.). Berlin.
Eddie, W. (2007). Charles Valentin Alkan. His Life And His Music. Hampshire.
Emsley, J. (2017). More Molecules of Murder. Croydon.
Fahlenkamp, D. (2012). Friedrich der Große, der Patient, seine Ärzte und die Medizin seiner Zeit. Karwe.
Ferguson-Lees, J. / Christie, D. (2001). Raptors of the World. New York.
Ferris, M. (2014). Star-Spangled Banner. The Unlikely Story of America's National Anthem. Baltimore.
Figueira, T. (1993). The strange death of Draco on Aegina. In: Nomodeiktes: Greek Studies in honor of Martin Ostwald. (S. 287–304). Michigan.
Flashar, H. (200). Sophokles. Dichter im demokratischen Athen. München.
Föllinger, S. (2009). Aischylos. Meister der griechischen Tragödie. München.
Fouquet, G. / Zeilinger, G. (2011). Katastrophen im Spätmittelalter. Mainz.
Freely, J. (2012). Platon in Bagdad. Stuttgart.
Ders. (2014). Aristoteles in Oxford. Stuttgart.
Fündling, J. (2008). Marc Aurel. Darmstadt.
Fuhrmann, B. (2006). Die Stadt im Mittelalter. Stuttgart.
Fuhrmann, W. D. (1807). Handbuch der Classischen Literatur. Halle.
Gargantilla, P. (2016). Enfermedadus que cambiaron la historia. Madrid.
Gehrke, H.-J. (2003). Alexander der Grosse. München.
Gillmeister, H. (1990). Kulturgeschichte des Tennis. München.
Givant, S. / Halmos, P. (2009). Introduction to Boolean Algebras. New York.
Goodwin, D. W. (2000). Alkohol & Autor. Frankfurt am Main.
Gouguenheim, S. (2013). Aristoteles auf dem Mont Saint-Michel. Darmstadt.
Gould, J. (1970). The Philosophy of Chrysippus. New York.

Grieser, D. (2015). Wege, die man nicht vergißt. Wien.
Gross, R. (2007). Die Wettiner. Stuttgart.
Grove, G. (1879). A Dictionary of Music and Musicians. Vol I. London.
Gundert, W. / Schimmel, A. / Schubring, W. (2004). Lyrik des Ostens. Wiesbaden.
Hampe, K. (1977). Das Hochmittelalter. Geschichte des Abendlandes von 900 bis 1250. Darmstadt.
Hankins, T. (1985). Science and the Enlightenment. Cambridge.
Hartau, f. (2000). Molière. Hamburg.
Hasse (1818). Allgemeine Encyclopädie der Wissenschaften und Künste. 1. Sektion, Bd. 1. Leipzig.
Hauser, A. (1973). Der Ursprung der modernen Kunst und Literatur. München.
Haussig, H.-W. (1959). Kulturgeschichte von Byzanz. Stuttgart.
Heckel, W. (2006). Who's Who in the Age of Alexander the Great. Oxford.
Hecker, J. (1832). Die Tanzwuth, eine Volkskrankheit im Mittelalter. Berlin.
Heering, W. (1927). Kaiser Valentinian I. Magdeburg.
Heideking, J. (2006). Die Geburt einer Nation: Die »kritische Periode« und die Entstehung der Bundesverfassung. In: Welt- und Kulturgeschichte. Bd. 11. (S. 12–22). Hamburg.
Heimann, H.-D. (2009). Die Habsburger. München.
Heyer, J. (1989). Jean-Baptiste Lully and the music of the French baroque. Cambridge.
Hendrich, G. (2011). Arabisch-Islamische Philosophie. Geschichte und Gegenwart. Frankfurt am Main.
Hengartner, T. (1999). Tabak. In: Genussmittel. Ein kulturgeschichtliches Handbuch. (Hengartner/Merki, Hgg.). (S. 169–194). Frankfurt / New York.
Herrin, J. (2008). Byzantium. The Surprising Life of a Medieval Empire. London.
Hildebrandt, D. (1995). Horváth. Hamburg.
Hösle, J. (1987). Molière. Sein Leben, sein Werk, seine Zeit. München.
Hofmann, P. (1990). That fine Italian hand. New York.
Hofmann-Randall, C. (2012). Das spanische Hofzeremoniell 1500–1700. Berlin.
Hollister, C. W. (2001). Henry I. London.
Hoof, C. van (2005). Valentinian I. 364–375. In: Die Römischen Kaiser. (M. Clauss, Hg.). (S. 341–347). München.
Hoppe, B. (2009). Geschichte Russlands. Stuttgart.
Horn, C. (2013). Philosophie der Antike. München.
Houben, H. (2012). Die Normannen. München.
Huizinga, J. (2006). Herbst des Mittelalters. Stuttgart.
Jackson, M. (1987). The World Guide to Whisky. London.
James, P. / Thorpe, N. (1995). Ancient Inventions. New York.
Jankrift, K. P. (2007). Die großen Ärzte im Portrait. Wiesbaden.
Johannsmeier, R. (1984). Spielmann, Schalk und Scharlatan. Die Welt als Karneval: Volkskultur im späten Mittelalter. Hamburg.

Jünger, F. G. (1994). Griechische Mythen. Frankfurt am Main.
Kellenbenz, Hermann (1953). Adolf Friedrich. In: Neue deutsche Biographie. (O. zu Stolberg-Wernigerode, Hg.). Bd. 1. (S. 69 f.). Aachen/Berlin.
Keller, O. (1909). Die antike Tierwelt. Bd. 1. Leipzig.
Kierner, C. A. (2006). Scandal at Bizarre: Rumor and Reputation in Jefferson's America. Charlottesville.
Klibansky, R. / Panofsky, E. / Saxl, F. (1999). Die Lehre von den »quattuor humores«. In: Melancholie. (L. Walther, Hg.). (S. 29–48). Leipzig.
Knigge, J. C. (2010). Feltrinelli – Sein Weg in den Terrorismus. Diss. Berlin.
Knudsen, H. (1972). Botho von Hülsen. In: Neue Deutsche Biographie. Bd. 9. (S. 736 f.). Berlin.
Koch, H. (1950). Den Danske Kirkes Historie. Bd. 1. Gyldendal.
Koch, H.-A. (2008). Die Universität. Geschichte einer europäischen Institution. Darmstadt.
Kohler, A. (2013). Karl V. 1500–1558. Eine Biographie. München.
Krass, P. (2004). Blood and Whiskey. The Life and the Times of Jack Daniels. New Jersey.
Krause, M. (2010). Wie Nikola Tesla das 20. Jahrhundert erfand. Weinheim.
Krider, E. P. (2000). Benjamin Franklin and Lightning Rods. In: Physics Today. 59.1. (S. 42–46). College Park / Maryland.
Krockow, C. (1999). Kaiser Wilhelm II. und seine Zeit. Berlin.
Krohn, W. (2006). Francis Bacon. München.
Kropp, W. / Jacobs, R. L. (1991). A Sad Story of Poetic Justice and Gangrene. In: The Iowa orthopaedic journal. 11. (D. Goetz / T. Wuest, Hg.). (S. 101 f.). Rockville.
Kubisch, S. (2008). Das alte Ägypten. Stuttgart.
Kühnel, H. (Hg.) (1984). Alltag im Spätmittelalter. Wien.
Kuhn, S. (2009). Autoerotische Todesfälle in Hamburg und München 1983–2002. Dissertation zur Erlangung des Grades eines Doktors der Medizin der Medizinischen Fakultät der Universität Hamburg.
Külb, Ph. H. (1862). Gossin. In: Allgemeine Encyklopädie der Wissenschaften und Künste, Erste Section, (J. S. Ersch / J. G. Gruber, Hgg.). (S. 27 f.). Leipzig.
Kunisch, J. (2004). Friedrich der Grosse. Der König und seine Zeit. München.
L'Estoile, P. de (1960). Journal pour le règne de Henri IV. Paris.
La Gorce, J. de (2002). Jean-Baptiste Lully. Paris.
Leick, R. (2010). Fürst der Schwermut. In: Die Welt der Habsburger. (D. Pieper / J. Saltzwedel, Hgg.). (S. 91–97). München.
Leven, K.-H. (2008). Geschichte der Medizin. München.
Leverich, L. (1995). TOM: The unknown Tennessee Williams. New York.
Lewin, L. (1984). Die Gifte in der Weltgeschichte. Berlin.
Lilie, R. (2003). Byzanz. Das Zweite Rom. Berlin.
Ders. (2004). Byzanz und die Kreuzzüge. Stuttgart.
Liljegren, B. (2004). Rulers of Sweden. Lund.
Lötzen, C. C. S. v. (2008) Das Tafelzeremoniell an deutschen Höfen im 17. und 18. Jahrhundert – Quellen und Rechtsgrundlagen. Diss. Jena.

Lohmann, A. (1976) Die Botschafter. Eine Kulturgeschichte der Diplomatie. Düsseldorf/Wien.
Marlet, L. (1890). Le Comte de Montgomery. Paris.
Martín, B. (2017). Otra historia de la tauromaquia: Toros, Derecho y Sociedad (1235–1854). Madrid.
Martini, F. (1991). Deutsche Literaturgeschichte. Stuttgart.
Martschukat, J. (2006). Geschichte der Todesstrafe vom 17. bis zum 19 Jahrhundert. Wiesbaden.
Mayer, H. (1965). Geschichte der Kreuzzüge. Stuttgart.
Mazal, O. (1997). Handbuch der Byzantinistik. Wiesbaden.
Mazzuchelli, G. (1741). La Vita Die Pietro Aretino. Padua.
Meade, R. C. (1990). Red Brigades. The Story of Italian Terrorism. New York.
Meier, C. (2012). Athen. Ein Neubeginn der Weltgeschichte. Berlin.
Meyen, J. (2018). Auf den Spuren der Dekabristen. Norderstedt.
Meyer, E. (1965). Geschichte des Altertums. Bd. 3. Darmstadt.
Michel, W. (2013). Friedrich Hölderlin. Hamburg.
Minois, G. (2002). Die Geschichte der Prophezeiungen. Düsseldorf.
Minyard, F. (1985). Wrapped to death. Unusual autoerotic death. In: American Journal of Forensic Medicine and Pathology 6 (2). (S. 151 f.). Philadelphia.
Mithoff, H. (1875). Kunstdenkmale und Alterthümer im Hannoverschen. Dritter Band: Fürstenthum Hildesheim. Hannover.
Mommsen, A. (1898). Feste der Stadt Athen im Altertum, Geordnet nach attischem Kalender. Leipzig.
Montagu, B. (1834). The Life of Francis Bacon, Lord Chancellor of England. London.
Nagel-Angermann, M. (2007). Das alte China – geheimnisvolles Reich der Mitte. Stuttgart.
Neuhaus, A. (2011). Kommentar. In: Molière. Der Eingebildete Kranke. (J. und M. Walser, Hgg.). (S. 80–110). Frankfurt am Main.
Neumahr, U. (2007). Cesare Borgia. München.
Nickel, R. (2010). Die Berühmten. Griechische Schriftsteller. Mainz.
Nipperdey, T. (1998). Deutsche Geschichte 1866–1918. Band II. Machtstaat vor Demokratie. München.
Noack, R. (1980). Vorbemerkung. In: Pietro Aretino. Die Gespräche des göttlichen Aretino. (H. Conrad, Hg.). (S. 5–12). Wiesbaden.
Norwich, J. (1971). Die Normannen in Sizilien 1130–1194. Wiesbaden.
Ober, W. B. (1984): The sticky end of Frantisek Koczwara, composer of »The battle of Prague«. In: American Journal of Forensic Medicine and Pathology 5 (2). (S. 145–149). Philadelphia.
Özelt, C. (2018). Literatur im Jahrhundert der Physik. Geschichte und Funktion interaktiver Gattungen 1900–1975. Göttingen.
Ohler, N. (2015). Der totale Rausch. Drogen im Dritten Reich. Köln.
Oliver, L. M. (1945). Rowley, Foxe, and the Faustus Additions. In: Modern Language Notes. Bd. 60. (S. 391–394). Baltimore.
Opll, F. (1998). Friedrich Barbarossa. Darmstadt.

Oppermann, J. (2018). Im Rausch der Jahrhunderte. Alkohol macht Geschichte. Wiesbaden.
Ortner, H. (2017). Wenn der Staat tötet. Eine Geschichte der Todesstrafe. Darmstadt.
Ostrogorsky, G. (2006). Byzantinische Geschichte 324–1453. München.
Otto, H.-D. (2013). Unser König ist wahnsinnig! Ostfildern.
Palacios, B. R. de (2015). Charles dit le Mauvais: Roi de Navarre, comte d'Évraux, prétendant au trône de France. Le Chesnay.
Panofsky, E. (1999). In: Melancholie. (L. Walther, Hg.). (S. 86–106). Leipzig.
Pantle, C. (2018). Der Dreissigjährige Krieg. Berlin.
Parke, W. (1830). Musical Memoirs; Comprising An Account of the General State of Music in England. London.
Parris, M. / Maguire, K. (2004). Great Parliamentary Scandals. London.
Pellat, C. (1969). The Life and Works of Jāhiz. (D. M. Hawke, Übers.). Los Angeles.
Perez, Z. (1999). Francis Bacon. Princeton.
Piépape, L. (1911). Histoire des princes de Condé au XVIIIe siècle. Paris.
Plassmann, A. (2008). Die Normannen. Erobern-Herrschen-Integrieren. Stuttgart.
Poole, R. (1917). The Names and Numbers of Medieval Popes. In: The English Historical Review. Vol. 32. No. 128. (S. 465–478). Oxford.
Pumfrey, S. (2002). William Gilbert. In: Cambridge Scientific Minds (P. Harman / S. Mitton, Hgg.). (S. 6–21). Cambridge.
Pushkarev, S. (1963). The Emergence of Modern Russia 1801–1917. New York.
Raeff, M. (1957). Michael Speransky. The Hague.
Rapp, C. (2007). Vorsokratiker. München.
Rassow, P. (1950). Der Prinzgemahl. Ein Pactum Matrimoniale aus dem Jahre 1188. Wien/Köln.
Renaud, M. (1983). Les Frères Montgolfier et leurs étonnantes machines. Vals-les-Bains.
Rideout, W. (2006). Sherwood Anderson: A Writer in America, Volume I. Madison.
Röhl, J. C. G. (1988). Kaiser, Hof und Staat. Wilhelm II. und die deutsche Politik. München.
Ders. (2009). Wilhelm II.: Der Weg in den Abgrund 1900–1941. München.
Roesler, R. (1870). Geschichte des Königreichs Sachsen. Leipzig.
Rogge, J. (2009). Die Wettiner: Aufstieg einer Dynastie im Mittelalter. Ostfildern.
Rohmann, G. (2013). Tanzwut. Kosmos, Kirche und Menschen in der Bedeutungsgeschichte eines mittelalterlichen Krankheitskonzeptes. Göttingen.
Romm, J. (2016), Der Geist auf dem Thron. München.
Rossiaud, J. (1989). Dame Venus. Prostitution im Mittelalter. München.
Roudané, M. (1997). The Cambridge Companion to Tennessee Williams. Cambridge.
Rüß, H. (2009). Die altrussischen Fürstentümer unter der Herrschaft der Gol-

denen Horde. In: »Gebieter über die Völker in den Filzwandzelten«. Steppenimperien von Attila bis Tschinggis Khan. (J. Gießauf und J. Steiner, Hgg.). (S. 81–113). Graz.

Runciman, S. (2001). Geschichte der Kreuzzüge. München.

Rutkow, I. (2000). Trephination. In: Archives of Surgery. Bd. 135. Nr. 9 (S. 1119). Chicago.

Russell, B. (2007). Philosophie des Abendlandes. Köln.

Safranski, R. (2006). Nietzsche. Biografie seines Denkens. Hamburg.

Schachermeyer, F. (1973). Alexander der Grosse. Das Problem seiner Persönlichkeit und seines Wirkens. Wien.

Scherner, H. und E. (2016). Du Fu. Anblick eines Frühlings. Göttingen.

Schimmelpfennig, B. (2009). Das Papsttum. Von der Antike bis zur Renaissance. Darmstadt.

Schipperges, H. (1994). Arzt im Purpur. Grundzüge einer Krankheitslehre bei Petrus Hispanus. Berlin/Heidelberg.

Schiesari, J. (1999). Schwarzer Humor? Geschlecht und Genie in der Melancholie-Tradition. In: Melancholie. (L. Walther, Hg.). (S. 77–85). Leipzig.

Schmidt, C. (2009). Russische Geschichte 1547–1917. München.

Schneider-Ferber, K. (2015). Alles Mythos! 20 populäre Irrtümer über die Ritter. Darmstadt.

Schorn, S. / Erler, M. (2007). Die griechische Biographie in hellenistischer Zeit. Berlin.

Schultz, U. (2006). Der Herrscher von Versailles: Ludwig XIV. und seine Zeit. München.

Ders. (2018). Jongleur der Macht. Kardinal Mazarin, der Lehrmeister des Sonnenkönigs. Darmstadt.

Schwarzmaier, H. (2002). Konrad von Rothenburg, Herzog von Schwaben. Ein biographischer Versuch. In: Württembergisch Franken. Bd. 86. (S. 13–36). Schwäbisch Hall.

Scott, V. (2000). Molière. A Theatrical Life. Cambridge.

Sengupta, J. (2006). Feminist Perspectives in the Novels of Toni Morrison, Michèle Roberts and Anita Desai. Neu-Delhi.

Shahar, S. (1988). Die Frau im Mittelalter. Frankfurt am Main.

Siegel, G. (1917). Die öffentliche Elektrizitätsversorgung Deutschlands. In: Die Naturwissenschaften. 19. Oktober 1917, Heft 42. (A. Berliner / A. Pütter, Hgg.). (S. 641–646). Berlin.

Simek, R. (2016). Die Wikinger. München.

Smith, R. (2000). Alkan: The Man, the Music. London.

Smyth, A. (2004). A Pleasing Sinne. Drink and Conviviality in 17th-Century England. Cambridge.

Spedding, J. (Hg.) (1874). The Works of Francis Bacon. Bd. 14. London.

Spode, H. (1993). Die Macht der Trunkenheit. Opladen.

Ders. (1999). Alkoholika. In: Genussmittel. Ein kulturgeschichtliches Handbuch. (T. Hemgartner / C. Merki, Hgg.). (S. 25–80). Frankfurt am Main.

Spoto, D. (1997). The Kindness of Strangers: The Life of Tennessee Williams. Cambridge/MA.

Srodes, J. (2002). Franklin, the essential founding father. Washington.
Starobinski, J. (1999). Geschichte der Melancholiebehandlung: Die Renaissance. In: Melancholie. (L. Walther, Hg.). (S. 107–113). Leipzig.
Steen, M. (2003). The Lives & Times of The Great Composers. Oxford.
Stephan, I. (2001). Kunstepoche. In: Deutsche Literaturgeschichte. Von den Anfängen bis zur Gegenwart. (W. Beutin et al., Hgg.). (S. 182–231). Stuttgart.
Stewart, I. (2018). Grössen der Mathematik: 25 Denker, die Geschichte schrieben. Hamburg.
Stieda, L. (1889). Richmann, Georg Wilhelm. In: Allgemeine Deutsche Biographie., Bd. 28., (S. 442 ff.). Leipzig.
Strohmaier, G. (2006). Avicenna. München.
Sutton, W. (1967). Exit to Elsinore. Muncie.
Tessier, B. (2012). La Dernière Nuit De Claude François. Paris.
Theimuras, M. (1978). Penisverletzung bei Masturbation mit Staubsaugern. Diss. München.
Thiele-Dohrmann, K. (1998). Kurtisanenfreund und Fürstenplage. Pietro Aretino und die Kunst der Enthüllung. Düsseldorf/Zürich.
Thoren, V. (1990). The Lord of Uraniborg: A Biography of Tycho Brahe. Cambridge.
Toeche, T. (1867). Kaiser Heinrich VI. Leipzig.
Tomany, M. (2007). Destination Viking und Orkneyinga saga. Probleme der Geschichtsschreibung und regionalen Identität in Orkney. München.
Townsend, K. (1987). Sherwood Anderson: A Biography. Boston.
Tuchman, B. (2006/2007). Der ferne Spiegel. Das dramatische 14. Jahrhundert. Hamburg.
Venzke, A. (2019). Christoph Kolumbus. Hamburg.
Vickers, B. (1996). Bacon and rhetoric. In: The Cambridge Companion to Bacon. (M. Peltonen, Hg.). (S. 200–230). Cambridge.
Vollkommer, R. (2007). Das antike Griechenland. Stuttgart.
Wahrig, G. (1970). Deutsches Wörterbuch. Gütersloh.
Walker, A. (1983). Franz Liszt. The Virtuoso Years. 1811–1847. New York.
Waller, J. (2008). A Time to Dance, A Time to Die: The Extraordinary Story of the Dancing Plague of 1518. Cambridge.
Warrack, J. / West, E. (1996). The Concise Oxford Dictionary of Opera. Third Edition. Oxford.
Waser, O. (1937). Zeus in der Kunst. In: Ausführliches Lexikon der griechischen und römischen Mythologie. (W. H. Roscher, Hg.). Bd. 6. (S. 702–759). Leipzig.
Watson, B. (2002). Poems of Du Fu. New York.
Weischedel, W. (2001). Die philosophische Hintertreppe. München.
Weissweiler, E. (2007). Wilhelm Busch. Der lachende Pessimist. Eine Biographie. Köln.
Weithmann, M. (2010). Xanthippe und Sokrates. Frauen und Männer im alten Athen. Darmstadt.
White, William (1853). Notes and Queries. Vol. 8. Oxford.

Whitney, C. (1989). Francis Bacon. Die Begründung der Moderne. Frankfurt am Main.

Wirth, I. (1998). Todesstrafen. Eine geschichtliche Spurensuche. Augsburg.

Wolf, A. (1939). History of Science, Technology, and Philosophy in the Eighteenth Century. New York.

Woolf, A. (2007). From Pictland to Alba. 789–1077. Edinburgh.

Wu, J. (1972). The Four Seasons of T'ang Poetry. Rutland/Vermont.

Yamamoto, I. / Casida, J. (1999). Nicotinoid insecticides and the nicotinic acetylcholine receptor. Heidelberg.

Zapf, H. (1997). Die verspätete Gattung: das amerikanische Drama der Moderne. In: Amerikanische Literaturgeschichte. (H. Zapf, Hg.). (S. 281–302). Stuttgart/Weimar.

Zwecker, L. (2019). Pietro Aretino. Der Monarchen-Schreck. In: Magazin G/Geschichte. 08/2019. (S. 72–75). Augsburg.

Internet

Brookhiser, R. (2002). The Forgotten Founding Father. In: City Journal; https://www.city-journal.org/html/forgotten-founding-father-12246.html (26.08.2020).

Burris, S. (2010). George Boole. In: Stanford Encyclopedia of Philosophy; https://plato.stanford.edu/entries/boole/ (26.10.2020).

Clay R. (2016). Jack Daniel's Embraces a Hidden Ingredient: Help From a Slave. In: The New York Times; https://www.nytimes.com/2016/06/26/dining/jack-daniels-whiskey-nearis-green-slave.html (15.02.2021).

Daley, S. (1983). »Williams Choked on a Bottle Cap«. In: The New York Times; https://archive.nytimes.com/www.nytimes.com/books/00/12/31/specials/williams-choked.html?mcubz=3 (23.09.2020).

Donaldson James, S. (2009). Ex-Wife Reveals David Carradine's »Kinky« Habits. In: ABC News; https://abcnews.go.com/Entertainment/story?id=7793986&page=1 (29.11.2020).

Frost, M. (2019). Mary Everest Boole. In: Biographies of Woman Mathematicians; https://www.agnesscott.edu/lriddle/women/boole.htm (27.10.2020).

Gärtner, J. (2011). Onan. In: Das Wissenschaftliche Bibellexikon im Internet; https://www.bibelwissenschaft.de/wibilex/das-bibellexikon/lexikon/sachwort/anzeigen/details/onan/ch/3a1b727e16c762cdb90fb81665901776/ (22.11.2020).

Gannon, M. (2012). Tycho Brahe Died from Pee, Not Poison; https://www.livescience.com/24835-astronomer-tycho-brahe-death.html. (10.05.2020).

Glicenstein, J. (1989). Dujarier's case; https://pubmed.ncbi.nlm.nih.gov/2473691/ (08.01.2021).

Hincks, R. (2019): The Semla – More Than Just A Bun; https://sweden.se/culture-traditions/the-semla-more-than-just-a-bun/ (05.11.2020).

Kirsch, J. (1913). Pope John XXI; https://en.wikisource.org/wiki/Catholic_Encyclopedia_(1913)/Pope_John_XXI_(XX), (05.10.2020).

Klein, J. (2012). Francis Bacon. In: The Stanford Encyclopedia of Philosphy; https://plato.stanford.edu/archives/win2016/entries/francis-bacon/ (31.12.2020).

Lörchner, J. (2020). Kennedy und der geheimnisvolle Dr. Feelgood. In: Der Spiegel; https://www.spiegel.de/consent-a-?targetUrl=https%3A%2F%2Fwww.spiegel.de%2Fgeschichte%2Fjohn-f-kennedy-elvis-presley-michael-jackson-die-aerzte-der-stars-a-1202131.html&ref=https%3A%2F%2Fde.wikipedia.org%2F (23.09.2020).

Lotha, G. (2019). The matches. In: Britannica; https://www.britannica.com/science/match-tinder#ref237281 (30.09.2020).

Moreau, N. (2018). Mort de Claude François. In: Le Parisien; https://www.leparisien.fr/culture-loisirs/mort-de-claude-francois-le-policier-qui-s-etait-rendu-sur-place-temoigne-10-03-2018-7601100.php (08.12.2020).

Nemes, C. (o. J.). Schlafschwammnarkose (1022)? Die wunderbare Steinheilung Kaiser Heinrichs II; http://www.medicine-history.de/?page=publications (07.01.2021).

N. N. (o. J.). Chronik von St. Peter zu Erfurt; http://www.genealogie-mittelalter.de/schwarzburg_grafen_von/chronik_von_erfurt.html (02.02.2020).

N. N. (o. J.). Michael Hutchence Homepage; http://www.michaelhutchenceinfo.com/biography.htm (29.11.2020).

N. N. (o. J.). The Orkneyingers' Saga; http://oaks.nvg.org/orkneyingers.html#orsag (09.09.2020).

N. N. (1723). Onania: or, the heinous sin of self-pollution. https://quod.lib.umich.edu/e/evans/N02163.0001.001/1:6?rgn=div1;view=fulltext (23.11.2020).

N. N. (1890). In the death chair. In: New York Herald, https://web.archive.org/web/20070818121752/http://www.mindfully.org/Reform/Kemmler-Torture-Death7aug1890.htm (26.12.2020).

N. N. (1911). »The man they could not hang.« Singleton Argus (NSW: 1880–1954). NSW: National Library of Australia; https://trove.nla.gov.au/newspaper/article/80005627 (20.10.2020).

N. N. (1999). Statt Orgasmus kam der Tod. In: Der Spiegel; https://www.spiegel.de/kultur/gesellschaft/inxs-saenger-statt-orgasmus-kam-der-tod-a-35366.html (29.11.2020).

N. N. (2009). Zeitung veröffentlicht Foto des toten Carradine. In: Welt; https://www.welt.de/vermischtes/article3879605/Zeitung-veroeffentlicht-Foto-des-toten-Carradine.html (29.11.2020).

N. N. (2012) Tödliche Selbstbefriedigung. In: Der Spiegel; https://www.spiegel.de/panorama/deutschland-toedliche-selbstbefriedigung-mehrere-faelle-pro-jahr-a-1192141.html (22.11.2020).

N. N. Statistisches Bundesamt. VDE Sicherheits- und Unfallforschung (2020); https://www.vde.com/de/suf/statistik-stromtote (11.12.2020).

Risen, C. (2017). When Jack Daniel's Failed to Honor a Slave, an Author Rewrote History. In: The New York Times; https://www.nytimes.com/

2017/08/15/dining/jack-daniels-whiskey-slave-nearest-green.html (18.11.2020).

Samuelson, R. (2015). The Collected Political Writings of James Otis. https://oll.libertyfund.org/title/collected-political-writings#lf1644_head_003, (04.12.2020).

Schicht, P. (o. J.). Persebeug. In: EBIDAT – Die Burgendatenbank; http://www.ms-visucom.de/cgi-bin/ebidat.pl?id=1548 (10.01.2021).

Schillmöller, J.-C. (2012). Dem Phänomen Claude François auf der Spur. In: Deutschlandfunk; https://www.deutschlandfunk.de/dem-phaenomen-claude-francois-auf-der-spur.807.de.html?dram:article_id=121480 (09.12.2020).

Solftley, S. (2008). A shadow of doubt – the story of the man they couldn't hang; http://www.bbc.co.uk/devon/content/articles/2008/09/12/shadowofdoubt_feature.shtml (20.10.2020).

Sotinel, T. (2009). David Carradine a été retrouvé mort. In: Le Monde; https://www.lemonde.fr/disparitions/article/2009/06/06/david-carradine-a-ete-retrouve-mort_1203362_3382.html (01.12.2020).

Trickey, E. (2017). Why the Colonies' Most Galvanizing Patriot Never Became a Founding Father. In: Smithsonian Magazine; https://www.smithsonianmag.com/history/transformative-patriot-who-didnt-become-founding-father-180963166/ (04.12.2020).

Vellev, J. / Rasmussen, K. (2017): Mercury poisoning ruled out as cause of Tycho Brahe's death; https://projekter.au.dk/en/tycho-brahe/pressreleases/mercury-poisoning-ruled-out-as-cause-of-tycho-brahes-death/ (16.05.2020).

Van Sias (2017): INXS' »Kick«: 10 Things You Didn't Know. In: Rolling Stone; https://www.rollingstone.com/feature/inxs-kick-10-things-you-didnt-know-127082/ (29.11.2020).

Waugh, I. (2002). The Man they Could not Hang; http://www.bbc.co.uk/insideout/southwest/series1/john-babbacombe-lee.shtml (20.10.2020).

WHO / DIMDI. (1994–2019). Neurotische, Belastungs- und somatoforme Störungen; https://www.dimdi.de/static/de/klassifikationen/icd/icd-10-who/kode-suche/htmlamtl2019/block-f40-f48.htm (21.06.2020).

Bibliografische Information der Deutschen Nationalbibliothek
Die Deutsche Nationalbibliothek verzeichnet diese Publikation
in der Deutschen Nationalbibliografie; detaillierte bibliografische Daten
sind im Internet über http://dnb.d-nb.de abrufbar.

Covergestaltung: Karina Bertagnolli, Wiesbaden, Anja Carrà, Weimar
Covermotiv: Tennessee Williams © akg-images/Album
Lektorat: Stefan Gücklhorn
Satz und Bearbeitung: TypoGraphik Anette Bernbeck, Gelnhausen
Der Titel wurde in der Palatino Lynotype gesetzt.
Gesamtherstellung: CPI books GmbH – Germany

ISBN: 978-3-7374-1193-6

Mehr über Ideen, Autor:innen und Programm des Verlags finden Sie auf
www.verlagshausroemerweg.de und in Ihrer Buchhandlung.